GOLDMANN
ESOTERIK

Matthias GÜLDENSTEIN

Die Botschaft der geistigen Welt

Spiritualität, Medialität, Heilen

Originalausgabe

GOLDMANN VERLAG

Made in Germany · 10/86 · 1. Auflage

Umschlaggestaltung: Design Team München
Umschlagillustration: Design Team München
Satz: Filmsatz Schröter GmbH, München
Druck: Elsnerdruck, Berlin
Verlagsnummer 11771
Lektorat: Michael Görden
Redaktion: Theodor Singer
Herstellung: Gisela Ernst
ISBN 3-442-11771-2

In Dankbarkeit allen meinen diesseitigen und jenseitigen Lehrern gewidmet, insbesondere meinem Paten, dem Dirigenten Felix Weingartner (1863–1942).

Inhalt

5. Hellhöriges von Nelson Ross

6. Dorothy Patten und die Symbole

7. Aura, Farben und Bill Coller

1. Mein Weg zum Spiritualismus

1.1. Einleitung

1.1.1. Mein Auragramm

Ich hatte Nelson gesagt, daß ich leider nicht rechtzeitig zu seiner Auragramm-Demonstration kommen könne, aber sehr daran interessiert sei. »Das macht doch nichts«, gab er zur Antwort. »Wenn du es einrichten kannst, komm einfach nachher leise herein. Das stört nicht.«

Natürlich wollte ich versuchen, zumindest noch einen Teil von Nelsons Vorführung zu sehen, denn ich hatte schon viel von seinen Auragrammen gehört. Nelson Ross, ein Schüler des berühmten Mediums Harold Sharp, zeichnete, wie mir erklärt worden war, anscheinend einen Kreis, den er mit verschiedenen Zeichen und Symbolen und wunderschönen Farben ausfüllte. Und diese Kreisdarstellung sollte ein Abbild der persönlichen Ausstrahlung des Menschen sein, für den sie gemalt wurde, eben sein Auragramm. Dieses ließ sich angeblich von entsprechend begabten Menschen ausdeuten wie eine Baumzeichnung beim Baumtest oder eine Horoskopdarstellung in der Astrologie.

Sobald ich also konnte, schlich ich mich in die Bibliothek des altehrwürdigen Arthur Findlay College und nahm auf einem freien Stuhl in der hintersten Reihe Platz. Nelson saß auf dem Podium an einem Tisch und zeichnete. Gaye Muir stand neben ihm und wartete darauf, das nächste Auragramm in Empfang zu nehmen. Er bat ihn: »Dreh dich um.« Und sobald Gaye dem Publikum den Rücken zugewendet hatte, wies Nelson auf einen jungen Mann in einer der vorderen Reihen und zeigte einen bunten Kreis. Jetzt durfte sich Gaye wieder zurückdrehen und erhielt das Auragramm ausgehändigt. Sie mußte es nun ausdeuten, ohne zu wissen, wem es gehörte. Da ich den jungen Mann nicht sehr gut kannte, konnte ich nicht beurteilen, ob das stimmte, was Gaye sagte. Der junge Mann und seine Bekannten schienen aber sehr erfreut und beeindruckt.

Während der Viertelstunde, in der Gaye ihre Deutung gab, hatte Nelson nochmals gezeichnet. Gaye mußte erneut wegschauen. Nachdem sie sich abgewendet hatte, zeigte Nelson ganz nach hinten in meine Richtung. Ja, er meinte tatsächlich mich. Er hatte mich also hereinhuschen sehen und gleich für mich angefangen zu zeichnen. Gaye durfte sich zurückdrehen und bekam das Auragramm.

1.1.2. Gayes Deutung

»Mit diesem Menschen möchte ich nicht Streit bekommen. Da haben wir jemanden, mit dem manchmal nicht leicht fertig zu werden ist. Ich meine das nicht unfreundlich, denn ich glaube wirklich, daß dies in Tat und Wahrheit ein sehr netter Mensch ist.

Ich weiß gar nicht recht, wie ich das ausdrücken soll, nachdem mir ja nicht bekannt ist, für wen das ist, aber eine solche Vitalität, lebhafte Einbildungskraft, Klarheit des Denkens und dann dazu im einen Augenblick eine völlig unbeirrbare Bestimmtheit und im nächsten eine kaum zu überbietende Gleichgültigkeit – das ist eigenartig.

Niemand wird Sie je ändern können, Sie werden genau den Weg gehen, den Sie wollen, Sie werden tun, was Ihnen Ihr Gefühl sagt und wovon Sie glauben, daß es richtig sei. Sie sind kein Opportunist, Sie handeln selbstverantwortlich und nehmen sich, was Sie wollen, wenn Sie das Gefühl haben, daß das für Sie so richtig ist. Sie werden niemanden mit Absicht verletzen, aber wenn Sie nicht wollen, kann man Sie auch nicht dazu bringen, sich jemandes anzunehmen. Wenn Sie wollen, werden Sie alles tun, was in Ihrer Macht steht, um jemandem Ihre Hilfe und Unterstützung zukommen zu lassen. Dabei sind aber nicht irgendwelche Regeln oder Gesetze maßgebend, sondern ausschließlich das, was Sie selbst für richtig halten und glauben.

Mit andern Worten: Sie sind in außerordentlich starkem Maße sich selber treu. Rücksichtsvoll anderen gegenüber, ja, das schon, aber wenn Sie etwas tun wollen, dann tun Sie's, und wenn nicht, dann nicht. Wenn Sie sich auf eine Idee festgelegt haben (selbst wenn sie falsch sein sollte) und sofern Sie meinen, recht zu haben, werden Sie sich voll dafür einsetzen. Wenn Sie aber einsehen, daß Sie sich geirrt haben, sind Sie auch sofort bereit, dies zuzugeben.

Wir haben also diesen dauernden Wechsel. Und wie gesagt, ich wollte diese Person nicht zum Feind haben. Gleichzeitig bin ich aber überzeugt, daß ich mit dieser Person gut befreundet sein könnte und daß sie ein sehr guter Freund wäre. Wenn man Ihnen Vertrauen schenkt, könnte man sicher sein, daß Sie es nicht mißbrauchen.«

Hier unterbreche ich kurz die Übersetzung des Tonbandprotokolls von damals, um ein paar persönliche Bemerkungen einzuflechten. Auf die obige Charakterbeschreibung kann ich nicht allzuviel entgegnen. Ich glaube, daß sie sehr auf mich zutrifft, das könnte sie jedoch ebensogut auf manchen andern Menschen. Das folgende ist jedoch so spezifisch, daß ich hier Gayes Aussagen (in Anführungszeichen) meinen Kommentar *(kursiv)* gegenüberstelle:

»Ich bin überzeugt, daß die Ankunft dieses Kindes ein Geschenk für die Eltern war. Das fühle ich so in mir.«

Mein Vater war 50, meine Mutter 34 Jahre alt, als ich zur Welt kommen sollte. Nach dem Willen meines Vaters sollte mein Name »Gottesgeschenk« bedeuten, meiner Mutter verdanke ich das hebräische »Matthias« anstelle des griechischen »Theodor«.

»Die Eltern waren sehr gegensätzlich, bildeten jedoch zusammen ein liebevolles Elternpaar. Sie waren zwei ganz unterschiedliche Typen: einer aktiv und voller Lebenskraft, wahrscheinlich die Mutter, der andere ruhiger, sehr intelligent und mit einem starken Willen, der Vater.«

Meine Mutter war Gymnastiklehrerin, mein Vater Dr. phil. und Musiktheorielehrer. Selbstüberwindung war sein Ideal.

»Ich beneide dieses Kind, es muß ein sehr gutes Kind gewesen sein und wurde – ich begebe mich da aufs Glatteis – deshalb ein bißchen ein verwöhnter Fratz.«

Ich war brav und wurde sehr verhätschelt. Alle unsere zahlreichen Besucher mochten mich: ich wurde ein typisches verwöhntes Einzelkind.

»Diese Person ist jemand, der rasch und klug denkt, sie besitzt ein scharfes, mathematisches Denkvermögen. Ich meine damit aber überhaupt nichts Kaltes. Sie sind eine sehr warme, liebende Person.«

Ich habe eine ausgesprochen mathematisch zu nennende Kombinationsgabe, bin aber alles andere als ein kalter Rechner.

»Sie müssen auch sehr tierliebend sein. Ich sehe da (und Nelson bestätigt dies) das Portrait eines Hundes, aber das ist ein Hund, der nach oben geht.«

In der Woche zuvor war unsere geliebte deutsche Dogge ganz unerwartet bei einer Operation gestorben. Der Hundekopf auf dem Bild ist eindeutig der unserer Dogge.

Gaye machte in ihrer Aussage noch viele weitere zutreffende Angaben, die zum Teil recht persönlich waren und die ich hier nicht wiedergebe.

Als sie schließlich fragte, für wen das Auragramm sei, meldete ich mich. »Was, du bist auch da?« fragte sie verblüfft. »Wie kannst du es wagen, mir so was anzutun?« wandte sie sich in gespieltem Zorn an Nelson. Und zum Publikum gewendet, meinte sie: »So verscherzt man sich seine Freundschaften.«

1.1.3. »Zauber der Kindheit«

So schnell aber geht das mit dem Verscherzen der Freundschaft nicht bei mir. Die Aussagen waren wirklich außerordentlich zutreffend, wenn auch nicht immer gerade schmeichelhaft.

Tatsächlich war ich als Wunschkind meiner Eltern sehr verwöhnt worden. Da beide Elternteile berufstätig waren, sorgte in den ersten fünf Jahren eine Kinderschwester für mich. Wenn meine Eltern dann einmal Zeit für mich hatten, ließen sie sich immer etwas Lustiges einfallen. So »zauberte« mein Vater während eines längeren Krankenurlaubs für mich an die verschiedensten Stellen des Zimmers jeweils Bildpostkarten mit Tieren darauf. Vor dem Essen pflegte er plötzlich zu sagen: »Es zieht mich zu Mutters Stuhl. Ich spüre, da ist was verborgen. Geh, schau mal nach.« – Und richtig, unter dem Sitzkissen fand ich eine wunderschöne Postkarte mit einem Hirsch, die mein Vater dorthin gezaubert hatte.

Dieses Spiel verschaffte mir mein erstes »paranormales« Erlebnis: Eines Morgens vor dem Frühstück fühlte ich mich zum Telefonbuch hingezogen. Ich sagte dies genauso, wie es mein Vater jeweils zu tun pflegte. Dann ging ich zum Telefontischchen bei der Tür und schlug das Telefonbuch auf. Richtig, da steckte eine Karte mit zwei Fischottern aus dem Zoo. Ich hatte das Vorhandensein der Karte also richtig gespürt. So jedenfalls ist meine Erinnerung – und welchen Eindruck mir dieses Erlebnis gemacht hat, läßt sich daraus ersehen, daß ich mich auch heute noch, über vierzig Jahre danach, lebhaft daran erinnere.

In den Aufzeichnungen allerdings, die meine Mutter über meine Jugendzeit verfaßt hat, schildert sie das Geschehen mit folgenden Worten: »Eines Mittags nun versuchte auch Matthis das Zaubern. Nachdem er sich mit Lebertran gestärkt hatte (Papa meinte immer, er könne nur zaubern, wenn er wieder Kraft geholt habe), behauptete er, es ziehe ihn nach dem Telefonbuch hin, und richtig – Papa mußte gerade hinausgehen – Matthis holte aus dem Buch tatsächlich eine Karte mit Fischottern drauf.«

Meine Erinnerung könnte also in mehreren Punkten unrichtig sein. Nach dem Bericht meiner Mutter macht es den Anschein, als hätte mein Vater beim Hinausgehen rasch die Karte dorthin »gezaubert«, wo ich sie zuvor zu spüren behauptet hatte. Gar nichts »Paranormales« also! Könnte es sein, daß solche harmlosen Spiele meines Vaters zum Auslöser wurden für meine Bereitschaft, an das Unglaubliche zu glauben? Für mein Interesse an allem Wunderbaren, Verborgenen, Zauberhaften, Magischen und Rätselhaften?

Tatsache ist jedenfalls, daß ich mich immer für das Geheimnisvolle interessiert habe und versuchte, mich mit all dem vertraut zu machen, was andern eher unheimlich oder suspekt erschien. Diese unersättliche Neugierde war es letztlich auch, die mich nach Stansted Hall ins Arthur Findlay College for the Advancement of Psychic Science geführt hatte, wo ich mein erstes Auragramm von Nelson Ross bekam. Von dieser Entdeckungsreise in die Welt des »Außer-« oder »Übersinnlichen« will ich hier berichten.

1.2. Erwachendes Interesse

1.2.1. Astrologie

Mein Interesse an Büchern muß schon bestanden haben, lange bevor ich mit ihnen etwas Vernünftiges anzufangen wußte. Mein Vater erzählte mir jedenfalls, daß ich schon als ganz kleiner Knirps in seiner Bibliothek Bücher aus den Regalen zu ziehen pflegte. Da er zum Teil recht kostbare Ausgaben besaß, die er nicht dem Unverstand eines kaum Zweijährigen überlassen wollte, nahm er mir jeweils das Buch weg und versetzte mir einen leichten Klaps auf den Handrücken, um mir klarzumachen, daß dies verboten sei. Der Erfolg davon war, daß ich munter weiterhin Bücher herauszog, nur versetzte ich mir anschließend noch pflichtschuldigst selbst einen Klaps auf den Handrücken.

Nie verloren die Bücherregale meines Vaters ihre Anziehungskraft für mich. Als ich etwa sechzehn Jahre alt war und wieder einmal in den Büchern meines Vaters schmökerte, fand ich durch Zufall ein Buch über Astrologie: »Astrologie, ihre Ethik und Technik« von »Aqua Libra«, einem Holländer, der sein Buch selbst ins Deutsche übersetzt hatte, obwohl er diese Sprache nicht einwandfrei beherrschte. Entsprechend konfus war es auch geschrieben. Dennoch, oder vielleicht gerade deshalb, faszinierte es mich ganz außerordentlich. Ich fing an, für mich, meine Angehörigen und Klassenkameraden Horoskope aufzustellen, die ich dann recht unbekümmert ausdeutete. Zu meinem eigenen großen Erstaunen mußte ich feststellen, daß verblüffend viele Übereinstimmungen zwischen den astrologisch gewonnenen Einsichten und den mir aus Erfahrung bekannten Charakterzügen der betreffenden Menschen zu finden waren. Als ich dann wenig später ein nettes Mädchen kennenlernte, dessen Vater Berufsastrologe in Wien war, förderte dies mein Interesse an der Sterndeutung verständlicherweise noch mehr.

1.2.2. *Tier- und Seelenkunde*

Meine beruflichen Interessen lagen allerdings auf einem ganz anderen Gebiet: Ich wollte »Tierforscher« werden. Nachdem ich das Gymnasium mit dem Abitur abgeschlossen hatte, half ich zuerst einmal zwei Monate lang als freiwilliger Tierpfleger im Zoologischen Garten, bevor ich mich an der Universität zum Studium in den Fächern Zoologie, Botanik, Chemie und Physik einschrieb.

Meine Ausbildung fing also rein naturwissenschaftlich an, und ich hatte das große Glück, noch zahlreiche Vorlesungen bei dem bekannten Zoologen Adolf Portmann miterleben zu können. Immer mehr allerdings begann mich die Tierpsychologie oder Verhaltensforschung zu interessieren. Das hing unter anderem auch damit zusammen, daß mich mein Vater öfters in einen Verein mitnahm, der sich »Basler Psychologische Arbeitsgemeinschaft« (BPA) nannte. Bei den normalerweise monatlich stattfindenden Zusammenkünften pflegte jeweils ein Vortrag über irgendein psychologisches Thema gehalten zu werden, worauf dann eine Diskussion unter den Mitgliedern folgte. Einmal im Jahr wurde statt dessen eine Führung durch den Zoo veranstaltet, an der ein »Tierpsychologe« (meist war dies Rudolf Schenkel) über das Verhalten einiger Tiere und die tierpsychologischen Zusammenhänge sprach.

Da mein Vater unterdessen nicht mehr so gut hörte, zog er sich immer mehr von den Besuchen im Verein zurück und ließ schließlich seine Mitgliedschaft auf mich überschreiben. Mein Interesse begann sich allmählich von den Pflanzen und Tieren auf den Menschen zu verschieben. So lag es nahe, daß ich beschloß, Volksschullehrer zu werden, und mein naturwissenschaftliches Studium nach dem Nebenfachexamen in Chemie abbrach.

Während meiner zweijährigen Lehrerausbildung und sofort danach verfaßte ich drei verschiedene Studien mit astrologisch-psychologischem Inhalt, die von meinen jeweiligen Lehrern zwar mit Befremden entgegengenommen wurden, jedoch jedesmal Interesse und Anerkennung fanden. Eine dieser Arbeiten, den Vergleich »Astrologie und Kinderzeichnung«, trug ich dann auch vor der BPA vor.

Im Frühjahr 1964 übernahm ich meine erste Schulklasse, und im Sommer heiratete ich Eva, die besagte Tochter des leider schon 1958 verstorbenen Astrologen aus Wien. 1965, 67 und 68 kamen unsere Töchter zur Welt. In diesen Jahren entstand aber auch meine Beziehung zur Parapsychologie.

1.2.3. Parapsychologie

Als nämlich der Sekretär der BPA zeitlich nicht mehr in der Lage war, sein Amt auszuüben, wurde ich gebeten, das Sekretariat dieses Vereins zu übernehmen. Damals war bereits vorgesehen, daß Prof. Hans Bender aus Freiburg i. Br. bei der BPA über Parapsychologie sprechen sollte. So erfuhr ich, daß es eine Wissenschaft gab, die sich mit all den Dingen befaßte, die mich so brennend interessierten. Ich fragte also Prof. Bender, ob er sich auch mit Astrologie befasse und wie ich noch mehr Informationen über das ganze Gebiet der Parapsychologie erlangen könnte. Er lud mich ein, doch einmal sein Institut für Grenzgebiete der Psychologie und Psychohygiene in Freiburg zu besuchen. Und dazu bot sich mir im Juli 1967 eine vortreffliche Gelegenheit. Damals war gerade Gerard Croiset, der unterdessen verstorbene holländische »Paragnost« (paranormal Erkennende) zu einem »Platzexperiment« ans Institut gekommen. Ich durfte dabeisein und erlebte so die Durchführung eines wissenschaftlichen parapsychologischen Experiments nach allen Regeln der Kunst.

Das Experiment selbst war zwar nicht besonders erfolgreich, aber die Persönlichkeiten von Bender, Croiset und vieler anderer, die ich am Institut kennenlernte, sowie die Thematik ihrer Forschung faszinierten mich so sehr, daß ich seit jenem ersten Mal immer und immer wieder nach Freiburg fuhr, um an Vorlesungen, Seminaren und Übungen teilzunehmen. Im Herbst 1967 gründete ich die Parapsychologische Arbeitsgruppe Basel als eine Untergruppe der BPA, wozu ich als deren Sekretär nur wenig Aufwand brauchte. Jetzt konnte ich die Parapsychologen, von denen ich gerne noch mehr Informationen bekommen wollte, zu uns zu Vorträgen einladen. Es begann ein reges Hin und Her zwischen Freiburg und Basel, ich konnte am Institut die Entwicklung des Spukfalls in der Kanzlei von Rechtsanwalt Adam in Rosenheim (auf den ich gleich noch zurückkommen werde) zumindest bruchstückweise mitverfolgen, und ich erlebte im Herbst 1968 die Jahreskonferenz der amerikanischen »Parapsychology Association« an der Universität in Freiburg mit. Dort lernte ich viele der Parapsychologen kennen, die zu den Vorkämpfern der Parapsychologie als wissenschaftlicher Disziplin zählen. Mit einigen von ihnen stehe ich heute in freundschaftlicher Verbindung.

Damals erlernte ich die Grundlagen der wissenschaftlichen Parapsychologie, die ich hier ganz kurz zusammenfassen möchte, weil ich mich im Laufe meines Berichts hin und wieder auf diese Grundbegriffe beziehen werde. Als Musterbeispiel verwende ich mein Erlebnis mit der Bildkarte.

1. Vergegenständlichung (Objektivierung):

Wahrnehmungen, Beobachtungen, Informationen usw. sind durch Zeugenaussagen, Messungen, Versuche und andere entsprechende Nachforschungen auf ihre Tatsächlichkeit hin zu überprüfen, ehe sie zum Gegenstand einer wissenschaftlichen Aussage werden können.

In meinem Fall legte meine Erinnerung den Gedanken nahe, ich hätte die von meinem Vater schon im voraus versteckte Bildkarte im Telefonbuch »erspürt«. Die Überprüfung meiner Erinnerung an einem kurz nach dem Ereignis verfaßten Bericht meiner Mutter läßt die Möglichkeit durchblicken, mein Vater habe die Karte erst nach meiner Ortsangabe dorthin »gezaubert«. Eine Entscheidung ist aufgrund der vorhandenen Angaben nicht möglich. Mein Erlebnis kann also nicht als gesicherte Tatsache anerkannt werden. Mein persönlicher *(subjektiver)* Eindruck, daß da etwas Außergewöhnliches *(Paranormales)* geschehen sei, läßt sich nicht zu einem wissenschaftlich faßbaren Gegenstand machen *(»objektivieren«)*.

2. Sparsamkeitsprinzip:

Neue und umständlichere Betrachtungsweisen sind nur einzusetzen, wenn die bisher gebräuchlichen und anerkannten nicht mehr genügen.

Es wäre wissenschaftlich unstatthaft, aus meinem Erlebnis den Schluß zu ziehen, ich hätte mit einer außergewöhnlichen Wahrnehmung die im Telefonbuch liegende Bildkarte erfaßt, weil die von mir gemachte Erfahrung mit folgenden anerkannten Betrachtungsweisen erklärt werden kann:

a) Die Bildkarte wurde erst nach meiner Aussage – von mir unbemerkt – ins Telefonbuch gelegt.

b) Die Bildkarte lag zwar schon im Telefonbuch, war aber wegen ihrer Dicke zwischen den dünnen Telefonbuchseiten von der Seite wahrnehmbar. Unbewußt könnte ich also die Karte mit meiner normalen Wahrnehmung erkannt haben, wodurch dann mein »Gefühl« in Richtung Telefonbuch ausgelöst wurde.

3. Außersinnliche Wahrnehmung:

Berichte, welche die Filter 1 (Tatsächlichkeit) und 2 (Sparsamkeit) durchlaufen haben, legen es nahe, von drei unterschiedlichen Grundformen außersinnlicher Wahrnehmung (ASW) oder außersinnlicher Erfahrung (ASE) auszugehen:

a) Telepathie (»Fernfühligkeit«)

Die Übermittlung von Informationen von einem lebenden Gehirn zu einem andern.

Angenommen, in meinem Fall hätte ausgeschlossen werden können, daß das Bild nach meiner Aussage ins Buch gekommen und daß es für mich zuvor sichtbar gewesen wäre, so ließe sich vermuten, daß ich die Information über den Fundort des Bildes telepathisch von meinem Vater abzapfte bzw. übermittelt bekam.

b) Hellsehen

Die Wahrnehmung von Fakten, die in keinem lebenden Hirn als Informationen vorhanden sind.

Hätte ein Besucher, unbemerkt und ohne jemandem etwas davon zu sagen, die Karte am Tag zuvor ins Telefonbuch gesteckt und wäre dann tödlich verunglückt, so hätte ich sie hellsehend erfühlt.

c) Präkognition (»Vorauserkennen«)

Das Wahrnehmen von Fakten bzw. Informationen, die zeitlich erst nach der festgehaltenen Wahrnehmung und unabhängig von ihr entstehen.

Hätte ich z. B. zwei Monate vorher geträumt, ich fände im Telefonbuch eine Bildkarte, und diesen Traum in einem Tagebuch mit Datum notiert, so wäre der tatsächliche Fund die Bestätigung dafür, daß es sich da um einen präkognitiven Traum gehandelt hatte.

4. Außermotorische Aktivität:

Zusätzlich zu den bisher erwähnten Formen gibt es paranormale Erfahrungen, bei denen Bewegungen von Gegenständen und andere physikalische Erscheinungen auftreten, ohne daß dabei die uns vertrauten Kräfte im Spiel zu sein scheinen. Solche Vorkommnisse ordnet die Parapsychologie unter dem Begriff Psychokinese ein.

d) Psychokinese (»Bewegung durch die Seele«)

Die Beeinflussung physikalischer Systeme durch intelligent gesteuerte, der Physik bisher nicht bekannte Kräfte.

Hätte ich bloß die Hand nach dem Telefonbuch ausgestreckt, und die Bildkarte wäre mir ohne Berührung wunschgemäß entgegengeflattert, wäre dies ein Fall von Psychokinese gewesen.

5. Animismus/Spiritismus

Am Beispiel des Spukfalls von Rosenheim kann ich gleich noch zwei weitere Begriffe erläutern, die für mich längere Zeit eine sehr wichtige Rolle gespielt haben. Damals, vom November 1967 bis zum Januar 1968, waren in der Kanzlei des Rechtsanwalts Sigmund Adam an der Königstraße 13 in Rosenheim (Bayern) außergewöhnliche Dinge geschehen:

Leuchtkörper zersprangen oder drehten sich aus der Halterung, aus einem Fotokopiergerät wurde Säure verspritzt, Sicherungen brannten ohne erkennbare Ursache durch, es traten Knallerscheinungen auf, und dauernd war das Telefon gestört. Da der Kanzleibetrieb durch diese Ereignisse empfindlich behindert wurde, reichte Rechtsanwalt Adam Klage gegen Unbekannt ein.

Die Folge davon war, daß Kriminalbeamte, Angestellte der Stadtwerke Rosenheim, Elektriker, Telefonmonteure, Ingenieure und Physiker Zeugen der Vorgänge wurden und damit diesen Spukfall zum bisher bestbezeugten und bestuntersuchten Spukfall überhaupt werden ließen.

Zu den Untersuchern gehörten Prof. Hans Bender und sein Team. Seine Untersuchung ergab, daß die damals neunzehnjährige Büroangestellte Annemarie Schaberl offenbar die Spukauslöserin war. In seinem Bericht schreibt Prof. Bender: »Der Spukfall Rosenheim hat mit andern Spukfällen gemeinsam, daß die Phänomene anscheinend von Krisen- und Spannungszuständen einer jugendlichen Person abhängig sind und eine Steigerung durch die Einstellung der Beobachter erfahren. Die spezifische Situation in der Anwaltskanzlei ... erzeugte das ›affektive Feld‹, das immer zur Entfaltung von Psi-Phänomenen erforderlich ist.«

Die Spukereignisse werden also so eingeordnet, daß man annimmt, eine lebende Person (in diesem Fall Annemarie Sch.) löst durch innerseelische Spannungen, die vom sozialen Umfeld noch verstärkt werden, ein physikalisches Geschehen aus. Diese Deutung der Vorgänge nennt man »animistisch«, das heißt von der Seele (anima) einer lebenden Person hervorgebracht.

Zum Mißfallen Prof. Benders wurde aber bekannt, daß es in dem Hause Königstraße 13 in Rosenheim schon früher einmal gespukt hatte. Das ließ die Ansicht aufkommen, es müsse sich bei den Erscheinungen um Wirkungen eines Verstorbenen handeln, der vielleicht früher einmal in jenem Hause gewohnt hatte. Er hätte sich dann sozusagen der Energien von Annemarie bedient, um den Spuk hervorzubringen. Eine solche Deutung der Vorgänge wird »spiritistisch« genannt; damit ist gemeint, daß der Auslöser die Seele eines Verstorbenen, ein Geist (spiritus) ist.

An der Frage »Geist eines Verstorbenen« oder »Seele eines Lebenden« erhitzten sich die Gemüter so sehr, daß »Animist« und »Spiritist« für die Vertreter der jeweils anderen Auffassung so etwas wie Schimpfworte wurden.

1.3. Erfahrungen mit Hypnose

1.3.1. Versuche mit Hypnose

Durch ein Gründungsmitglied der Parapsychologischen Arbeitsgruppe, den Basler Psychiater Konrad Wolff, der später viele Jahre lang Präsident unseres Vereins war, lernte ich die Hypnose kennen. Mein Vater hatte mir zwar schon einiges über Hypnose erzählt, denn er selbst hatte als junger Mann damit experimentiert. Aber er weigerte sich immer, mir Näheres zu erklären, zu zeigen oder mich gar zu hypnotisieren. Er hielt es nicht für gut, sich allzusehr damit zu befassen.

Damit befand er sich in bester Gesellschaft, denn auch Rudolf Steiner, Bô Yin Râ und andere spirituelle Lehrer lehnen die Hypnose als einen zu starken Eingriff in die Seele eines Mitmenschen ab. Heute muß ich sagen, daß ich diese Auffassung zumindest in bezug auf bestimmte Formen der Hypnose und ganz speziell im Hinblick auf die Gesinnung gewisser Hypnotiseure sehr wohl verstehen kann und auch teile. Damals jedenfalls, als ich noch sehr wenig von den subtileren Schwingungen wußte, hatte ich keinerlei Bedenken und setzte das neu erworbene Mittel recht unbekümmert ein.

In verschiedenen Büchern hatte ich gelesen, daß es gelungen war, in Hypnose die verschiedensten paranormalen Erscheinungen hervorzurufen. Gemeinsam mit Konrad Wolff und anderen Psychiatern, Psychologen und parapsychologisch Interessierten hatten wir deshalb einen kleinen Arbeitskreis gebildet. Wir trafen uns wöchentlich und führten Experimente durch. Eine unserer Versuchspersonen war Bruno Stauffacher. (Alle Personen- und Ortsnamen von Versuchspersonen bzw. Klienten und anderen Beteiligten habe ich durch erfundene Namen ersetzt. Die geschilderten Sachverhalte entsprechen aber den Tatsachen, wie sie großenteils in Protokollen oder auf Tonbändern festgehalten wurden.)

1.3.2. Seelenausflug in die Zukunft?

Herr Stauffacher reagierte außerordentlich leicht auf meine Suggestionen, und so führte ich mit ihm einige Experimente durch. Im Herbst 1971 versuchte ich, Herrn Stauffacher während seines hypnotischen Zustandes sozusagen in einer »Seelenexkursion« zu dem Haus zu schicken, in dem ich damals wohnte. Er dürfte gewußt haben, daß ich in Riehen, einem Vorort von Basel, wohnte, kannte aber weder die Adresse, noch war er jemals in der Nähe unseres Hauses gewesen.

Er beschrieb nun, wie er mit der Straßenbahn nach Riehen-Dorf fahre, von dort durch die Schmiedgasse und weiter geradeaus, bis er zu einer Treppe komme, die zu einer höhergelegenen Straße führe. Noch vor der Treppe winke ihm von den Häusern auf der linken Seite eine Frau aus einem Fenster zu. Da ihn dieser Weg offensichtlich nicht zu meinem damaligen Wohnhaus führte, nicht einmal zu dem meiner Eltern, in dem ich früher gewohnt hatte und das von der beschriebenen Route her allenfalls noch erreichbar gewesen wäre, bat ich ihn, sich einmal dem Haus meiner Eltern zuzuwenden. Nun beschrieb er einen sehr auffälligen Torbogen und ein Gebäude, das nun aber auch wieder weder mein Elternhaus noch mein Wohnhaus sein konnte. Vor dem Eingang zu meinem Elternhaus gibt es allerdings kleine Bogen, aber der Versuch als Ganzes schien völlig fehlgeschlagen zu sein.

Ende Januar 1972 starb mein Vater, und er wurde auf dem Friedhof am Hörnli begraben. Damit ich mit meiner Familie das Elternhaus übernehmen konnte, suchte und fand meine Mutter eine hübsche Wohnung in der Nähe und zog dorthin um. Erst als ich einmal von der Straßenbahnhaltestelle zu ihrem neuen Heim ging, fiel mir plötzlich die Aussage von Herrn Stauffacher wieder ein. Genau das war der Weg zur Wohnung meiner Mutter! Das Haus, in dem sie ihre Bleibe gefunden hatte, steht tatsächlich links von dem Weg, der zu der Treppe führt. Und, so fiel mir weiter ein, der Torbogen und das beschriebene Gebäude paßten recht genau zum Friedhofseingang. Da Herr Stauffacher schon öfter behauptet hatte, vorausschauende Bilder empfangen zu haben, was wir aber nie im Detail nachprüfen konnten, war diese Deutung also nicht ganz abwegig. Es berührte mich jedenfalls eigenartig, daß Ereignisse, die mich sehr persönlich betrafen, möglicherweise ihre Schatten zwei (Friedhof) bis fünf (Wohnung) Monate vorausgeworfen hatten.

Natürlich las ich auch viel über Hypnose und Parapsychologie, und dabei stieß ich auf einen Fall, der mich sehr interessierte, weil er zeigte, wie Hypnose auch zur Aufklärung und Hilfe bei paranormalen Erscheinungen angewendet werden kann. Es handelt sich um den Fall »Karin« des schwedischen Nervenarztes Poul Bjerre, der sich zu Beginn unseres Jahrhunderts zutrug.

1.3.3. Poul Bjerre und »Karin«

Im Hause des Forstinspektors N. im Süden Mittelschwedens begannen im Mai 1904 nächtliche Ruhestörungen durch Klopfgeräusche und schwere Schläge, die aus dem Fußboden, den Türen und Wänden zu kommen schienen. Trotz eifriger Nachforschungen ließ sich dafür keine natürliche Ursache ermitteln. Dem Oberförster fiel aber im Zuge seiner Untersuchungen auf, daß das Phänomen irgendwie mit seiner Frau Karin in Zusammenhang stehen mußte: nur wenn sie sich im Hause befand und in ihrer unmittelbaren Nähe ließen sich die Schläge vernehmen. Einmal hörten sie sich an, als ob jemand von draußen an den Türpfosten klopfte. Der Rhythmus und der ganze Charakter der Geräusche erinnerten Herrn N. an Erfahrungen, die er früher gemeinsam mit seiner Frau gemacht hatte. Zuerst als Gesellschaftsspiel, später mit wachsendem Interesse hatten sie mit einigen Bekannten Versuche mit dem Glasrücken betrieben. Im Frühjahr 1903 begann das Glas unter der Hand Karins plötzlich auffällig zu hüpfen und wurde heftig von einem zum andern der in alphabetischer Reihenfolge in einem Kreis aufgemalten Buchstaben geführt. Als »jenseitiger Kommunikator« meldete sich ein Wesen namens »Piskator«. Karin selbst glaubte zwar nicht, daß »Piskator« ein Geistwesen sei.

Der Trommelrhythmus aber, den der Oberförster am Türpfosten seines Hauses hörte, entsprach genau dem, durch den »Piskator« jeweils mit dem Glas seine Ankunft anzukünden pflegte. So schrieb man nun die Geräusche »Piskator« zu.

Unterdessen hatten die Berichterstatter, Dr. Bjerre und sein Mituntersucher H. Wijk, von dem Spukfall Kenntnis erhalten und machten sich an dessen Erforschung. Karin N. erwies sich als leicht hypnotisierbar. Es gelang Bjerre, über die in Hypnose versetzte Karin bei »Piskator« bestimmte Schlagzahlen zu festgelegten Zeiten posthypnotisch zu »bestellen«. Tatsächlich geriet Karin kurz vor der festgesetzten Zeit in eine innere Unruhe, worauf pünktlich die geforderte Anzahl Schläge erfolgte. Dadurch konnte Bjerre glaubhaft nachweisen, daß die spukhaften Geräusche Ausdruck unbewußter psychischer Spannungen Karins waren. Nach einer entsprechenden Hypnosetherapie verschwanden die Geräusche.

Offenbar ließ sich der Fall rein animistisch erklären. Die Figur des »Piskator« konnte als eine unbewußt abgelehnte Teilpersönlichkeit (der »begehrliche« Seelenanteil) von Karin erkannt und verarbeitet werden, worauf auch die Spukerscheinungen verschwanden.

Die Anwendung der Hypnose zur Aufklärung solcher Fälle schien mir eine so ausgezeichnete Möglichkeit, daß ich mich fragte, weshalb nicht schon mehr Untersuchungen dieser Art durchgeführt wurden. Eine Teilantwort erhielt ich, als ich selbst Gelegenheit bekam, bei einer Spukuntersuchung mitzuwirken.

1.3.4. Der Fall »Ferienlager«

Es war im Sommer 1974, als in einem Haus eines Ferienheims einige männliche und weibliche Personen im Alter von 21 bis 39 Jahren ein Jugendlager mit Kindern von etwa sieben bis 14 Jahren leiteten. Alles klappte vorzüglich, nur brannten an einem Dienstagabend aus unerklärlichen Gründen sechs Sicherungen durch. Und dann erlaubten sich scheinbar ein paar der älteren Buben, die neben den Räumen der Aufsichtführenden untergebracht waren, nächtliche Scherze: so jedenfalls dachten die Leiter zuerst. Bald aber mußten sie erkennen, daß dies nicht der Fall war. Eine eingehende Überprüfung aller erdenklichen Möglichkeiten legte den Verdacht nahe, daß es sich bei den Geräuschen um Spukerscheinungen handeln müsse. Das Klopfen ereignete sich immer zwischen etwa 01.30 und 04.30 Uhr nachts. Ich zitiere hier ein paar Abschnitte aus dem Protokoll, das Tobias, einer der Leiter, angefertigt und mir freundlicherweise zur Verfügung gestellt hat:

»Von Anfang an hörten wir nie Schritte, weder vor noch nach dem Klopfen. Es klopfte nicht nur je einmal, sondern auch zweimal bis mehrere Male hintereinander. Manchmal rüttelte die Tür im Spielraum des etwas lockeren Türverschlusses. Zur Prüfung ließ Tobias eines Nachts die Tür offen (wenn geöffnet, schwang sie von selbst ganz auf). Daraufhin waren die Klopfgeräusche etwas weiter draußen im Gang zu vernehmen. Andere Male beobachteten Rolf und Tobias, wie die offenstehende Tür sich zum Schloß zurückbewegte und dann unter leisem Knarren wieder aufschwang.«

Tobias und Rolf hatten ihre Betten direkt neben der Tür unten. Im Bett über Rolf schlief Paul.

»Rolf und andere sind wieder Zeugen von Klopfzeichen, daneben nun aber auch selbsttätiges Türöffnen! Nachdem die Tür verriegelt worden ist, selbsttätiges Herabdrücken der Klinke! Große Lautstärke des Klopfens.«

»Unser Klopfgeist meldet sich wieder. Plötzlich hat Paul eine Idee (wie er sagt, nur zum Spaß, um den vermeintlich vor der Tür stehenden Knaben zu verwirren): Er spricht den Geist an: ›Ehrwürdiger Geist, wenn du da bist und dich uns mitteilen willst, so klopf einmal.‹

Sofort deutlich einmaliges Klopfen! Wir, völlig verblüfft, zweifeln zum Teil noch. Paul ist erschrocken. Doch er versucht eine zweite Frage, und wieder erfolgt prompte Antwort durch Klopfen.«

»Rütteln an der Tür. Paul: ›Ehrwürdiger Geist, bist du da?‹ Einmaliger Schlag: Ja. Paul spricht das Alphabet mit langen Abständen durch. Je ein Schlag erfolgt bei den Buchstaben M, O und R.

Paul probiert das Tonband aus: es läuft nicht. Erst bei eingeschaltetem Zimmerlicht funktioniert es. Der Versuch wird dreimal wiederholt. Paul: ›Ehrwürdiger Geist, stört dich das Tonband?‹ Ja (einmal Klopfen).

Paul: ›Ja, wer?‹ Die Tür öffnet sich!

Paul: ›Ich weiß nicht.‹

Paul: ›Ich will es nicht sagen.‹ Die Tür weht zu und wieder auf! Paul knipst die Taschenlampe an; sie leuchtet aber erst bei eingeschaltetem Zimmerlicht. Nun macht Paul dauernd seine Stehlampe an und aus, während jemand anderer in längeren Abständen den Lichtschalter betätigt: die Taschenlampe leuchtet immer nur auf, wenn das Zimmerlicht brennt oder wenn andere Taschenlampen brennen.«

Später erfolgen noch andere psychokinetische Erscheinungen: Eine Schraube, Waschlappen und kleine Handtücher, ein Schnapsglas (zu dem nachträglich als Versuch empfohlenen Glasrücken verwendet) und ein Kugelschreiber fliegen wie geworfen durchs Zimmer.

Zu dem Zeitpunkt, zu dem wir »Forscher« ankamen, hatten die Leiterinnen und Leiter bereits eine Art persönliche Beziehung zu dem »Geist« aufgebaut, der ihnen jede Nacht durch Klopfzeichen oder beim Glasrücken Mitteilungen machte.

Wir hatten Gelegenheit, uns in der ersten Nacht von der Echtheit der Erscheinungen zu überzeugen. Ich vermutete aber aufgrund mehrerer Indizien, daß Paul unbewußt der Auslöser des Spuks war. Ich konnte in der zweiten Nacht den Spuk dann vom leeren Nebenzimmer aus mitverfolgen. Dabei näherte ich mich während des Klopfens der Zimmertür von außen und legte meine Hand auf die Türfüllung. Deutlich waren die Vibrationen des Klopfens zu spüren. Ich tat dies übrigens mit sehr gemischten Gefühlen: Obwohl ich davon überzeugt war, daß es sich um psychokinetische Wirkungen des Unbewußten von Paul handelte, war es ein eigenartiger Gedanke, möglicherweise auf der gleichen Stelle zu stehen wie das klopfende Geistwesen.

Nachdem der Spuk mit der Beendigung des Lagers ebenfalls ein Ende gefunden hatte, versuchte ich mit Paul, der sehr suggestibel schien, noch eine hypnotische Nachuntersuchung durchzuführen. Wir konnten drei Sitzungen abhalten. Bei der zweiten versuchte er, nicht auf meine Suggestionen zu reagieren. Trotzdem erreichte er sofort einen hypnotischen Zustand. Auf meine Suggestion, seine rechte Hand werde sich wie von selbst heben, erfolgt ein Anheben der Hand. Paul legt die Hand aktiv zurück; sie hebt sich wieder. Nach einigem Hin und Her wecke ich ihn auf. Er beschreibt das Kämpfen des Willens (nicht zu reagieren) gegen die (suggerierte) Vorstellung (des Handhebens). Dabei erinnert er sich, daß er das gleiche Gefühl, sich gegen etwas wehren zu müssen, auch schon im Lager empfunden hatte, damals, als er von Gabi, die ebenfalls zum Aufsichtspersonal gehörte, geweckt wurde. Wahrscheinlich war er zu jener Zeit mehrfach in tranceartige Zustände gefallen.

Nun versuchten wir nochmals eine tiefe Hypnose zu erreichen. Nach vergeblichen Versuchen, in diesem Zustand mit dem »Geistwesen« Kontakt aufzunehmen oder ein Klopfen zu provozieren, schlägt die ebenfalls anwesende Leiterin Rosemarie vor, das Licht zu löschen. Paul ist einverstanden. Wieder lasse ich ein Stück Protokoll folgen:

»Wir löschen das Licht.

Matthias: ›Ehrwürdiger Geist, bist du da?‹ Paul zittert stark, bewegt sich krampfartig. Dann ganz leises Flüstern, kaum hörbar: ›Ja.‹

Matthias: ›Ehrwürdiger Geist, findest du es richtig, wenn wir Paul durch Hypnose zu helfen versuchen?‹

Paul (leise, gepreßt, etwas hämisch): ›Kurzes militärisches Lachen, ha!‹

Matthias: ›Was heißt das?‹ Keine Antwort. ›Du findest also, daß wir dabei nicht helfen können?‹ Keine Antwort. ›Ja, dann bitten wir dich, Paul von jetzt ab in Ruhe zu lassen.‹

Paul (wie vorhin, erst nach zweimaliger Wiederholung verstanden): ›Hätt'st du gern!‹

Danach machen wir wieder Licht.

Matthias: ›Wie haben Sie das jetzt erlebt?‹

Paul (immer noch in Hypnose): ›Sie haben ja gleich wieder Licht gemacht. Nichts Besonderes.‹«

Paul konnte sich weder in Hypnose noch später im Wachzustand an die im Dunkeln gesprochenen Sätze erinnern. In einer dritten Sitzung versuchte ich, unbewußte Inhalte aus Pauls Jugend aufzuspüren, die eventuell Hinweise auf einen verdrängten Persönlichkeitsanteil hätten ergeben können, allerdings ohne Erfolg. Da weder Paul noch ich genügend Zeit für weitere Sitzungen hatten und er auch nicht mehr so recht daran interessiert war, brachen wir die Nachuntersuchung ab. Ich mußte feststellen, daß recht viele günstige Umstände zusammentreffen müssen, um eine Aufklärung wie im Falle Karin zu ermöglichen. Mein damaliger Kommentar (PARAPS 6/74, S. 12):

»Obwohl die spiritistische These niemals völlig auszuschließen ist, möchte ich in diesem Fall die animistische Deutung für gegeben halten.«

1.4. Erste Kontakte mit englischen Medien

1.4.1. Mein Vater meldet sich

Im November 1968 wurde die PAB, die Parapsychologische Arbeitsgruppe Basel, ein unabhängiger Verein. Wir knüpften Kontakte zu anderen Institutionen mit gleichen Zielen, so insbesondere mit der Schweizer Parapsychologischen Gesellschaft in Zürich und der Schweizerischen Vereinigung für Parapsychologie in Biel. Von den verschiedensten Seiten kamen jetzt Referenten, die bei uns Vorträge hielten. In den siebziger Jahren begann sich eine breitere Öffentlichkeit für die Parapsychologie zu interessieren, und eine wahre Welle von Literatur überschwemmte den Büchermarkt. Auch Volkshochschulen und Klubschulen nahmen sich des spannenden Themas an.

In St. Gallen war es der Physiker Dipl. Ing. Alex Schneider, der nach Möglichkeiten suchte, die Behauptungen der Parapsychologie dem Publikum durch praktische Demonstrationen sinnfällig zu machen. Er reiste mit einer Gruppe von Schweizern nach London und besuchte dort die Vorführungen verschiedener Medien im Hauptquartier der Spiritualist Association of Great Britain, der berühmten SAGB am Belgrave Square 33. Offenbar war er von den Leistungen verschiedener Medien sehr beeindruckt, denn er lud einige zu Demonstrationen in die Schweiz ein.

Dank dem Referentenaustausch kamen die meisten dieser Medien auch zu uns nach Basel. Die ersten, die uns besuchten, waren Freda Fell, Ivor James, Leslie Harvey, Betty White, Charles Horrey, Gaye Muir, Ann Holmes und Kathleen St. George.

Eines Abends saß ich noch mit Kathleen zusammen im Wohnzimmer, das früher das Arbeitszimmer meines Vaters gewesen war, als sie zu mir sagte: »Ich sehe jetzt Ihren Vater hinter Ihnen stehen. Er war mittelgroß und hatte graue Haare.« Nachdem mein Vater noch nicht allzulange verstorben war, konnte Kathleen die Informationen über meinen Vater leicht aus meinem Gedächtnis telepathisch ablesen. So jedenfalls erklärte ich mir ihre Aussagen. »Sie waren nicht dabei, als er starb, gibt er mir zu verstehen«, fuhr sie fort. »Aber es war ihm recht so. Er muß sehr starke Schmerzen gehabt haben, bevor er erlöst wurde. – Er macht jetzt so eine Handbewegung, als wollte er abwinken. Er möchte nicht, daß ich über seine Schmerzen spreche.«

Das war nun äußerst typisch für meinen Vater. Auch die Bewegung, die Kathleen nachmachte, war genau die wegwerfende Handbewegung, die ich von ihm so oft gesehen hatte.

»Er muß Englisch gesprochen haben. Ist er in England gewesen? Ich habe das Gefühl, er vermittelt mir einen solchen Eindruck.«

Mein Vater war sehr stolz auf seine Sprachkenntnisse und hatte mir von seinen Erlebnissen mit englischen Bobbys berichtet.

»Er erzählt mir jetzt eine Art Anekdote, bei der es am Schluß heißt: Unmögliches wird sofort erledigt, Wunder dauern etwas länger. Und er will damit andeuten, daß Sie so jemand sind, der das Unmögliche schaffen kann.«

Auch das wieder eine ganz typische Äußerung meines Vaters. Obwohl er nicht immer mit meinen Ansichten übereinstimmte, hielt er doch sehr viel von mir. Und daß er eine Geschichte wählte, um das, was er meinte, damit darzustellen, das entsprach ganz und gar seiner Gewohnheit.

Obwohl also das Medium Kathleen offensichtlich subjektiv den Eindruck hatte, meinen verstorbenen Vater direkt wahrzunehmen, und ihre Ausdrucksweise und Gebärden auch in mir den subjektiven Eindruck erweckten, sie müsse irgendwie mit meinem Vater in Verbindung stehen, war ich mir doch völlig darüber klar, daß sie alles, was sie sagte, auch telepathisch von mir hatte abzapfen können. Damals war für mich die Telepathie-Hypothese noch die einleuchtendste.

1.4.2. »Ernst« tritt auf

Dank den zahlreichen Erfahrungen mit englischen Medien kam ich zwar von meinem Verdacht ab, daß dies alles nur geschicktes psychologisches Vorgehen oder eine Art Kombination von allgemeingültigen Aussagen und unbemerktem Ausfragen sei. Aber zu einem Spiritisten bzw. Spiritualisten wurde ich deswegen noch lange nicht. Ich hielt an meiner Ansicht fest, daß die Medien zwar subjektiv den Eindruck hätten, mit Verstorbenen persönlich Kontakt zu haben, daß objektiv gesehen jedoch höchstens eine außersinnliche Wahrnehmung im animistischen Sinne vorliege.

Zu denken gaben mir allerdings Erfahrungen, die ich ganz zu Beginn meines Interesses für jenseitige Dinge mit einer Mathematikerin machte, die ich im Herbst 1974 kennenlernte. Sie hatte schon mehrfach paranormale Erlebnisse gehabt, so zum Beispiel einen verstorbenen Onkel plötzlich in einem Lehnstuhl bei sich in der Wohnung sitzen sehen, aber gemäß meiner damaligen Einstellung nahm ich alle diese Erzählungen als subjektiv und nicht nachprüfbar mit einigen inneren Vorbehalten entgegen.

Frau Maria Weiss war verheiratet, hatte drei Kinder, ein viertes Kind, Cornelia, war im Alter von drei Jahren an einer Hirnerkrankung gestorben. Frau Weiss meldete sich bei mir, weil sie eingehendere Aufklärung über ihre Erlebnisse suchte, bei denen sie in automatischer Schrift so etwas wie »Jenseitsbotschaften« empfing: Wenn sie darauf wartete, daß ein Computerprogramm durchlief, und dabei absichtslos auf ihren Schreibblock kritzelte, beobachtete sie, daß ihre Hand anfing, schriftähnliche Kurven zu zeichnen. Als sie erstaunt zusah, was ihre Hand da tat, entstanden Buchstabenfolgen, die ohne Zwischenraum fortlaufend aneinandergereiht waren. Bei nachträglicher sinngemäßer Unterteilung ergaben sich Wörter, die einigermaßen verständliche Sätze bildeten, wenn auch anfänglich nicht alles klar lesbar war.

Bald war zu erkennen, daß es sich um eine Art Botschaften handelte, die anscheinend von einer Wesenheit namens »Stifft« durchgegeben wurden. Frau Weiss hatte das deutliche Gefühl, ihre Hand würde von diesem Wesen aus dem Jenseits geführt, wenn Mitteilungen etwa folgender Art geschrieben wurden:

»Stifft ist da. Zage nicht von weitermachen... Angst etwas ganz wenig. Cornelia war an etwas ganz anderes gestorben. Sie hatte noch einen Tumor... Zage nicht, wir helfen ganz. Viele Grüße von der andern Seite. Ende Stifft Ende.«

Die merkwürdigen grammatikalischen Fehler konnten wir uns auch später nicht erklären. Aber über den »Autor« dieser Durchgaben wollten wir Näheres erfahren. Deshalb wendete ich mein damaliges »Allheilmittel«, die Hypnose, an.

Frau Weiss ließ sich ohne Schwierigkeiten in den hypnotischen Zustand sinken. Nachdem ich ihr suggeriert hatte, sie könne mit mir wie im Schlaf sprechen, bat ich sie, sich mit »Stifft« in Verbindung zu setzen. Was daraufhin geschah, lasse ich wieder in Form des nur unwesentlich gekürzten Protokolls folgen. Dabei bedeuten W. Frau Weiss und G. meine eigenen Aussagen. Meine Beobachtungen stehen in Klammern.

W.: Ich muß die Augen öffnen (sie tut es), diese Blumen auf der Wiese tun weh... Ich habe den Eindruck, als gingen meine Augen auf und zu. (Sie flattern tatsächlich leicht; ich gebe Beruhigungssuggestionen.) Es ist wie Flammen. (Öffnet erneut die Augen.) Jetzt sind die Bäume weg, aber es ist Feuer. (Sie zittert.) Es ist so kalt hier. Das Feuer wärmt zwar, aber es ist kalt. Ich muß fortlaufen, aber ich kann nicht. Hinter mir ist auch Feuer. (Die Beine bewegen sich leicht.) Ich weiß, ich muß sterben.

G.: Wo befinden Sie sich? (Keine Antwort. Ich begreife, daß dies nicht ein Erleben von Frau W. ist, und frage weiter:) Wann bist du gestorben?

W.: Am 13. März 1944.

G.: Und wer bist du?

W.: Ernst Rötel aus Elbing. Ich habe zwei Kinder: Friedhild 13 und Inge 11 Jahre alt.

G.: Wie alt warst du, als du starbst?

W.: Dreiunddreißig.

G.: Und wann wurdest du geboren?

W.: Ja wann? Das weiß ich gar nicht mehr. Ich muß ja auch einen Vater und eine Mutter gehabt haben – das weiß ich gar nicht mehr.

G.: Bist du der »Stifft«?

W.: Ja.

G.: Und warum nennst du dich Stifft?

W.: Weil ich meine Berufslehre (die Zeit als »Stift«) nicht abschließen konnte.

G.: Was wolltest du werden?

W.: Maschinenbauingenieur.

G.: Weshalb hast du mit Maria (Frau W.) Verbindung aufgenommen?

W.: Ich hatte noch eine dritte Tochter, Gerda. Sie hat mich nicht mehr gekannt, sie war erst ein Jahr alt, als ich starb. Meine Frau flüchtete mit den Kindern nach Schleswig-Holstein. Dort wohnte sie in einer Baracke und arbeitete in Nortorf in einer Fabrik. Dort ging es ihnen nicht sehr gut. Gerda wurde dort von einem Mädchen betreut, dessen Vater fast alles dort gehörte. Dieses Mädchen war Maria. Sie hat Gerda viel geholfen. Deshalb möchte ich ihr jetzt auch helfen.

G.: Wo bist du jetzt?

W.: Wieder auf der Wiese. Es sind jetzt wieder viele Blumen da. Es ist so kalt hier in Sibirien. Ich sehe hier eine Kirche mit einem Turm, den wir Zwiebelturm genannt haben. Es kommt ein Mann aus der Kirche. (Sie zittert stark, wie vor Kälte.)

G.: Soll ich dich zudecken, damit du nicht so frierst?

W.: Nein, nein, auf keinen Fall zudecken. Weißt du, sie haben mich mit einer Decke zugedeckt, wie sie mich weggebracht haben. Lieber die Kälte ertragen als zudecken.

G.: Kannst du mit anderen Verstorbenen Verbindung aufnehmen?

W.: Ja, aber nicht mit allen. Wir leben hier wie auf Inseln im Meer. Auf der untersten Stufe ist es nicht viel anders als bei euch. Und es kommen nur die zusammen, die einander entsprechen. Bei uns arbeiten die Akademiker daran, herauszufinden, wie es auf den weiteren Stufen aussieht, und mit ihnen in Kontakt zu kommen. Das ist viel schwieriger als von euch zu uns. Wir sind fast noch gleich wie ihr, nur seht ihr uns nicht; aber wir euch, wenn wir wollen.

Es würde zu weit führen, die ganzen Protokolle der zahlreichen Unterredungen, die ich mit »Ernst« hatte, hier wiederzugeben. Nachdem Frau Weiss nach dieser ersten Hypnose wieder wach war, behauptete sie, sich an nichts mehr erinnern zu können. (Bei einer tiefen Hypnose kann eine spontane Erinnerungslöschung ›Amnesie‹ auftreten.) Ich interpretierte »Ernst« zunächst als eine »Teilpersönlichkeit« von Frau Weiss und fragte sie deshalb, ob sie bei sich schon einmal eine besondere Angst vor Feuer festgestellt habe. Sie sagte, daß ihr zwar ihre Großmutter eine gewisse Angst vor Feuer eingeimpft habe, aber sie fürchte sich nicht übermäßig davor.

Dann erkundigte ich mich, ob sie sich an ein Mädchen namens Gerda erinnern könne. Zuerst sagte sie nein. Nachdem ich hinzufügte, es müsse vor langer Zeit in Schleswig-Holstein gewesen sein, begann sie sich zu erinnern. Auf die Frage, wie der Familienname von Gerda gewesen sei, antwortete sie: »Das war so ein Name wie eine Kinderkrankheit: Masern ... Röteln ..., ja, Rötel hieß sie.« Sie erinnerte sich dunkel, daß Gerdas Vater in Rußland gefallen war, wußte aber seinen Vornamen nicht mehr. Sie hatte Gerda oft mit nach Hause gebracht, sie zum Essen und Spielen eingeladen.

Weshalb Ernst Rötel »Stifft« mit zwei f schrieb, konnten wir nicht eruieren. Er blieb von da an der jenseitige Vermittler von Frau Weiss, das heißt, er war während aller Versuche, die ich in den nächsten zwei Jahren mit Frau Weiss durchführte, derjenige, der anscheinend aus der Geistigen Welt mithalf.

1.4.3. Die Sache mit Astrid

Zu jenem Zeitpunkt fing ich an, mir zu überlegen, was eigentlich die »Animisten« mit ihrem berühmten »Unbewußten« meinten, das sie immer anführten, wenn es darum ging, paranormale Erfahrungen einzuordnen. Die »Spiritisten« redeten im gleichen Sinne vom »Jenseits«. Könnte es sein, so fragte ich mich, daß diese beiden Begriffe »Unbewußtes« und »Jenseits« nur zwei Aspekte des gleichen Unbekannten sind? Als spiritistisch erlebender Mensch stelle ich mir die »Geistwesen« als außerhalb von mir, als aus dem »Jenseits« kommend vor. Als psychologisch denkender Mensch stelle ich mir vor, daß ein »Unbewußtes«, ein mir bewußt nicht (oder nur unter bestimmten Umständen) zugänglicher »Innenraum«, mit Wesen wie Teilpersönlichkeiten, Menschen aus der Erinnerung, Phantasiefiguren und Archetypen bevölkert ist. Aber wer sagt, ob meine Vorstellungen von innen oder außen richtig sind? Könnte es nicht sein, daß diese Wesen einfach sind – weder innen noch außen, sondern sind?

So näherte ich mich allmählich der spiritistischen Auffassung, ohne die animistische aufzugeben. Und da erlebte ich die Sache mit Astrid.

Frau Weiss und Ernst hatten sich bereit erklärt, bei einem Vortrag von mir mitzuwirken und einen Versuch vor Publikum durchzuführen. Nachdem sich Frau Weiss entsprechend meinen Suggestionen in den hypnotischen Zustand versetzt hatte und ich mit Ernst sprechen konnte, bat ich ihn, jemanden »von drüben« kommen zu lassen, der vielleicht einem der über hundert Anwesenden etwas mitteilen wollte. Ich lasse wieder das Protokoll folgen:

W.: Ja, es sind Leute hier. Aber ob die mit den Leuten, die im Saal sind, etwas zu tun haben, weiß ich nicht. Erst mal hier eine Person, die schon lange gedrängt hat. Soll ich sie holen?

G.: Wir versuchen es. Bitte.

W.: (mit leicht veränderter Stimme) Ich heiße Astrid Wagner. Ich könnte jetzt siebenunddreißig Jahre alt sein. Aber ich starb mit einunddreißig. Es wurde immer behauptet, ich hätte Selbstmord begangen. Das ist nicht richtig. Ich habe an einem Sonntag im März, ich glaube es war der 25., im Jahre 1968 einen Spaziergang unternommen. Ich bin in eine Felsspalte hinuntergestürzt. Daß ich am Abend vorher erzählt habe, ich will mir das Leben nehmen, das geschah unter Alkoholeinfluß. Das stimmt nicht. Es war ein Unfall. Es war ein Unfall.

G.: Wem soll ich das mitteilen?

W.: Meinem Vater.

G.: Wo finde ich den?

W.: In Basel. Nein, meinem Bruder, und den findest du in Zürich. Meinem Vater besser nicht.

G.: Kannst du mir sagen, wo dein Bruder wohnt?

W.: Das seh' ich nicht. Ich seh' ihn überhaupt nicht mehr. Aber zu dem Zeitpunkt, als ich noch lebte, besaß er ein Café in Zürich.

G.: Wie hieß das?

W.: Ar... Moment. Ar..., Ar..., Arena.

G.: Und wo war das?

W.: Das war in diesem Vergnügungsviertel, Nie..., Nie..., Niederdorf.

G.: Wie hieß denn dein Bruder?

W.: Ich nannte ihn Karli.

G.: War das sein richtiger Name?

W.: Aber ja.

G.: Also Karl Wagner?

W.: Ja, und er hatte ein großes Auto. Es war ein Cadillac, der war schrecklich alt. Aber ich fand ihn damals so schön.

G.: Das Kennzeichen, die Nummer dieses Wagens kennst du nicht?

W.: Nein. Ich hab' sie auch nie gekannt. Ich hab' mich nicht dafür interessiert...

G.: Kannst du uns noch den Mädchennamen deiner Mutter sagen?

W.: Ich habe doch gar keine. Die ist doch schon lange tot.

G.: Wie hat sie damals geheißen?

W.: Meine Mutter? Roggberg... – nein, Moment – Roggenburger.

G.: Und mit Vornamen?

W.: Weiß ich nicht. Das war die Mami.

G.: Dein Vater hieß mit Vornamen?

W.: Alfred.

G.: Du möchtest, daß wir deinem Bruder mitteilen, daß es kein Selbstmord war. Hast du sonst noch eine Mitteilung?

W.: Noch nicht, noch nicht.

G.: Danke, Astrid.

Ich weckte Frau Weiss wieder auf. Niemand im Saal wußte mit den Angaben etwas anzufangen. Ein Herr aus Zürich erklärte sich jedoch bereit, der Sache nachzugehen. Ich selbst suchte zu Hause im Telefonbuch nach Alfred Wagner-Roggenburger. Ich fand zu meiner größten Überraschung einen Alfred Wagner-Kornfeld, der an der Roggenburgerstraße wohnte. Ich rief bei der angegebenen

Nummer an. Es meldete sich ein Italiener, der mir erklärte, Herr Wagner wohne schon längst nicht mehr da. Bei der Einwohnermeldestelle erhielt ich dann die Auskunft, daß Herr Wagner im Januar 1973 nach Hummelwald (SG) verzogen sei.

Einige Tage später erhielt ich einen Anruf von Herrn Wilfried Wagner, dem Bruder von Astrid. Der Herr aus Zürich hatte ihn auf Umwegen gefunden. Das Café Arena befindet sich nicht in Niederdorf, es gehörte auch nie einem Karl Wagner. Hingegen war das beim Café Artist der Fall. Dort erhielt der Herr aus Zürich dann die Adresse von Wilfried Wagner (er hieß also nicht Karli!), der mit seinen Eltern zusammen in Hummelwald wohnte. (Die Mutter lebte also auch noch.) Herr Wagner war durchaus nicht erstaunt, auf diesem Wege von seiner Schwester zu hören; er hatte früher schon selbst das Gefühl gehabt, mit ihr in Verbindung zu stehen. Er bestätigte die meisten der Angaben – allerdings war die Selbstmordthese, die von der Versicherungsgesellschaft zunächst in Betracht gezogen wurde, praktisch sofort fallengelassen worden. Ob Astrid am Abend zuvor von Selbstmord gesprochen hatte, war ihm nicht bekannt. Im März 1968 war der 25. übrigens ein Montag. Am Sonntag war der 24.

Dieser Fall ließ sich nun nicht mehr so leicht in ein animistisches Schema einordnen. Es war praktisch ausgeschlossen, daß Frau Weiss die zahlreichen Fälle, die sie uns präsentierte, im voraus ausgekundschaftet hatte. Erstens war sie berufstätig und hatte ein großes Haus mit drei Kindern und vielen Haustieren zu versorgen, so daß sie kaum Zeit für aufwendige Nachforschungen gehabt hätte. Und zweitens war sie bei all diesen Aussagen in tiefer Hypnose, in einem Zustand also, in dem es kaum möglich ist, ein Theater vorzuspielen. Niemand im Saal wußte etwas von den erhaltenen Angaben. Von welchem »Unbewußten« hätte Frau Weiss also abzapfen sollen? Was hätte sie veranlassen sollen, das weit entfernte Unbewußte von Eltern oder Sohn Wagner anzuzapfen, zu denen sie keinerlei Beziehung hatte? Und, falls sie das getan haben sollte, weshalb dann mit so vielen Fehlinformationen durchsetzt?

Wieviel einleuchtender ist es da anzunehmen, daß Astrid Wagner in Frau Weiss eine Gelegenheit erkannte, sich ihrem Bruder wieder mitzuteilen, was ihr offenbar ein Bedürfnis war. Die Fehler ließen sich da als Übermittlungsschwierigkeiten von einem jenseitigen »Speicher« auf ein diesseitiges Gehirn eher erklären.

Dieser Fall hat in entscheidendem Maße dazu beigetragen, meine Skepsis gegenüber den Aussagen der englischen Medien beträchtlich zu reduzieren.

Als Übersetzer für die zahlreichen spiritualistischen Medien und Heiler, die seit damals im Laufe der Zeit aus England zu uns kamen, hatte ich reichlich Gelegenheit, deren Ansichten und Meinungen kennenzulernen. Die Fragen, die oft am Schluß unserer öffentlichen Veranstaltungen vom Publikum an die Referenten gestellt wurden, förderten Antworten zutage, die sich mir allmählich wie Puzzlestücke zu einem immer deutlicher werdenden Bild zusammenfügten. Und das Merkwürdige war, daß sich das spiritualistische Welt- und Menschenmodell, das ich mir auf diese Weise zusammensetzte, im praktischen Umgang mit Menschen, die »seltsame« Erfahrungen erlebt hatten, als außerordentlich nützlich und brauchbar erwies, währenddessen die animistischen Erklärungsversuche der Parapsychologie in einigen (durchaus nicht in allen!) Fällen eher umständlich, gestelzt und wenig hilfreich erschienen.

Ich werde deshalb im nächsten Kapitel versuchen, einen Überblick über diese spiritualistischen Anschauungen zu geben.

2. Was ist Spiritualismus?

2.1. Spiritualistische Ansichten

2.1.1. Die Entwicklung des Spiritualismus

»Es war kein Zufall«, sagt Glyn Edwards, ein typischer Vertreter der jüngeren Mediengeneration und glühender Verfechter des Spiritualismus, »daß der Spiritualismus im Jahre 1848 durch die Geschwister Fox in Hydesville (USA) ins Leben gerufen wurde. Damals begann der industrielle Aufschwung unser Leben zu verändern, die Naturwissenschaft erlebte einen triumphalen Aufstieg, der Materialismus gewann zusehends mehr Einfluß, und die Stellung der christlichen Kirchen wurde von Grund auf erschüttert. Es war offensichtlich eine Krisenzeit in der Geschichte der Menschheit.«

Und er fährt wortgewaltig fort: »Die Macht des Materialismus breitete sich aus wie ein Steppenbrand und fegte die Irrtümer und abergläubischen Ängste der Rechtgläubigen hinweg aus dem Denken der Menschen. Einsicht und Verstand ersetzten den Glauben. Der Rationalismus allein jedoch vermochte das spirituelle Vakuum, das durch diese Vorgänge entstand, nicht aufzufüllen. Allmählich wurden die spirituellen Bedürfnisse des Menschen wieder deutlicher und traten mehr und mehr ins Bewußtsein.

Genau zu dieser Zeit lieferten die Klopfgeräusche der medial veranlagten Schwestern Margaretta und Catherine Fox (und nach ihnen die Erfahrungen vieler weiterer Medien) die notwendige Offenbarung, eine Offenbarung, die den neuen naturwissenschaftlichen Ansichten des Menschen dadurch entgegenkam, daß sich diese Erscheinungen wissenschaftlich nachprüfen ließen, und eine Offenbarung, die dem Leben den Sinn des Daseins zurückgab, an dem es ihm vollkommen gefehlt hatte.

Die Entwicklung des Spiritualismus während der letzten hundert Jahre als eine neue Wissenschaft, Philosophie, Religion und soziale Bewegung hat für die weitere Zukunft der Menschheit eine weit größere Bedeutung und Wichtigkeit, als dies selbst die Mehrheit der

Spiritualisten realisiert. Der Spiritualismus ist eine rationale Religion; er ist kein Dogma oder ein Glaube, den man fraglos anzunehmen hat. Er sollte deshalb auch nicht gepredigt, sondern diskutiert werden.

Der Spiritualismus ist eine Religion des Verstandes für ein Zeitalter des Verstandes, er ermöglicht eine rational begründete spirituelle Führung für eine materialistische Welt. Er wird einer desillusionierten Generation den Sinn für spirituelle Werte wiederbringen.

Die Beweise sind überwältigend, und der Spiritualismus hat sich seinen Platz erobert. Er hat auch eine große Mission zu erfüllen. Er wird unsere heutigen materialistischen Ansichten ersetzen durch eine Offenbarung spiritueller Wahrheit, die diese unsere Erde umgestalten wird. Er wird Furcht und Unwissenheit verbannen, Armut und Krieg ausmerzen und ein Neues Zeitalter hervorbringen, ein Zeitalter der Liebe und der Harmonie, der Weisheit und des Friedens, ein Zeitalter unbegrenzter Möglichkeiten und endlosen Fortschreitens. Mit neuem Mut, geboren aus den Offenbarungen des Spiritualismus, wird der Mensch vorwärts schreiten in ein Neues Zeitalter spiritueller Emanzipation. Dies ist Aufgabe und Lehre des Spiritualismus.«

Das sind wahrlich kühne Worte (Sie stammen übrigens aus der Einleitung des Grundkurses über Spiritualismus der »Spiritualists' National Union« SNU). Und ich merke, wie ich noch immer zögere, mich mit ganzem Herzen und mit ganzem Verstand zu ihnen zu bekennen, obwohl ich doch unterdessen schon so viele Erfahrungen auf dem Gebiet des Spiritualismus sammeln konnte. Es war ein weiter Weg, der mich dem Spiritualismus nähergebracht hat und den ich im ersten Kapitel in verschiedenen Abschnitten darzustellen versuchte. Um aber verständlich zu machen, weshalb ich mich schließlich immer mehr dem Spiritualismus zuneigte, muß ich noch einen scheinbar ganz abseitigen Exkurs einfügen.

2.1.2. »*Transpersonale Psychologie*«

Während der vierzehn Jahre, in denen ich Schulunterricht erteilte, die Parapsychologische Arbeitsgruppe leitete und meine eigenen Kinder aufwachsen sah, interessierte ich mich natürlich in zunehmendem Maße für Psychologie und vor allem für deren praktische Anwendung. So nahm ich, meist gemeinsam mit meiner Frau, an vielen verschiedenen Selbsterfahrungsgruppen teil und lernte auch bei mehreren Gelegenheiten die »Familienkonferenz« von Thomas Gordon kennen. Er war, wie ich erfuhr, ein Schüler von Carl Roger, dem Autor der »klientzentrierten Psychotherapie«. Als ich 1973 erfuhr, daß ein ehemaliger Student von Prof. Bender, Erhardt Hanefeld, in der Nähe von Freiburg i. Br. ein Zentrum für »Transpersonale Psychologie« eröffnete und dort Ausbildungskurse in »klientzentrierter Gesprächstherapie«, »Gestalt« und »Psychosynthesis« sowie Körperarbeit nach F. M. Alexander anbot, meldete ich mich sofort bei ihm. Ich erbat vom Frühjahr 74 an Urlaub und wandte mich der Transpersonalen Psychologie zu.

Die dreieinhalb Ausbildungsjahre bei Erhardt wurden für mich zu einer entscheidenden Wendezeit. Ich erlebte und erlernte die Rogerschen Prinzipien der Empathie, Kongruenz und Wertschätzung. Ich erfuhr, daß Empathie eine Form des Mitfühlens ist, die nichts mit Mitleid oder Bedauern zu tun hat, sondern ein einfühlsames, verstehendes Begleiten ist, das sich jeglicher Wertung enthält. Wertschätzung meint die liebevolle, vorurteilsfreie Annahme, die weder Bedingungen stellt noch Besitz ergreift. Und natürlich muß derjenige, der mich so warm annimmt und ohne Urteil ernst nimmt, selbst auch kongruent oder echt sein, das heißt, er darf sich dabei nicht einfach eine therapeutische Maske überziehen und eine Technik anwenden, die er erlernt hat und die er nach Gebrauch wieder vergißt.

Und nachdem ich angefangen hatte, diese Rogerschen Gedanken im tiefsten Innern nachzuvollziehen und ihnen nachzuleben, merkte ich, daß es dabei im Grunde um genau das gleiche ging, wovon auch die englischen Medien und Heiler immer sprechen: spirituelle Liebe.

Noch immer aber war ich ein Mensch, der vom Intellekt her kam. Ich lernte das verstehende Einfühlen über den Kopf – und Erhardt war da für mich genau der richtige Lehrer. Meine Wahrnehmungsfähigkeit begann sich über die sprachlichen Feinheiten, die ich erkennen konnte, allmählich in den Gefühlsbereich auszudehnen. Und so kam ich auch meinen eigenen Gefühlen und Intuitionen Stück für Stück näher.

2.1.3. Als Heiler in Stansted

In diesem Prozeß befand ich mich gerade, als mich Gaye Muir fragte, ob ich wohl genug Englisch könne, um über meine Arbeit ein paar Vorträge zu halten. Dann würde sie mich nämlich nach Stansted Hall zu ihrer Kurswoche einladen und ich müßte nur die Reise bezahlen, an deren Kosten sie sich auch noch beteiligte. Stansted Hall, das ist der Ort, wo der berühmte Spiritualist und Parapsychologieforscher, der Grundstücksmakler und Mäzen Arthur Findlay gewohnt und gearbeitet hatte. Das heutige »Arthur Findlay College for the Advancement of Psychic Science« (Schule zur Förderung der paranormalen Wissenschaften) ist zu einer Begegnungsstätte für Spiritualisten geworden. Es wird von der »National Spiritualist Union« (SNU) verwaltet und vom Verein der »Freunde von Stansted« finanziell unterstützt. Dort werden wochenweise vom College selbst, von einzelnen Medien oder Gruppen Kurse veranstaltet. In der von Gaye dort organisierten Woche sollte ich meine Arbeit mit Hypnose vorstellen. »Mr. Goldstien, Hypnotherapist from Switzerland« hieß es vielversprechend im Programm.

Ich fuhr mit sehr gemischten Gefühlen nach Stansted. Zum Glück konnte ich mich in London mit Gabi und ihrer Mutter Dorli treffen, die Mitglieder der PAB waren und schon öfters in Stansted an Kursen teilgenommen hatten. Sie ermunterten mich und versuchten, meine Bedenken zu zerstreuen. Daß das Publikum dort freundlich und tolerant sei, hatte mir Gaye auch schon gesagt. Trotzdem fühlte ich mich in doppelter Hinsicht unsicher:

Erstens sollte ich auf englisch Vorträge halten – und Englisch hatte ich nie »gelernt«, das heißt, meine Englischkenntnisse waren das Ergebnis von sporadischem Hören, Lesen und Sprechen ohne jeden theoretischen Unterbau, ohne Grammatik und ohne all das, was meiner Ansicht nach zum »Können« einer Sprache nötig ist.

Zweitens war dies eine Veranstaltung von Spiritualisten für Spiritualisten. Es ging um mediale Ausbildung und spirituelles Heilen. Auch in dieser Hinsicht fühlte ich mich fehl am Platz. Ich hatte nicht den Eindruck, ich sei kompetent, in einem Gremium spiritualistischer Medien und Heiler irgend etwas Relevantes vorzubringen.

Drittens bin ich – im eigentlichen Sinn des Wortes – kein Hypnotherapeut. Ich hatte wohl einige Erfahrungen mit Hypnose gesammelt, ebenso mit Gesprächstherapie und Alexander-Technik, aber wie sollte ich darüber zu Spiritualisten und dazu erst noch auf englisch sprechen?

Nun, die Woche in Stansted Hall wurde zu einer phantastischen Erfahrung für mich. Ich zitiere hier aus meinem Bericht in unserer Zeitschrift »PARAPS« 2-3/82 vom Juni 1982:

»Hätte ich meine Einladung nach Stansted schon zuvor etwas objektiver betrachten können, hätte mir klar sein müssen, daß Gaye mich nicht einfach aus einer Marotte heraus in dieses College geholt hatte, sondern auch darin – wie in allem ihrem Tun – ihren geistigen Führern gefolgt war. Aber ebendieses absolute Vertrauen in die geistige Führung, das ist für mich schwierig nachzuvollziehen, da mir doch so intensiv beigebracht worden ist, daß ich nur das verläßlich kann, was ich mühsam erarbeitet und gelernt habe, und daß ich immer wissen muß, was ich tue. Mir wurde sozusagen eingeimpft, immer nur auf den eigenen ›gesunden Verstand‹ zu vertrauen und alles mit diesem in Einklang zu bringen und zu kontrollieren.

Und was tut da Gaye mit mir? In den ehrwürdigen hohen Räumen mit den alten Stilmöbeln, kunstvollen Stukkaturdecken und ernst blickenden Ölbildern behauptet sie öffentlich vor versammeltem Publikum, ich sei ein sehr guter ›Healer‹ (geistiger Heiler), und läßt mich im Team ihres Mannes (er ist Präsident der Heiler von Essex) als Heiler mitwirken.

Jeden Tag ist ab 14 Uhr im ›Sanctuary‹, einem zu einer Art Kapelle umgebauten ehemaligen Wintergarten, ›Heilen‹. In dem eher naßkalten und nicht sehr freundlichen Raum, den wir mit Ölbrennern und Strahlern etwas aufzuheizen versuchen, versammeln sich die Heilungsuchenden und warten geduldig auf ihren Stühlen. Wir, die vier bis fünf ›Heiler‹, nehmen je einen Stuhl vor uns und stellen uns auf die kosmische Kraft ein, die wir vermitteln sollen. Beim ersten Mal spricht Reg, Gayes Mann, ein gemeinsames Gebet. Dann kommt irgend jemand aus dem Publikum und nimmt auf meinem Stuhl Platz.

Was tun? Bei Gaye habe ich einmal in einem Seminar gelernt, einfach die Hände von hinten um die Stirn des Patienten zu legen und die ›Kraft‹ durch meinen Scheitel in meine Hände und in den Patienten strömen zu lassen. Von andern Heilern habe ich gesehen, daß sie bestimmte Striche ausführen, teils direkt auf dem Körper, teils etwa fünf bis zehn Zentimeter über dem Körper. Jeder arbeitet wieder anders und auf seine Weise. Geschult durch Kurse in Körperarbeit, sehe ich auch, wo ich allenfalls an der Haltung eines Patienten arbeiten wollte. Aber jetzt: Was tun?

Mir kommt auf einmal die gläubig offene Haltung dieser Menschen hier im Sanctuary enorm zu Hilfe. Es wird mir klar, daß ich hier nicht mein Können unter Beweis zu stellen habe. Ich genieße völlige Narrenfreiheit im besten Sinne – der Leistungsdruck ist weg. Ich darf Dinge tun, mit denen ich mich vor einem kritischen ›Fachgremium‹ möglicherweise lächerlich machen würde – und die einem Teil meines Bewußtseins, das sich als kritisches Fachgremium aufspielt, lächerlich vorkommen. Ein anderer Teil meines Bewußtseins aber spürt instinktiv – oder intuitiv oder wie immer man das ausdrücken will –, was jetzt hier zu tun ist.

Und so löse ich mich von meinen Bedenken, lege meine Hände den Menschen auf die Schulter, stimme mich aufs ›Heilen‹ ein und lasse mich dann von der Instanz leiten, die mich leiten will. Manchmal ist das das Auge, das den Händen sagt: Hier im Rücken sieht es nach Verspannung aus. Manchmal ist es, als ob die Hände selbst wüßten, wo sie in welchem Abstand welche Bewegung ausführen sollen. Das ist aber nicht etwa ein Automatismus. Ich bewege meine Hände bewußt, aber ich übe bewußt keine kritische Kontrolle aus. Es ist eine Art Umschaltung, wie wenn ich aus einer bewußten Aufmerksamkeit auf Entspannung umschalte.

Ich lerne zu akzeptieren, daß es ein ›Können‹ gibt, das nicht mit harter Arbeit und bewußter Kontrolle erworben wird, sondern darauf beruht, daß ich mich auf eine Gabe und höhere Führung verlassen kann.

Die Medien arbeiten anscheinend genau nach diesem Prinzip. Wenn sie zu einer ›lecture‹, einem Lehrvortrag über ein bestimmtes

Thema, antreten, wissen sie meist nicht, was sie sagen werden – und oft wissen sie hinterher auch nicht mehr im Detail, was sie gesagt haben. Sie haben gelernt, sich dem ungehinderten Durchfluß von Energien, Gedanken, Bildern und Worten zu öffnen.«

So lernte ich, daß ich weder das Englische noch das Heilen zu »beherrschen« hatte – wie ich eigentlich meinte –, sondern daß ich mich meiner Intuition überlassen konnte.

Aber noch ein zweites Vorurteil mußte ich ablegen. Ich hatte mir immer vorgestellt, Spiritualisten seien Menschen, die sozusagen bereits mit einem Bein im Grabe bzw. im Jenseits stünden, die deshalb ernst, trübsinnig und sektiererisch wären und allem Irdischen entsagten. Die Woche in Standsted belehrte mich eines Besseren: »Ich kann mir kaum diesseitigere, fröhlichere und lebendigere Menschen vorstellen als diese Spiritualisten, die sich in ganz natürlicher Verbindung mit dem Jenseits wissen und für die Hilfsbereitschaft und Toleranz ebenso selbstverständlich sind wie unbeschwerte Fröhlichkeit und tiefernste Besinnlichkeit«, schrieb ich in meinem Bericht.

Die Spiritualisten haben etwas zurückgewonnen, was vielen Menschen unserer Zeit abhanden gekommen ist: ein natürliches, unkompliziertes Urvertrauen, ein ruhiges Wissen um die Fortdauer des geistig-seelischen Lebens und um die Hilfe und Führung, die jeder von »drüben« bekommen kann, wenn er nur bereit ist, auf seine Eingebungen zu achten.

Damit wird der Wettlauf nach dem Glück überflüssig, jedes Machtstreben wird unsinnig, alle Ängste fallen ab, es gibt keine Furcht mehr, nicht genügen zu können, nicht genügend Leistung zu erbringen, Krankheit und Tod bergen keine Schrecken mehr. Das Bewußtsein, in Demut und Selbstverantwortlichkeit einem höheren Ganzen zu dienen, macht froh und frei.

2.1.4. *Spiritualismus als Lebensgefühl*

Das eben Gesagte mag den Eindruck erwecken, als sei jeder, der sich dem Spiritualismus verschrieben hat, nur noch glücklich und zufrieden. Das ist natürlich keineswegs der Fall. Außerdem meinen viele, allein schon die mediale oder heilerische Begabung sei ein Zeichen dafür, daß der so Begabte in seiner Einstellung und seinem Verhalten spirituell sein müsse. Auch das stimmt nicht.

Alle Medien und Heiler, die ich kenne, haben Zeiten tiefster Verzweiflung, größter Unsicherheit und schwerer Trauer durchgemacht. Ihre spirituelle Lebensphilosophie haben sie sich unter harten Prüfungen erarbeiten müssen. Sie werden nicht müde, denjenigen, die gerne ihre eigenen medialen Gaben entwickeln möchten, sehr deutlich zu machen, daß das Entwickeln der medialen Sensitivität das Leben nicht angenehmer und leichter macht, sondern im Gegenteil viel Sorgen und Schwierigkeiten mit sich bringt. Wer denkt, als Medium könne er sich dauernd mit seinen lieben verstorbenen Angehörigen unterhalten und hilfreiche Geistwesen würden ihm alle Sorgen und Entscheidungen abnehmen, der hat nicht verstanden, worum es im Spiritualismus geht. Und wer in erster Linie berühmt werden möchte und die Medialität oder Heilkraft als gute Mittel dafür ansieht, der dürfte bald merken, daß er auf das falsche Pferd gesetzt hat: entweder wird er herausfinden, daß mit dem »Berühmtwerden« sehr viel mehr Verantwortungsbewußtsein und Hingabebereitschaft notwendig werden, oder aber er wird zu einem Scharlatan, der nicht nur andern Menschen und der Sache des Spiritualismus, sondern auch sich selbst schadet.

Was mir die vielen Spiritualisten, die ich bisher kennengelernt habe, als Lebensgefühl zu spüren gegeben haben, läßt sich vielleicht folgendermaßen umschreiben: Ein Spiritualist ist ein tief religiöser Mensch. Er glaubt nicht einfach an Gott, er nimmt Gott wahr und erlebt ihn in allen Formen der Schöpfung. Alles, jeder Stein, jede Pflanze, jedes Tier, jeder Mensch, jede Geistseele ist Teil und Ausdruck der Schöpfung und des Schöpfers. Deshalb ist ein Spiritualist ein zutiefst demütiger Mensch. Ich wähle mit Absicht das Wort Demut, weil dazu keine falsche Bescheidenheit notwendig ist. Demut ist für den Spiritualisten keine anerzogene unterwürfige Haltung, die man »irgendwem schuldig ist«, sondern erwächst aus der zunehmenden Einsicht in das Wesen und die Wirklichkeit der Schöpfung. Aus diesem Verständnis heraus ergibt sich eine selbstverständliche Wertschätzung jeder Sache, jedes Wesens und jedes Menschen, einschließlich der eigenen Person. Und aus der Erfahrung, daß jeder seinen Platz innerhalb der Schöpfung hat, erwachsen das Vertrauen und die Liebe, die mir für Spiritualisten typisch scheinen. Die vollkommene Überzeugung, daß alles einen Sinn hat und daß es deshalb sinnvoll ist, sich immer neu um das Bestmögliche zu bemühen, ist für mich ein Kennzeichen echter Spiritualität.

2.2. Das Welt- und Menschenbild des Spiritualismus

2.2.1. Einleitung

Was ich hier vorhabe, ist ein prinzipiell fragwürdiges Unterfangen. Es ist, als würde ich eine gestellte und womöglich noch retouchierte Portraitaufnahme eines Menschen für den Menschen selbst ausgeben. Was ich hier darstelle, ist die für mich im Augenblick bestmögliche Portraitaufnahme des spiritualistischen Weltbildes. Es ist mir aber wohl bewußt, wie subjektiv diese Darstellung ist und wie rasch wieder alles ganz anders aussehen kann, besonders von einem anderen Standpunkt aus. Da ich aber davon überzeugt bin, daß es sinnvoll ist, das jeweils Bestmögliche zu tun, versuche ich hier etwas festzuhalten, das eigentlich nicht festgehalten werden kann. Ich tue es, weil ich denke, daß es dem weiteren Verständnis der in diesem Buch beschriebenen Erfahrungen dient, wenn ich hier einen etwas allgemeineren Überblick gebe.

2.2.2. *Geistseele und Körper*

Wenn ein Mensch stirbt, trennt sich sein »inneres Wesen«, das ich hier »Geistseele« nennen möchte, von seinem materiellen (oder physischen) Körper. Solange der Körper lebt, besteht eine Verbindung zwischen Geistseele und Körper. Die Geistseele kann sich jedoch schon vor der endgültigen Trennung mehr oder weniger aus dem Körper entfernen (z. B. im »Koma«, beim sogenannten »klinischen Tod«, in einer Narkose oder eventuell auch im Schlaf). In diesem mehr oder weniger vom Körper gelösten Zustand kann die Geistseele Wahrnehmungen machen, die weit über die Wahrnehmungsmöglichkeiten des physischen Körpers hinausgehen. Je nach den Umständen kann die Geistseele ihren eigenen Körper liegen sehen, dessen stoffliche Umgebung erkennen, Gedanken und Stimmungen anderer noch im Körper lebender Geistseelen wahrnehmen, »Seelenreisen« an entfernte Orte unternehmen oder auch bereits einen Blick in die nächste Welt werfen, wo sie nicht selten schon längst verstorbene Freunde oder Verwandte trifft, die sie entweder wieder zurückschicken oder darauf warten, sie nach der endgültigen Ablösung weiterzugeleiten.

2.2.3. *»Wenn wir gestorben sind«*

Nach der vollständigen Trennung vom Körper wird die Geistseele zu einem körperfreien Geistwesen. Was es aus seinem Erdenleben mitnimmt, ist das, was ich den »Schwingungskörper« nennen möchte, eine Art Energiefeld, in dem alle Informationen über das eben verlassene Erdenleben gespeichert sind. Dieser Schwingungskörper ist es, der dem Geistwesen erlaubt, auch nach seinem leiblichen Tod noch mit der physischen Welt in Verbindung zu treten.

Der Übergang in die »Geistige Welt« oder ins »Jenseits« überfällt gelegentlich Menschen so unvorbereitet und plötzlich, daß ihnen gar nicht bewußt wird, daß sie nicht mehr im Diesseits leben. Andere hängen aus verschiedenen Gründen noch so am Diesseits, daß sie nicht bereit sind, sich ins Jenseits geleiten zu lassen, sondern versuchen, sich bei im Körper lebenden Geistseelen bemerkbar zu machen und anzuhängen. Solche Geistwesen bleiben meist eine

Zeitlang auf einer diesseits-näheren Ebene, bis es gelingt, ihnen klarzumachen, daß ihre Entwicklung nun in der Geistigen Welt weitergeht (der Aufgabe, solchen Geistwesen behilflich zu sein, widmen sich sogenannte »rescue-circles«, was sich vielleicht am besten mit »Auffang-Gruppen« übersetzen läßt).

Der Schwingungskörper spiegelt all das wider, was unsere Empfindungen, Gefühle, Einstellungen, unser Charakter und unsere Gesinnung während unseres Lebens im Diesseits gewesen sind. Was wir im Diesseits noch hinter einem freundlichen Lächeln verbergen konnten, tragen wir im Jenseits für jeden erkennbar zur Schau. Und so ist es nur natürlich, wenn sich gleichgesinnte Geistwesen zusammentun. Daher kommt es, daß es Ebenen (»Stifft« Ernst sprach von Inseln) gibt, auf denen egoistische, gewalttätige und machtsüchtige Geistwesen beieinander sind. Andere Ebenen sind von uns durchschnittlichen Erdenbürgern bevölkert, und auf wieder anderen Ebenen treffen sich spirituell hochentwickelte Geistwesen. Ziel für jedes Geistwesen ist es, sich im Laufe seiner geistigen Entwicklung so zu verändern, daß es von den weniger weit entwickelten Wesen zu den höher entwickelten überwechseln kann.

Da auf den jenseitigen Ebenen weder Zeit noch Raum in unserem Sinne existieren, erschaffen sich die Hinübergegangenen ihren Raum und ihre Zeit gemäß ihrer Vorstellungen, mit denen sie in jene Welt hinübergegangen sind. Irdische Gewohnheiten, die vor allem der Befriedigung des Körpers dienen, wie z. B. starkes Rauchen, Essen oder Trinken, werden anscheinend in der ersten Zeit schmerzlich vermißt, weil es jetzt nicht mehr möglich ist, die zuvor über den Körper erreichte seelische Befriedigung zu erlangen. Schlaf im irdischen Sinne brauchen die Geistwesen nicht, sie legen aber aus Gewohnheit anfangs entsprechende Ruhephasen ein.

Meist besteht auch noch über längere Zeit ein intensives Interesse für das, was in den Familien von Verwandten oder Bekannten auf der physischen Welt vor sich geht. Gelegentlich versuchen die Wesen aus der Geistigen Welt auf unser Diesseits einzuwirken, sei es, daß sie uns intuitive Gedanken schicken, sei es, daß sie uns über ein vermittelndes Körperwesen, ein Medium, ansprechen.

Hat sich ein Geistwesen auf dieser materiell-irdischen Diesseits-Jenseits-Stufe weit genug entwickelt, geht es zur nächsten Entwicklungsstufe weiter und so fort, bis es sich bewußt wieder in die All-

Einheit einzuordnen vermag, aus der es als unbewußter Teil ursprünglich gekommen ist und die wir Gott nennen.

2.2.4. *»Woher die kleinen Kinder kommen«*

Nein, es geht nicht um Aufklärungsunterricht und den physischen Ursprung der Kinder. Darüber sind sich die Spiritualisten ebenso einig wie die Biologen.

Unterschiedliche Ansichten bestehen jedoch hinsichtlich der Frage, ob alle Geistseelen der Neugeborenen sozusagen aus dem großen Reservoir der göttlichen All-Einheit stammen oder ob zumindest in einigen Fällen Geistseelen aus der nächsten Jenseitsstufe zurückkehren, um ein weiteres Erdenleben zu führen. Beide Ansichten haben durchaus ernst zu nehmende Argumente für ihren Standpunkt, und unter den mir bekannten englischen Medien gibt es solche, die den Gedanken an mehrfache Erdenleben (Reinkarnation, Wiedergeburt) völlig von sich weisen, andere, die ihm neutral abwartend gegenüberstehen, und solche, die aus eigener Erfahrung völlig davon überzeugt sind. Wenn ich hier den Reinkarnationsgedanken in mein Bild mit einbeziehe, dann vor allem deshalb, weil mir diese Ansicht einleuchtet und sinnvoll erscheint. Die Idee der Wiedergeburt ist jedoch nicht ein integrierender Bestandteil des englischen Spiritualismus. (Oder wie sich ein verstorbener lebenslustiger Pfarrherr aus Irland einmal durch Glyn Edwards äußerte: »Wenn ich hier herausfinden sollte, daß es so etwas wie Wiedergeburt tatsächlich gibt, dann komme ich so schnell wie möglich zurück auf die Erde!«)

Wenn sich also ein Geistwesen auf der nächsten Jenseitsstufe so weit entwickelt hat, daß es alle irdischen Disharmonien seines Schwingungskörpers aufgearbeitet hat, kann es entweder eine Stufe weitergehen oder, falls dies für seine Weiterentwicklung sinnvoll scheinen sollte, wieder im irdischen Diesseits inkarnieren. Die Zeit, die zu dieser Entwicklung im Jenseits notwendig ist, hängt ganz vom jeweiligen Individuum ab und kann anscheinend von null Zeit bis ein paar hundert Erdenjahre betragen. Für den Mitteleuropäer läßt sich annehmen, daß die »Zeit« im Jenseits nach irdischen Maßstäben im Durchschnitt rund 120 bis 180 Jahre beträgt.

Ein Geistwesen, das bereit ist, nochmals ein Leben auf der Erde zu führen, sucht sich eine seinem Entwicklungszustand angemessene Umgebung aus, in die es geboren werden möchte. Sein Schwingungskörper muß sich unterdessen soweit verändert haben, daß er bereit ist, sozusagen wieder von Null anzufangen. (Auch über das Verhältnis Geistseele–Schwingungskörper–irdischer Leib bei der Inkarnation gibt es voneinander leicht abweichende Ansichten.) Manchmal ist das Geistwesen, das sich inkarnieren möchte, schon bei seinen zukünftigen Eltern, ehe sie ein Kind zeugen, manchmal übernimmt es ein bereits gezeugtes Kind erst einige Zeit später. Jedenfalls baut sich das Geistwesen aus den genetischen (vererbten) und anderen physischen Gegebenheiten, die es vorfindet, mit Hilfe seines Energiefeldes einen Körper, der eine ihm entsprechende Wohnstatt werden kann.

Hat das Geistwesen zuvor im körperlosen Zustand hauptsächlich die Signale von anderen Geistwesen und allenfalls einigen inkarnierten Geistseelen empfangen, so kommen nun wieder die Signale des Körpers hinzu, mit dem es sich als Geistseele verbunden hat. Sehr wahrscheinlich sind es die aus der indischen und chinesischen Überlieferung bekannten Zentren und Energiebahnen des Körpers, die Chakren, Nadis und Meridiane, die als Schaltstellen dienen, an denen die Aktivitäten von Geistseele und Körper ineinandergreifen.

Beim noch ungeborenen Kind dürften die »inneren« Wahrnehmungsmöglichkeiten stark im Vordergrund stehen. Es wird also wahrscheinlich mit seinem »inneren Auge« die Umgebung seiner Mutter sehr wohl sehen können. Es wird behauptet, daß dabei im körperlichen Bereich Hypophyse und Epiphyse (Gehirnanhangdrüse und Zirbeldrüse) eine Rolle spielen. Es sind also von Anfang an eine ganze Reihe von Faktoren, die bei der Bildung des neuen Wesens mitbestimmend sind und die Persönlichkeit des heranwachsenden Menschenkindes prägen. Sie lassen sich im wesentlichen wie folgt zusammenfassen:

a) Die Erfahrungen, welche die Geistseele aus dem Jenseits (und allenfalls aus früheren Erdenleben) mitbringt.
b) Die genetischen und biologischen Gegebenheiten von seiten der Eltern.
c) Die kosmischen Konstellationen und die damit verbundenen Energiefelder.

d) Die Erfahrungen der Geistseele in ihrem neuen Körper vor, während und nach der Geburt.

2.2.5. Die inkarnierte Geistseele

Der inkarnierten (im Fleisch wohnenden) Geistseele stehen von Anfang an zwei verschiedene Wahrnehmungssysteme zur Verfügung: einerseits die zeit- und raum-unabhängige, stärker gefühlsmäßig (emotional) reagierende »innere« Wahrnehmung und andererseits die durch die Sinnesorgane des Körpers und durch das Gehirn auf bestimmte Bereiche beschränkte, eher verstandesmäßig (rational) ausgerichtete »äußere« Wahrnehmung. Als Folge der in unserer Kultur seit etwa zweihundert Jahren üblichen Erziehungs- und Bildungsmethoden tritt »normalerweise« die innere Wahrnehmung mit zunehmendem Alter zugunsten der äußeren zurück. Die im Kindesalter noch auftretenden Erinnerungen und Wahrnehmungen des inneren Wesens werden meist als unwirkliche (irreale) Phantasien abgewertet und damit in ein un(ter)bewußtes Schattendasein verbannt. Dazu kommt, daß meist die viel gröberen Sinneseindrücke des sich in einer materiellen Welt entwickelnden Kindes die subtileren Wahrnehmungen der Geistseele leicht zu verdrängen vermögen. Dabei wirken die Sinnes- und Gehirn-Organe als Filter, die nur einen kleinen Teil der vorhandenen Signale und Informationen zu Bewußtsein kommen lassen. Dies ist auch notwendig, damit sich das physische Wesen in der physischen Welt zurechtfinden kann. Aus demselben Grunde besitzt es normalerweise auch keine Erinnerung an seine früheren Erfahrungen, sei es in einem früheren Leben, im Jenseits oder vor, während und kurz nach der Geburt. Unter besonderen Umständen aber können diese Erfahrungen wieder zugänglich werden und kann die innere Wahrnehmung als »Außer-Sinnliche Erfahrung« (ASE) zum Einsatz kommen.

Die Geistseele wird niemals alleine auf ihren Weg durch die physische Welt geschickt. Eines der Geistwesen, die schon eine Stufe weiter sind, verbindet sich ihr als Begleiter oder »Schutzengel«. Dieser geistige Begleiter kann seinen Schützling zwar immer und überall beobachten, er kann aber nur dann hilfreich eingreifen, wenn sein Schutzbefohlener bereit ist, auf diese »innere Stimme« zu hören, oder selbst innerlich um Hilfe ruft. Die Medien empfehlen übrigens, immer Gott direkt um Hilfe anzurufen und es seiner Weisheit zu überlassen, auf welchem Wege und über welche diesseitigen oder jenseitigen Helfer er uns seine Hilfe zukommen lassen will.

Die jenseitigen Geistwesen scheinen ein lebhaftes Interesse daran zu haben, uns von ihrer Existenz zu überzeugen. Möglicherweise hat sich dieses Anliegen noch verstärkt, seit die materialistisch-rationalistische Denkweise zu einer langsamen, aber totalen Zerstörung alles Lebendigen zu führen droht. Sie haben offenbar die Möglichkeit, uns und unsere physische Welt wahrzunehmen. Unsere innere Wahrnehmung der Geistseele jedoch ist, in den meisten Fällen zumindest, überdeckt und ungeübt. Nur wenige Menschen, bei denen durch besondere Umstände diese inneren Sinne wach geblieben sind, sind imstande, Signale von anderen Geistseelen bzw. körperlosen Geistwesen zu empfangen. Wie kann nun aber ein Geistwesen erkennen, daß da irgendwo jemand ist, der seine innere Wahrnehmungsfähigkeit soweit bewahrt und womöglich noch geschult hat, daß er imstande ist, sich der spirituellen Wahrnehmung zu öffnen?

Anscheinend strahlen solche medialen oder sensitiven Menschen mit ihrem inneren Wesen, mit ihrem Schwingungskörper etwas aus, das für die Geistwesen sichtbar ist, wie für uns ein helles Licht im Dunkeln. So kommt es, daß medial veranlagte Menschen oft von einer ganzen Schar von Geistwesen belagert werden, die gerne eine Botschaft an die diesseitige Welt durchgeben möchten. Allerdings können darunter auch weniger weit entwickelte Geistwesen sein, die den Sensitiven nur dazu benützen wollen, ihre noch am Irdischen haftenden Wünsche und Regungen zu befriedigen. Dies kann ungeschulten, natürlich medial begabten Menschen gelegentlich ziemliche Schwierigkeiten verursachen.

Auf die Gefahren des Mediumismus und Möglichkeiten, wie man sich und andere schützen kann, werde ich noch in einem gesonderten Kapitel (12) eingehen.

Zusammenfassend läßt sich sagen, daß es nach spiritualistischer Auffassung Aufgabe jedes Geistwesens ist, sich vom primitiven, ichbetonten, triebhaft-unbewußten Einzelwesen zu einem spirituellen, barmherzig-dienenden, liebevoll-bewußten Menschheitsglied zu entwickeln. Im Laufe dieser Entwicklung hat das einzelne Wesen mindestens eine, aber wahrscheinlich mehrere Inkarnationen auf dieser physischen Erde und weitere Lehrzeiten in jenseitigen Welten zu absolvieren. Im Gegensatz aber zu unserem (altmodischen) Schulungssystem steht es jedem Wesen frei, wann, wo und wie es seine Lektionen lernen will. Leid, das ich andern zugefügt habe, muß mir in irgendeiner Form selbst als Schmerz bewußt werden, ehe ich in meiner spirituellen Entwicklung fortschreiten kann. Daher kommt es, daß einige Geistwesen sich Umstände und Körper wählen, in denen sie diese für sie nötigen Erfahrungen sammeln können. Dabei handelt es sich aber keineswegs um eine ihnen von irgendwoher auferlegte Strafe, sondern es entspricht einer inneren Notwendigkeit. Ich entscheide mich bewußt, eine schwierige Aufgabe anzunehmen, weil ich weiß, daß mich deren Lösung in meiner Entwicklung weiterbringt. Tue ich dies nicht oder scheitere ich, so geschieht weiter nichts – ich bleibe einfach auf der Stufe und Ebene der Entwicklung stehen. Wenn ich dazu bereit bin, kann ich jederzeit den Rat und die Hilfe meiner geistigen Begleiter in Anspruch nehmen.

2.2.6. Das Selbstverständnis des Spiritualismus

Der englische Spiritualismus behauptet von sich selbst, eine Wissenschaft, eine Philosophie, eine Lebensweise und eine Religion zu sein. Die einzelnen Anteile dieser verschiedenen Disziplinen lassen sich nicht säuberlich trennen. Zu stark sind religiöse, weltanschauliche und praktische Betrachtungs- und Handlungsweisen miteinander verbunden und ineinander verwoben. Das hat der Spiritualismus mit anderen auf das praktische Leben ausgerichteten Weltanschauungen wie dem Sufismus oder dem Yoga (um nur zwei mir einigermaßen bekannte Systeme zu erwähnen) gemeinsam. Der Spiritualismus ist einer der vielen Wege, die zu einem universellen und gleichzeitig individuellen Verständnis führen. Er beansprucht nicht für sich, die einzige und alleinige Wahrheit zu sein. Er ist prinzipiell allen Glaubensauffassungen gegenüber offen. Der Kontakt zur Geistigen Welt über die Medien ist nur ein kleiner, wenn auch seiner Überzeugungskraft wegen wesentlicher Teil der spiritualistischen Anschauung.

Entsprechend der Offenheit des Systems gibt es eher christlich ausgerichtete Spiritualisten oder mehr östlich orientierte Spiritualisten, solche, die eher die indianischen Weisheitslehren mit einbeziehen, und solche, die sich an ägyptische oder andere Geheimlehren anlehnen.

Gemeinsam ist ihnen allen die durch Erfahrung bestärkte Gewißheit, daß die Geistseele nach dem Tod des physischen Leibes weiterexistiert und über geeignete Kanäle (Medien) mit dem Diesseits kommunizieren kann. Im nächsten Abschnitt will ich versuchen, anhand von Beispielen zu zeigen, welche Erfahrungen dafür sprechen, daß diese spiritualistische Ansicht auch wissenschaftlich gesehen eine brauchbare Hypothese ist.

2.3. Leibfreies Leben

2.3.1. Was sind »lebende Wesen«?

Nach naturwissenschaftlicher Ansicht sind es drei Haupterscheinungen, die das »Leben« ausmachen: 1. Stoff- und Energiewechsel (z. B. Ernährung, Atmung), 2. Reizvorgänge (Reizaufnahme und -beantwortung) und 3. Formwechsel (Wachstum, Entwicklung, Fortpflanzung, Vererbung). Alle diese Vorgänge scheinen an hauptsächlich aus Eiweißstoffen aufgebaute Zellen gebunden zu sein. Muß das aber so sein?

Die Frage, ob ein »Wesen« auch ohne seinen aus Zellen bestehenden Leib »leben« kann, ist nicht leicht zu beantworten. Sind »Leben« und »Wesen« Eigenschaften der Materie, die immer dann hervortreten, wenn eine gewisse Komplexheit der Materieorganisation erreicht ist? Läßt sich Leben also dadurch »erzeugen«, daß man genügend vielfältig zusammengesetzte Molekülstrukturen aufbaut? Und können solche Molekülstrukturen durch entsprechend vielfältige Kombinationen zu einem Organismus geformt werden, der, sobald er komplex genug ist, von selbst ein »Wesen« entwickelt, wie es in SF-Romanen von überdimensionierten Computern beschrieben wird? Ist also das, was wir als lebendes Wesen erfahren und bezeichnen, nichts anderes als das Ergebnis einer besonders vielfältig zusammengesetzten Materiestruktur, das sich beim Zerfall dieser Struktur wieder in nichts auflöst?

Oder ist es umgekehrt so, daß das »Wesen« zuerst als Idee und Vorform besteht und sich dann den zugehörigen Organismus erschafft oder zumindest sucht? Ist also das »lebende Wesen« das Primäre, das sich in der Welt der Materie »inkarniert«, das aber seine fleischliche Hülle wieder verlassen und auch ohne sie weiterexistieren kann?

Oder sind Leib und Seele, Organismus und Wesen nur zwei verschiedene Aspekte einer noch übergeordneten Kategorie, die sich unserer Erkenntnis entzieht? Ist unsere Frage nach dem Primat von Geist oder Materie möglicherweise falsch gestellt und sowenig zu beantworten wie die Frage, ob zuerst das Huhn oder das Ei gewesen sei?

Es gibt bisher keine eindeutige Antwort. Es ist auch nicht meine Absicht, hier diese philosophische Frage zu behandeln. Die Vorträge am IMAGO MUNDI-Kongreß in Innsbruck vom September 1985 haben gezeigt, wie vielschichtig und gegensätzlich die Ansichten gerade in bezug auf diese Probleme sind. Ich möchte anhand der aufgeworfenen Fragen nur darauf hinweisen, daß ich mir darüber klar bin, daß die von mir hier dargestellte Anschauungsweise durchaus frag-würdig ist und andere Deutungsmöglichkeiten zuläßt.

2.3.2. Leben ohne Leib

Es gibt in der Literatur zahlreiche Berichte, die darauf hinweisen, daß Erscheinungen, die wir dem »Leben« zuordnen, auch unabhängig oder zumindest weit entfernt vom Leib auftreten können. Ich möchte hier ein paar Erfahrungen aufzählen, die in diese Richtung weisen, und durch je ein Beispiel illustrieren.

1. *Berichte von »reanimierten klinisch Toten«*

Neu ins Rampenlicht des öffentlichen Interesses bei uns rückte die Frage nach einem »Leben nach dem Tod« 1977 durch das Erscheinen der deutschen Ausgabe des Buches von Dr. med. Raymond A.

Moody. Er führt darin eine Sammlung von »Jenseits-Erfahrungen« auf, die Menschen im Zustand ihres »klinischen Todes« gemacht hatten. Zahlreiche andere Autoren haben schon vor und besonders dann nach Moody ähnliche Berichte veröffentlicht. Ich möchte hier das Beispiel von Stefan von Jankowich anführen, den ich persönlich kenne und mit dem ich befreundet bin. In seinem Buch »Ich war klinisch tot. Der Tod – mein schönstes Erlebnis« (Drei Eichen Verlag, München+Engelberg 1984) hat er sehr sorgfältig alle Umstände seiner Erfahrung zusammengetragen und dargestellt.

Stefan erlitt als Beifahrer einen schweren Autounfall. Er wurde aus dem Fahrzeug geschleudert und blieb lebensgefährlich verletzt auf der Straße liegen. Er war bewußtlos, und es kam zu einem Herzstillstand. Nach etwa sechs Minuten wurde er durch einen »zufällig« anwesenden Arzt mit einer Adrenalin-Injektion direkt ins Herz wieder ins Leben zurückgeholt. Er empfand einen unheimlichen Druck und Schock, verspürte plötzlich Schmerzen und wurde ohnmächtig. Was Stefan in diesen sechs Minuten erlebte, veränderte sein ganzes Leben.

Das erste, was Stefan dachte, als er aus der Bewußtlosigkeit auftauchte, war: »Ich habe den Unfall überlebt.« Zu seinem größten Erstaunen schloß sich aber sofort die Erkenntnis an: »Jetzt sterbe ich.« Er war sehr erstaunt darüber, daß er dabei weder Angst noch sonst unangenehme Gefühle hatte. Er freute sich und beobachtete neugierig, was jetzt wohl geschehen würde. Es war ihm, als ob er schwebte, und er hörte wundervolle Klänge. Dazu sah er harmonische Formen und Farben. Ein unendlicher Friede und ein nie gekanntes Glücksgefühl erfüllten ihn, während er einem strahlenden Licht entgegenglitt. Plötzlich tat sich etwas wie ein Vorhang auf, und Stefan erkannte, daß er über der Unfallstelle schwebte. Er sah die Szene von mehreren Seiten gleichzeitig, deutlich und transparent. Er konnte seinen schwerverletzten Körper liegen sehen, einen ersten Arzt, der sich um ihn bemühte, andere Menschen, die darum herumstanden. Er konnte auch wahrnehmen, was die Leute sprachen und dachten. Er hörte den Arzt sagen: »Man kann nichts mehr machen, er ist tot.« In seinem Buch (S. 54) schreibt Stefan weiter:

»Sehr merkwürdig war, daß ich nicht nur die laut gesprochenen Worte, sondern auch die Gedanken der an der Unfallstelle anwesenden Menschen wahrnehmen konnte. Eine Tessiner Frau z. B. mit einer etwa siebenjährigen Tochter war sehr erschrocken, als sie plötzlich meine Leiche sah. Die kleine Tochter wollte sofort weglaufen, aber die Frau hielt sie mit der linken Hand einige Minuten fest und betete in Gedanken ein ›Vater unser‹, ein ›Heilige Maria‹ und bat danach noch um Vergebung der Sünden dieses verunglückten Mannes. Ich war vom selbstlosen Gebet dieser Frau tief beeindruckt und freute mich darüber. Auch fühlte ich eine liebevolle Strahlung.

Ein älterer Mann mit Schnurrbart dachte dagegen sehr negativ über mich. ›Naja, den hat's erwischt. Aber er ist sicher selber schuld. Wahrscheinlich ist er so einer, der mit seinem Sportwagen rücksichtslos durch die Gegend flitzt.‹« Ich wollte ihm von ›oben‹ zurufen: ›Hör auf mit diesem Quatsch. Ich bin nicht selber gefahren, ich war nur Mitfahrer.‹ Ich spürte auch die negativen, bösartigen Schwingungen dieses Mannes.«

Stefan hat nach seiner Genesung mit Hilfe der Polizei die Tessinerin ausfindig machen können und befragte sie darüber, was sie damals beim Unfall gedacht habe. Sie bestätigte, daß sie tatsächlich so gebetet hatte, wie Stefan es wahrgenommen.

Er wandte sich dann von der Unfallstelle ab, erblickte rechts oben die Sonne und flog auf sie zu. Er fühlte, daß er in Begleitung freundlicher Wesen war. Danach sah er wie in einem vierdimensionalen Theaterstück Szenen aus seinem Leben, angefangen vom Unfall bis zurück zu seiner Geburt. Sein inneres Wesen beurteilte dabei dauernd alles, was geschah. Die Maßstäbe waren jedoch zu Stefans Erstaunen durchaus andere als die unserer irdischen Moral. Was in diesem Licht als negativ erschien, fiel einfach aus, zählte nicht. Was blieb, waren Ereignisse und Handlungen, bei denen Liebe und Harmonie für alle Beteiligten im Vordergrund standen.

Stefan war dabei, in die unerhörten Klänge und Lichtfarben der Unendlichkeit einzutauchen, als er durch die Spritze unsanft aus seiner Euphorie gerissen wurde.

Nach ein paar Tagen auf der Intensivstation erhielt er Besuch, und er erkannte sofort den Arzt wieder, der ihm die Spritze verabreicht hatte – zu dessen größtem Erstaunen, der dies nicht für möglich halten wollte, da ja Stefan klinisch tot gewesen war und seine physischen Augen geschlossen waren, als er ihm die Spritze gab.

Selbst wenn dies ein absoluter Einzelfall wäre, müßte er der Wissenschaft zu denken geben. Inzwischen liegen aber unzählige solcher Berichte vor, sogar von Ärzten, die eigentlich darauf aus waren, die Möglichkeit solcher Wahrnehmungen im Zustand der scheinbaren Bewußtlosigkeit zu widerlegen.

2. *Seelenreisen im Schlaf*

»Der Tod ist der Bruder des Schlafs«, wird oft gesagt. Und tatsächlich scheint auch im Schlaf die Verbindung von Geistseele und Körper in ähnlicher Weise gelockert wie in todesnahen Zuständen. Auch zu diesem Bereich gibt es zahlreiche Aufzeichnungen von Erfahrungen, die alle dafür sprechen, daß die Geistseele sich wirklich vom Körper ablösen kann und unabhängig von ihm zu Wahrnehmungen fähig ist.

Wiederum möchte ich einen Freund von mir zitieren, der über seine Erfahrungen ein Buch (»Quellen der Nacht – Neue Dimensionen der Selbsterfahrung«, Ansata-Verlag, Interlaken) geschrieben hat und den ich für einen ernsthaften und kritischen Forscher halte. Werner Zurfluh, den ich während des Studiums kennenlernte, ist Biologielehrer. Er machte schon als Knabe drei- bis viermal in der Woche außerkörperliche Erfahrungen und nahm als selbstverständlich an, daß jedermann solche nächtliche Erlebnisse hatte. Da er damals in einer Dachwohnung lebte und bei seinen Austritten das Gefühl hatte, völlig wach zu sein, wagte er anfangs nicht, sich einfach vom Dach hinunterzustürzen, denn er war nie ganz sicher, ob er nicht vielleicht mit seinem physischen Körper aufs Dach geklettert war und nicht nur als Geistseele. Als er dann zufällig entdeckte, daß er im außerkörperlichen Zustand durchs Fensterglas hindurchsteigen konnte, fand er eine Möglichkeit, sich über seinen Zustand zu vergewissern: Zuerst blickte er auf seinen im Bett schlafenden Körper zurück, und dann begab er sich durch das geschlossene Fenster aufs Dach hinaus – so konnte er sicher sein, daß er sich wirklich außerhalb des physischen Körpers befand. Für Werner war nicht die Ablösung vom physischen Körper ein Problem – die geschah ihm sehr oft –, sondern der außerkörperliche Zustand selbst.

»Erst ›außerhalb‹ ergaben sich bestimmte Situationen, die ich nicht verstehen konnte«, schreibt er im Nachwort zu Alfred Lischkas Buch »Erlebnisse jenseits der Schwelle«. »Die Ablösung selber war völlig unproblematisch – ich stand einfach auf, wie ich morgens aus dem Bett aufstehe!«

»Mit der Zeit war ich fähig, von der Dachrinne aus in den Hof hinunterzufliegen oder mich sanft hinabschweben zu lassen. Dann aber kamen die echten Schwierigkeiten. Welche Ursachen waren z. B. dafür verantwortlich, daß ich plötzlich mit aller Heftigkeit von irgendwelchen Zwängen befallen wurde, so daß ich nicht mehr tun konnte, was ich wollte, sondern in ein Geschehen verwickelt wurde, das zum Verlust des kontinuierlichen Bewußtseins führte und mich in eine typische Traumwelt verfrachtete, wo ich dann bloß wieder das mir wohlbekannte Traumbewußtsein hatte, in welchem Bewußtseinszustand ich nicht wußte, daß ich träumte und wo ich war.«

»Der Unterschied zwischen einem Traum und einer außerkörperlichen Erfahrung war mir von Anfang an deutlich erkennbar, weil ich neben den Exteriorisationen« (=Austritten) »beinahe allnächtlich mindestens einen Traum zu erinnern vermochte. Es war mir deswegen auch klar, daß ich im außerkörperlichen Zustand bei kontinuierlichem Ich-Bewußtsein auf eine Weise frei handeln konnte, wie das in einem Traum niemals möglich gewesen wäre und wie ich es nur von meinem Alltagsleben her kannte.«

Werner konnte also – wie viele andere Menschen auch – außerhalb seines physischen Körpers Wahrnehmungen machen, Entscheidungen treffen, sich bewegen und die Erinnerung daran in den körperlichen Zustand mitnehmen.

3. *Außerkörperliche Erfahrungen in Hypnose*

Der außerkörperliche Zustand läßt sich nicht nur in besonderen Situationen wie in Todesnähe oder im Schlaf erleben, sondern kann in Hypnose gezielt provoziert werden. (Allerdings würde ich solche Experimente heute nicht mehr unbedingt befürworten.) In der Literatur finden sich zahlreiche entsprechende Berichte. Als Beispiel möchte ich hier jedoch zwei eigene Versuche anführen, die für mich sehr eindrücklich waren, weil ich sie jeweils mit Personen durchführen konnte, die bisher weder solche Erfahrungen hatten noch an deren Möglichkeit glaubten.

Ich gab einen Kurs über paranormale Erfahrungen, in dessen Verlauf ich die Teilnehmer mehrfach durch Meditationen führte. Ein Journalist, der Material für eine Radiosendung über Reinkarnation sammelte, suchte mich am Kursort auf. Spontan bot ich ihm einen Hypnoseversuch mit einer Teilnehmerin an, bei der mir aufgefallen war, daß sie während der Meditationen jeweils in einen hypnoseähnlichen Zustand geraten war. Die Dame erklärte sich zum Versuch bereit. Rein interessehalber schloß ich an den Rückführungsvorgang noch den Versuch an, sie zu einer außerkörperlichen Erfahrung zu bewegen. Ich bat sie, mit ihrer Geistseele aus dem Hotelzimmer, in dem wir das Experiment durchführten, hinauszugehen und ein nahe gelegenes anderes Zimmer aufzusuchen, dessen Bewohnerin, wie ich wußte, sich im Augenblick außerhalb des Hotels aufhielt und in dem weder ich selbst noch die Kursteilnehmerin zuvor gewesen war. Sie beschrieb, wie sie das Zimmer betrat. An einem Stuhl hänge ein blaues Jäckchen. Auf dem Schreibtisch liege Post, die offenbar noch ungeöffnet sei. Da ich wußte, daß die Bewohnerin des Zimmers meist einige Kleidungsstücke auf dem Bett liegen hatte, fragte ich danach. Dort sehe sie nur das ordentlich zugedeckte Bett, gab unsere Versuchsperson zur Antwort.

Nach der Rückkehr der Zimmerbewohnerin durften wir das beschriebene Zimmer besuchen. Unsere Versuchsperson zuckte förmlich zusammen, als uns beim Öffnen der Tür als erstes das blaue Jäckchen über der Stuhllehne entgegenleuchtete. Auf dem Schreibtisch befanden sich wie angegeben zwei frankierte Briefe, die aber zum Verschicken bereitlagen. Auch sonst stimmte die Beschreibung des Zimmers, nur daß auf dem Bett in Wirklichkeit eine Bluse, ein Rock und ein Pullover lagen, während unsere Versuchsperson es frei gesehen hatte. Dies beweist jedoch, daß sie die Informationen nicht von mir haben konnte, weil ich vermutet hatte, daß auf dem Bett Kleidungsstücke liegen würden.

Ein zweiter Versuch ergab sich während eines Volkshochschulkurses über Hypnose. Eine Teilnehmerin meldete sich freiwillig für einen Versuch, bei dem ich ihr das Gefühl der außerkörperlichen Erfahrung vermitteln wollte. Eine ebenfalls anwesende medial begabte Teilnehmerin bat ich, zuzusehen, ob sie von der Loslösung der Geistseele vom Körper etwas wahrnehmen könne. Als ich die Versuchsperson nach der Hypnose befragte, was sie erlebt habe, erzählte sie, daß sie deutlich das Gefühl gehabt habe, sich aus ihrem Körper zu lösen und etwa fünfzig Zentimeter über ihrem physischen Leib zu schweben. Nur das eine Bein, in dem sie schon seit längerer Zeit Schmerzen habe, hätte ihr Schwierigkeiten bereitet. Es sei ihr so vorgekommen, als könne sie ihr immaterielles Bein nicht richtig aus dem materiellen herausziehen. Die mediale Beobachterin bestätigte, daß sie eine beinahe durchsichtige Form knapp über den physischen Körper hatte aufsteigen sehen, wobei sie den Eindruck hatte, daß das eine Bein sich nicht aus dem Körper gelöst habe.

4. *Doppelgänger, Erscheinungen Lebender*

Immer wieder kommt es anscheinend vor, daß ein Lebender einem seiner Mitmenschen als Geistseele erscheint, während er sich mit seinem Körper ganz woanders aufhält. Die englischen Forscher Gurney, Podmore und Myers haben unter dem Titel »Phantasms of the Living« (Erscheinungen Lebender) eine große Sammlung bestverbürgter Fälle dieser Art veröffentlicht. Hier möchte ich ein hübsches Beispiel anführen, das mir die bekannte Heilerin Joan Reid erzählt hat.

Joan war nach Island eingeladen worden. Zahlreiche Kranke meldeten sich zur Behandlung bei ihr an. Unter anderen hatte sich auch ein Mann mit einem langjährigen Rückenleiden angemeldet. Als nun Joan notfallbedingt gebeten wurde, einem Kind mit einem Herzfehler zu helfen, waren ihre Termine schon ausgebucht. Der Mann mit dem Rückenleiden trat aber zugunsten des Kindes zurück. Statt Joan aufzusuchen, blieb er also zu Hause im Bett. Genau zu dem Zeitpunkt, als seine Sitzung hätte stattfinden sollen, hatte er jedoch eine Erscheinung: Eine ihm unbekannte Frau erschien in seinem Schlafzimmer, und er spürte, wie er von ihr am Rücken behandelt wurde. Sein Leiden wurde geheilt, und wie er nachträglich feststellen konnte, war die Frau, die er bei sich gesehen hatte, Joan Reid gewesen. Joan selbst aber hatte zu jener Zeit mit Hilfe ihrer geistigen Mitarbeiter das herzkranke Kind behandelt. »So hat die Geistige Welt den Mann für sein selbstloses Zurücktreten belohnt«, kommentierte Joan diesen Bericht. Ihr selbst war in diesem Falle nicht bewußt, was ihre »Doppelgängerin« offenbar mit Hilfe der Geistigen Welt unternahm.

2.3.3. Schlußfolgerungen

Wenn es so zahlreiche Erfahrungen gibt, die darauf hindeuten, daß die Geistseele schon zu Lebzeiten unabhängig vom Körper wahrnehmen, erleben, handeln und sich zeigen kann, dann ist doch zumindest die Ansicht nicht einfach von der Hand zu weisen, daß sie dies auch nach dem Absterben des Körpers noch tun kann. Und dies gilt insbesondere deshalb, weil es wiederum zahlreiche Erfahrungen gibt, die einen nahtlosen Übergang von der einen zur anderen Erscheinungsform belegen.

Gaye Muir hat von Besuchen auf Intensivstationen berichtet, wo sie die Geistseelen der nur noch künstlich am Leben erhaltenen Menschen neben ihrem Körper stehen oder sitzen sah, wo sie darauf warteten, sich endgültig vom Körper lösen zu können. Eine mir bekannte Krankenschwester erzählte mir von dem nebelartigen Gebilde, das sie manchmal sich vom Körper lösen sieht, wenn ein Patient stirbt. Und eine Hausfrau wagte es nach einem Vortrag von mir erstmals, zu erzählen, daß sie die durchsichtige Gestalt ihres Mannes einige Tage nach seinem Tod hatte durch ihren Garten gehen sehen. Sie war bisher immer der Meinung gewesen, dies sei ein Zeichen dafür, daß sie nicht mehr ganz richtig im Kopf sei, und hatte nicht darüber gesprochen.

Es gibt deshalb bestimmt bedeutend mehr Menschen, die derartige Erfahrungen haben, als offiziell bekannt ist. Da es sehr viel umständlicher wäre, alle diese Erfahrungen mit den Kategorien der wissenschaftlichen Parapsychologie einordnen zu wollen, und da die Hypothese einer vom Leib unabhängigen Geistseele ohnehin umfassender und älter ist als die parapsychologischen Hypothesen, scheint es mir kein Verstoß gegen wissenschaftliche Prinzipien zu sein, ja geradezu wissenschaftlich notwendig, die spiritualistische Hypothese (wieder) einzuführen und ernst zu nehmen.

Die dogmatischen Kirchenlehren und die materialistisch ausgerichtete Naturwissenschaft der letzten zweihundert Jahre haben dazu geführt, daß wir angefangen haben, an den alten, ursprünglichen Erfahrungen unserer Seele zu zweifeln. Ich bin überzeugt davon, daß uns die Ideen des Spiritualismus dazu verhelfen können, wieder zu einem natürlicheren und gesünderen Seelenleben zurückzukehren beziehungsweise damit fortzuschreiten.

2.4. Spiritualismus als Religion

2.4.1. Ein spiritualistischer Gottesdienst

Der Spiritualismus sieht sich als Weltanschauung mit den vier Aspekten: Lebenshaltung, Wissenschaft, Philosophie und Religion. Nachdem im vorhergehenden Unterkapitel eher der philosophisch-wissenschaftliche Aspekt im Vordergrund gestanden hat, möchte ich in diesem mehr auf den religiös-ethischen eingehen.

Am deutlichsten werden die verschiedenen Aspekte des Spiritualismus in seinen Institutionen, wo man neben dem »College for Psychic Studies« und anderen Schulungs- und Forschungsstätten zahlreiche spiritualistische Kirchen findet, die in unterschiedlicher Weise mehr oder weniger christlich orientiert sind. Die meisten Kirchen sind in der »Spiritualists' National Union« (SNU, der Nationalen Vereinigung der Spiritualisten) zusammengeschlossen. Dann gibt es »The Greater World Christian Spiritualist League and Association« (Die Gesellschaft christlicher Spiritualisten der weiteren Welt), eine Organisation, die auf Durchgaben des Trance-Mediums Miss Winifred Moyes seit dem Jahre 1921 zurückgeht. Ihr gehören viele Kirchen in England und einige in Übersee an. Eine kleinere Kirche ist »The Church of the Holy Spirit« (die Kirche des Heiligen Geistes), die wir auch an unserem Zentrum in Basel vertreten.

Gemeinsam ist den spiritualistischen Kirchen, daß sie normalerweise wie ein Verein organisiert sind mit einem Präsidenten, Vizepräsidenten, Sekretär und Kassier und daß die eigentlichen Pastoren oder Amtsträger (»Ministers«) von Kirche zu Kirche reisen und dort als Gastreferenten oder Gastmedien arbeiten. Das bringt es auch immer wieder mit sich, daß ein Medium aus irgendeinem Grunde verhindert ist, rechtzeitig zum vereinbarten Gottesdienst zu erscheinen, so daß dann irgendein Jungmedium des der Kirche angeschlossenen Zirkels die Gelegenheit bekommt, erstmals öffentlich als Medium zu arbeiten. Viele der mir bekannten Medien haben ihre Karriere so begonnen. Sowohl Gaye Muir als auch Coral Polge berichten in ihren Büchern darüber.

Mich haben die spiritualistischen Gottesdienste, wie sie in Stansted Hall jeden Sonntag und Mittwochabend durchgeführt werden, stark beeindruckt. Nach der Begrüßung der Gemeinde durch den oder die Vorsitzende wird ein Kirchenlied gesungen. Es folgt ein Gebet und daran anschließend das »Unser Vater«, oft in einer gesungenen Version. Nun wird ein belehrender Text vorgelesen, sei es aus der Bibel, einer anderen Heiligen Schrift oder aus irgendeinem Werk philosophischen Inhalts. Ein weiteres Kirchenlied leitet zu der Ansprache eines Mediums über. Diese Ansprache ist normalerweise nicht vorbereitet, sondern wird vom Medium inspiriert gehalten, das heißt, das Medium läßt sich vom zuvor gelesenen Text anregen und spricht dann frei über die spiritualistische Philosophie. Dabei »fallen« ihm die Dinge, die es sagen will, »ein«, sie werden ihm intuitiv aus der Geistigen Welt eingegeben.

Als Zwischenmusik wird wieder ein Kirchenlied gesungen, und dann folgt eine mediale Demonstration. Ein zweites Medium gibt vom Podium aus den Gemeindemitgliedern Botschaften aus der Geistigen Welt weiter. Diese Demonstration verfolgt einen doppelten Zweck: Neuhinzugekommenen Gemeindegliedern kann so die Überzeugung vermittelt werden, daß die Verstorbenen weiterleben und mit unserer Welt kommunizieren können. Und für die übrige Gemeinde gibt sie das Gefühl der Gemeinschaft mit den Hinübergegangenen. Die liebevolle Heiterkeit, die für solche Gottesdienste typisch ist, steht in krassem Gegensatz zu den schwerfälligen Moralpredigten, die wir uns meist in unseren Kirchen anhören müssen.

Daß vielen Menschen auch bei uns ein heiteres, liebevoll-besinnliches Zusammensein ein Bedürfnis ist, haben wir in unseren »Besinnlichen Stunden« feststellen können, die wir nach englischem Muster in unserem Zentrum einzuführen versucht haben.

2.4.2. Waren die Urchristen Spiritualisten?

»Es geht aus den Briefen des Apostels Paulus ganz offensichtlich hervor, daß verschiedene Arten der Medialität eine wichtige Rolle spielten im Leben der früheren christlichen Kirchen. Die Gottesdienste waren in ihrer Art und Weise tatsächlich eindeutig spiritualistisch, indem Medien im Gottesdienst eingesetzt wurden für hellsichtige und hellhörige Durchgaben, für inspirierte oder Trance-

Reden und fürs Heilen. Die Trance-Botschaften wurden unter der Kontrolle von Geistwesen gegeben oder, wie die Urkirche es nannte, wenn die Sprecher ›vom Heiligen Geist erfüllt‹ waren.«

Dies stellt James F. Malcolm fest in seinem Büchlein »Psychic Influences in World Religion« (Mediale Einflüsse in Religionen der Welt). Mit ihm sind viele englische Spiritualisten der Ansicht, der Spiritualismus habe sozusagen die Grundlagen wiederentdeckt, auf denen die frühen christlichen Kirchen aufgebaut waren und die unterdessen in Vergessenheit geraten sind. Viele der Angaben in den Briefen des Apostels Paulus, aber auch schon in den Evangelien werden, so wird gesagt, überhaupt erst verständlich, wenn man die mediumistischen Erscheinungen kennt. Für viele Spiritualisten gilt, was ein reißerischer Buchtitel des Ariston-Verlags verkündet: »Jesus, größtes Medium aller Zeiten.« (Das Buch handelt von Hypnoseversuchen von Milan Ryzl, bei denen die noch sehr jugendlichen und in einer materialistischen Weltanschauung erzogenen Versuchspersonen ein von Körper, Raum und Zeit unabhängiges Wahrnehmungsvermögen erlebten.)

Im 1. Korintherbrief, Kap. 12 schreibt Paulus z. B.: »1) Was aber die Geistbegabten (oder: Geistesgaben) betrifft, ihr Brüder, will ich Euch nicht in Unkenntnis lassen ... 4) Es gibt aber Verschiedenheiten in der Zuteilung von Gnadengaben, doch [nur] einen und denselben Geist; 5) und es gibt Verschiedenheiten in der Zuteilung von Diensten, und [nur] einen und denselben Herrn; 6) und es gibt Verschiedenheiten in der Zuteilung von Kraftwirkungen, doch [nur] einen und denselben Gott, der alles in allem wirkt. 7) Jedem aber wird die Offenbarung des Geistes zum Nutzen [der Gemeinde] gegeben. 8) Dem einen nämlich wird durch den Geist Weisheitsrede gegeben, einem andern aber Erkenntnisrede gemäß demselben Geist, 9) einem andern Glaube in demselben Geist, einem andern aber Gnadengaben zu Heilungen in dem einen Geist, 10) einem andern aber wirkungskräftige Machttaten, einem andern Rede aus Eingebung, einem andern aber Unterscheidung der Geister, einem andern [verschiedene] Arten von Zungenreden, einem andern aber Auslegung der Zungenreden.«

Wenn man, wie dies die Spiritualisten tun, »Geist« (»Spirit«) als die Gesamtheit der Geistigen Welt auffaßt und folglich anstelle von »Geist« jeweils »die Geistige Welt« liest, so versteht man, weshalb

Malcolm in seiner oben erwähnten Schrift Weisheits- und Erkenntnisrede dem »inspirierten Reden«, wirkungskräftige Machttaten den »physikalischen Phänomenen«, Rede aus Eingebung der »Prophetie«, die Unterscheidung der Geister der »Hellsichtigkeit« und das Zungenreden der »Geistkontrolle in Trance« gleichsetzt. Ohne weiteres ließe sich das Glauben und Heilen auch mit »Fern- und Kontakt-Heilung« übersetzen.

Wie aus den Ermahnungen des Paulus in 1. Korinther 14 hervorgeht, ging damals ein Gottesdienst tatsächlich ähnlich vor sich wie heute in der spiritualistischen Kirche. Allerdings sind die heutigen Medien (wie Malcolm meint) besser ausgebildet, während damals auch wenig erfahrene »Propheten« bereits vor der Gemeinde sprachen. Das führte offenbar zu Konfusionen, so daß Paulus ihnen nahelegen mußte, einer nach dem andern der Reihe nach zu sprechen. Und er fügte hinzu: »Es sind [ja] die Geister der Propheten den Propheten untertan; denn Gott ist nicht ein Gott der Unordnung...« (1. Kor. 14,32–33), das heißt, die Medien müssen ihre Gaben beherrschen können, nicht ihnen unterworfen sein. Dieser Grundsatz wird von den englischen Medien sehr ernst genommen. Niemals dürfen »Eingebungen« als Entschuldigungen für unbeherrschtes Benehmen dienen.

Als im vierten nachchristlichen Jahrhundert das Christentum als Staatsreligion anerkannt wurde, hatten die Propheten, die in ihren inspirierten Reden nicht immer die Lehrmeinung der Kirche und ihrer Priester vertraten, einen schweren Stand. Sie wurden schließlich durch ein Edikt des Kaisers Theodosius aus der Kirche verbannt und anschließend als Zauberer und Hexen verfolgt. Die Verfolgung und Ausrottung medial Begabter dauerte vom vierten bis ins beginnende 19. Jahrhundert und fand ihren Höhepunkt in der päpstlichen Bulle von 1484, in der »die Entdeckung und Tötung aller solcher Personen« ausdrücklich sanktioniert wurde.

Heute beginnen sich die christlichen Kirchen zumindest wieder auf die Meditation und das Heilen durch Handauflegen zu besinnen. Aber von einer Anerkennung inspirierter Reden oder medialer Durchgaben kann noch immer keine Rede sein. Noch immer meinen viele, alles Mediale müsse des Teufels sein.

Wie anders sprach doch Paulus, der im Korintherbrief seine Mitarbeiter dazu aufruft, nach den größeren Gnadengaben zu eifern und sich dabei bewußt zu sein, daß keine der medialen Gaben für sich einen Wert hat, sofern sie nicht von Liebe getragen ist.

2.4.3. Die sieben Prinzipien

Es war das Medium Emma Hardinge Britten, die 1887 die Spiritualistenzeitung »Two Worlds« (Zwei Welten) gründete, durch die sich der unterdessen verstorbene Sozialist Robert Owen meldete. Er war nach einem Besuch bei Frau B. Hayden, dem amerikanischen Medium, die 1852 als erste den Spiritualismus in England einführte, zu einem überzeugten Spiritualisten geworden und gehörte zu den Pionieren des Spiritualismus. Nach seinem Tod also gab er aus der Geistigen Welt eine Zusammenfassung der Grundsätze des Spiritualismus, die aus sechs Punkten bestand:

1. Die Vaterschaft Gottes.
2. Die Bruderschaft der Menschen.
3. Die Unsterblichkeit der Seele und ihrer persönlichen Eigentümlichkeiten.
4. Die nachweisliche Tatsache von Kommunikationen zwischen heimgegangenen menschlichen Geistwesen und Sterblichen.
5. Die persönliche Verantwortlichkeit mit dem gerechten Ausgleich im Jenseits für alle guten oder schlechten Taten im Diesseits.
6. Ein Weg ewigen Fortschritts, der jeder Menschenseele offensteht, die bereit ist, den Weg des ewig Guten zu beschreiten.

1901 wurde die Spiritualists' National Union (SNU), die nationale Spiritualisten-Vereinigung, gegründet, die diese Grundsätze in leicht veränderter Form zu ihren Prinzipien erhob, zu den bekannten sieben Prinzipien des Spiritualismus. Ausdrücklich wird immer darauf hingewiesen, daß es sich bei diesen Prinzipien nicht um unverrückbare Glaubenssätze handelt, sondern um Grundsätze, die jeder Spiritualist nach seinem eigenen Gutdünken interpretieren kann und soll.

Ich gebe hier die sieben Grundsätze in meiner eigenen Übersetzung und Interpretation wieder und füge noch einen kurzen Kommentar hinzu:

1. Gott als Urquelle und Bewahrer der Schöpfung (Vaterschaft)
2. Mitmenschen als Schwestern und Brüder (Bruderschaft)

3. Geistwesen als Vermittler und Botschafter auf allen Ebenen (Gemeinschaft)
4. Leben als materieunabhängiger, ununterbrochener Vorgang (Unsterblichkeit)
5. Individuum als selbstverantwortliches Wesen (Eigenverantwortlichkeit)
6. Erfahrungen als sinnvolle Folge aus Haltung und Handlung (ausgleichende Gerechtigkeit)
7. Zielgerichtete Weiterentwicklung als Möglichkeit für alle (Uneingeschränktheit)

1. »The Fatherhood of God.« Gott wird im Spiritualismus gerne als Höchstes Bewußtsein, als Großer Geist oder als Himmlischer Vater bezeichnet. Mit dem Wort Vater soll ausgedrückt werden, daß er die erste Ursache der ganzen Schöpfung und deren liebevoller Hüter ist. Mich stört am Wort Vater die Assoziation zu männlicher Macht. Deshalb habe ich versucht, das Gemeinte in einem weiblichen und einem männlichen Begriff auszudrücken.
2. »The Brotherhood of Man.« Mir haben die Schwestern gefehlt.
3. »The Communion of Spirits and the Ministry of Angels.« Ich wollte den Begriff Engel vermeiden, da er immer zu Mißverständnissen Anlaß gibt. Die Bedeutung des griechischen Wortes »Angelos« ist ja »Bote«, und so denke ich, daß auf allen Ebenen, den jenseitigen wie den diesseitigen, Geistwesen zu Botschaftern der göttlichen Kraft werden können.
4. »The Continuous Existence of the Human Soul.« Erstens ist mir das Wort »Seele« zu stark mit verschiedenen Bedeutungen belastet, und zweitens glauben die Spiritualisten nicht nur an das jenseitige Fortbestehen der *menschlichen* Seele, sondern aller Lebensformen.
5. »Personal Responsibility.« Im Unterschied zu vielen andern Religionen weiß der Spiritualist, daß er jederzeit für sein Tun und Lassen selbst verantwortlich ist. Wohl kann er sich von Wesenheiten aus der Geistigen Welt führen und beraten lassen, aber letztlich entscheidet immer jeder selbst und hat die Folgen seiner Entscheidung zu tragen.
6. »Compensation and Retribution hereafter of all Good and Evil Deeds done on Earth.« Es ist also nicht so, daß eine höhere Macht entscheidet, was gut war und was böse, und uns dement-

sprechend belohnt oder bestraft. Jeder kann selbst erkennen, was er aus Liebe und in Liebe getan hat und was nicht. Und er wird selbst aus seinen Haltungen und Handlungen Erfahrungen sammeln, die ihn auf seinem Entwicklungsweg rascher oder langsamer weiterbringen.

7. »Eternal Progress open to every Human Soul.« Im Spiritualismus gibt es nicht »Auserwählte« und »Verdammte«. Jeder ist auf seinem Weg zur Vereinigung mit dem Unendlichen, mit Gott. Nur macht der eine vielleicht größere Umwege als der andere. Jeder ist frei, sich auf dem Weg zu entwickeln, den er für sich wählt. Es ist nicht an uns, diese Wege, diese Menschen oder deren Wahl zu beurteilen. Wir können nur versuchen, das, was wir für richtig und gut halten, in Liebe vorzuleben. Und das tun die Spiritualisten in sehr hohem Maße.

2.4.4. Der Himmel auf Erden

»Der Himmel ist nicht ein Ort, sondern ein Seinszustand«, sagt Chou Chow, einer der Trance-Geistführer von Gordon Higginson. »Den Himmel könnt ihr in euch finden, und ihr bereitet ihn euch durch euer Sein. Deshalb: Erkenne dich selbst, und laß Friede sein in dir.«

Der Himmel ist nach spiritualistischer Auffassung nicht irgendeine ferne Gegend irgendwo über unseren Köpfen, in die unsere Seelen nach dem Tode hinaufschweben. Mit dem Wort Himmel wird vielmehr ein Zustand bezeichnet, in den sich unser Bewußtsein begeben kann, unabhängig davon, ob es noch in einem Körper zu Hause ist oder nicht.

Wenn die Geistseele ihre körperliche Hülle abgelegt hat, besteht für sie nicht mehr die Möglichkeit, sich hinter der Maske eines gesteuerten Gesichtsausdrucks zu verbergen. Sie kleidet sich, wie es gelegentlich ausgedrückt wird, mit Farben, die ihrem Seelenzustand entsprechen, und es ist für jedes andere Geistwesen offensichtlich, ob es sich hier um eine sanfte oder gewalttätige, hinterlistige oder großherzige, ängstliche oder mutige Seele handelt. Aber wir brauchen nicht bis zu unserem Übergang in die nächste Welt zu warten, um derart »selig« zu werden. Dieser Zustand ist für uns jederzeit erreichbar, wenn wir nur bereit sind, uns ganz so sein zu lassen, wie wir wirklich im Innersten unserer Seele sind, wenn wir weder uns selbst noch andern etwas vormachen.

Die Spiritualisten haben ganz zu Beginn ihrer neuen Bewegung erkannt, daß es vor allem die eingefleischten Lehren von Kirche und Schule waren, die es vielen Erwachsenen so schwer machten, die neuen Ideen des Spiritualismus anzunehmen. Wenn man da etwas ändern wollte, mußte man versuchen, schon den Kindern die Grundideen des Spiritualismus näherzubringen. Deshalb begründete 1863 Andrew Jackson Davis in Amerika ein Schulungssystem für Kinder, das er »Lyceum« nannte und das in England heute noch im Rahmen der SNU, wenn auch modernisiert, besteht. Davis hatte selbst in außerkörperlichen Erfahrungen, die durch mesmerische Striche (eine von Franz Anton Mesmer eingeführte Behandlungsform, die hypnoseartige Zustände hervorbrachte) ausgelöst worden waren, Einblicke in die jenseitigen Ebenen erhalten. Er sprach von dem »Sommerland«, in das verstorbene Kinder hinübergingen und wo sie spirituell weiterunterrichtet wurden. Diesen Unterricht, so meinte er, könnten wir schon hier auf der irdischen Ebene einführen. Dabei sollte die Musik als harmonisierendes Element eine Hauptrolle spielen. Körperliche und geistig-seelische Ertüchtigung und Kultur ergänzen sich gegenseitig. »Die Lyceum-Kinder sollen nicht festgelegte Antworten auf stereotype Fragen auswendig lernen wie beim orthodoxen Katechismus«, schrieb A. J. Davis. »Als unabhängige, denkende unsterbliche Wesen wird ihnen nicht die Doktrin des Zweifels und der Abhängigkeit vorgesetzt, denn diese Lehren sind falsch.«

Davis hatte gehofft, daß die so spirituell erzogenen Kinder später als Männer und Frauen auch im sozialen Alltag der Familie und in der Politik einen positiven Einfluß ausüben könnten. Wieweit dies in England zumindest familienweise gelungen ist, kann ich nicht beurteilen. Wenn ich aber unsere Erziehungs- und Schulsysteme ansehe, so könnte uns eine Auseinandersetzung mit den Ideen von Andrew Davis nichts schaden, auch wenn sie schon über 120 Jahre alt sind.

Heute wird viel vom Wassermann-Zeitalter, vom New Age, gesprochen. Es wäre zu hoffen, daß uns dieses neue Zeitalter ein Verständnis für alle unsere Mitbewohner dieser Erde, auf welcher

Ebene auch immer, beschert, das der Spiritualität wieder mehr Raum gewährt. Die Ideen des Spiritualismus könnten Grundlage einer veränderten Lebensweise im New Age werden. Das zumindest ist die Hoffnung, die – ausgesprochen oder unausgesprochen – alle aktiven Vertreter des Spiritualismus hegen.

3. Hellsehdemonstrationen mit Gaye Muir

3.1. Gaye Muir, die »Hellseherin«

3.1.1. Etwas Besonderes

Gaye Muir kam das erste Mal auf Einladung von Alex Schneider in die Schweiz. Damals, Anfang der siebziger Jahre, bestand ein großes Interesse für Parapsychologie, und die Vereine, die sich mit diesen Gebieten beschäftigten, wurden von allen möglichen Institutionen gebeten, Vortragsreihen oder praktische Demonstrationen zu veranstalten. Alex Schneider hatte für die Vorträge an den Migros-Clubschulen unter anderen Medien (wie Kathleen St. George, Freda Fell, Ivor James und Charles Horray) auch Gaye Muir eingeladen. Sie beschreibt in ihrem Buch »Mein Weg in die andere Welt« (Panorama-Verlag, Altstätten), das meine Frau und ich ins Deutsche übersetzt haben, dramatisch ihre Reise von St. Gallen nach Basel. Schließlich hat sie mich, »den Mann mit dem großen schwarzen Bart«, doch gefunden, und wir hatten erstmals ein Medium bei uns, das eine öffentliche Demonstration gab. Damals war ich, wie schon berichtet, noch außerordentlich skeptisch gegenüber Durchgaben, die angeblich von jenseitigen Wesenheiten stammen sollten. Wie mir später gesagt wurde – mir selber fiel das gar nicht so auf –, ließ ich bei der Übersetzung von Gayes Worten sorgfältig alle Hinweise auf »Jenseitiges« weg. Bei einer solchen Demonstration gibt das Medium meist zuerst eine kurze Einführung und erklärt die Vorstellungen des Spiritualismus. Danach spricht es Leute aus dem Publikum an, um ihnen irgendeine Mitteilung von einem verstorbenen Verwandten oder Bekannten weiterzugeben. Wenn Gaye also etwa erklärte: »Ich habe Ihren Vater aus dem Jenseits hier. Er teilt mir mit, er sei im Spital gestorben und zuletzt nicht mehr fähig gewesen zu sprechen. Aber jetzt geht es ihm gut. Er möchte Ihnen danken, daß Sie so hingebungsvoll für ihn gesorgt haben«, dann übersetzte ich: »Stimmt es, daß Ihr Vater verstorben ist? Und war er zuletzt nicht mehr fähig zu sprechen? Ist er im Spital verschieden? Haben Sie sich damals sehr um ihn gekümmert?« Und wenn die Antworten auf diese Fragen – wie fast immer – »ja« lauteten, fügte ich noch hinzu: »Gaye meint, er wolle sich bei Ihnen dafür bedanken.«

Lange Zeit hatte ich Mühe, zu verstehen, daß Gaye eine besondere Gabe besaß, die man »objektive Hellsichtigkeit« nennt.

Schon bei ihrer Geburt war Gaye etwas Besonderes. Es ging ein fürchterliches Gewitter nieder, als das kleine, schwarzhaarige Mädchen zur Welt kam. Aber es wurde mit einer »Glückshaut« geboren. Im Grimmschen Märchen ist das ein Zeichen für Glück und einflußreiche Stellung und bewahrt das Kind vor Unheil, insbesondere vor Ertrinken. Im Märchen dauert es allerdings einige Zeit, bis sich das Glück erfüllt – und auch bei Gaye waren die Jugendzeit und selbst weite Strecken ihres Erwachsenenlebens alles andere als glücklich. Tatsächlich ist sie jedoch immer wieder wunderbar vor Unheil (auch vor dem Ertrinken) bewahrt geblieben und hat als Medium in aller Welt viel Einfluß auf zahlreiche Menschen ausgeübt.

3.1.2. Kindheitsgefährten

Nachdem sich ihr Vater eigentlich einen Jungen gewünscht hatte, fühlte sich Gaye von Anfang an nicht so recht angenommen. Dazu kam, daß ihre Geschwister alle blond und niedlich waren, während sie dunkel, groß und fremdartig aussah. Am wohlsten fühlte sie sich bei ihren Großeltern. Dort gab es eine ausgestopfte Eule, die Gaye nachts mit ihrem Ruf weckte und ihr in das Land vorausflog, in dem sie jetzt lebte. Es waren die inneren Augen, die das kleine Mädchen aufschlug und mit denen es die Wunderwelt der jenseitigen Ebenen, das »Sommerland«, schauen durfte. Auch später, als Gaye einmal krank im Spital lag, nahm sie ein kleiner Junge aus der andern Welt mit und zeigte ihr einen Ort, wo sie mit Puppen spielen und sich mit andern Kindern auf einem Spielplatz tummeln konnte.

Aber nicht nur im Schlaf oder im Fieber konnte Gaye Blicke in die andere Welt tun. Eine ganz besondere Freundin wurde für Gaye ein dunkelhaariges Mädchen von etwa zehn Jahren namens Jamie, das ein Bein in einer Metallschiene trug.

»... wenn ich zu Bett geschickt wurde, war das überhaupt keine

Strafe für mich, weil ich wußte, daß Jamie dasein würde, um mir Gesellschaft zu leisten. Sie war sehr altmodisch gekleidet, und der Spitzenbesatz ihrer langen Unterhosen guckte unter ihrem Kleid hervor...«

»Wir hatten immer etwas miteinander zu lachen, aber wir kicherten nur leise, damit uns ja niemand hörte... Ich habe nie jemandem von ihr erzählt, denn das hätte keinen Sinn gehabt. Schon in sehr jungen Jahren war mir klar, daß mir niemand glauben würde.«

Jamie hat Gaye durch viele schwierige Abschnitte ihrer Kindheit begleitet. Sie war aber nur eines von vielen »Geistwesen«, die Gaye seit ihrer frühesten Kindheit jeweils in aller Deutlichkeit sah und die ihr oft in kritischen Situationen geholfen haben. Einmal allerdings jagte ihr ein Geistwesen – vermutlich unbeabsichtigt – einen tüchtigen Schrecken ein. Als Gaye im Zimmer ihrer Mutter ihre Puppe holen wollte, saß dort im Sessel ein großer Mann mit einem mächtigen Hund. Die herbeigerufene Mutter jedoch konnte nichts sehen von dem angeblichen fremden Besucher und seinem Hund. Ein anderes Mal war es dann ein »indischer Prinz«, der aus der Geistigen Welt zu Gaye kam und der noch heute zu ihren treuen Helfern zählt.

Einmal erschreckte Gaye ihre Kolleginnen nach einem Kinobesuch, als sie ein etwa sechzehnjähriges Mädchen in einem weißen Sommerkleid über eine Brücke laufen sah. »Schaut«, rief sie, »das Mädchen da vor uns muß doch frieren nur mit dem dünnen Kleid.« »Siehst du etwa Gespenster?« fragten da ihre Kolleginnen erschrokken. Und sie erzählten Gaye, die in jener Gegend fremd war, daß es eine Geschichte gebe von einem jungen Mädchen, das sich von jener Brücke zu Tode gestürzt habe und das hin und wieder dort gesehen werde. Gaye wollte es nicht glauben, daß sie da ein Gespenst erblickt hatte, das Mädchen schien so real zu sein. Erst viel später wurde ihr bewußt, daß sie eine besondere Gabe besaß.

3.1.3 Die Geistige Welt setzt sich durch

Damals jedoch, als junges Mädchen, bemühte sie sich, möglichst »normal« zu sein.

Sie unterdrückte möglichst alles Paranormale, sprach zu niemandem darüber und erlebte so über längere Zeit kaum etwas Außergewöhnliches. Erst als sie als Telefonistin im Frauenhilfsdienst tätig war, wurden ihre schlummernden Fähigkeiten wieder geweckt. Sie war damals noch keine zwanzig Jahre alt und mit ihren Kameradinnen in einer Herberge in Tilbury einquartiert.

»Als ich eines Tages einen Flur entlangging«, erzählt Gaye, »hörte ich in einem Zimmer Gelächter und fühlte mich angezogen. Ich trat ein, und da saß eine ganze Schar Mädchen um einen großen, glattpolierten Koffer, der auf dem Boden lag. Auf dem Deckel waren die Buchstaben des Alphabets im Kreis herum angeordnet, und in der Mitte stand ein Glas.«

Gaye schaute eine Zeitlang bei diesem »Glasrücken« zu. Die Mädchen stellten Fragen wie: »Werde ich heiraten?«, »Werde ich bald jemanden kennenlernen, den ich wirklich mag?«, »Werden mir meine Eltern erlauben, dies oder jenes zu tun?« »Werde ich bei der Prüfung durchkommen?«, und das Glas, auf das einige Mädchen einen Finger gelegt hatten, antwortete auf geheimnisvolle Weise, indem es von einem Buchstaben zum nächsten rutschte. Gaye wurde eingeladen, auch mitzumachen, und zu ihrer Verwunderung begann das Glas so rasch zu kreisen, daß es schwierig war, die Buchstabenfolge zu erkennen.

Die Antworten waren allerdings manchmal komisch, manchmal grob, und meist ergaben sie keinen Sinn. Es war eben ein Spiel und blieb für einige Zeit ihre Abendunterhaltung. »Bald fand ich heraus«, berichtet Gaye weiter, »daß ich in deutlicher, klarer Sicht Dinge wahrnehmen konnte, die andere Leute nicht sahen. Das alles flößte mir manchmal ziemliche Angst ein, längst vergessene Erinnerungen begannen mir wieder aufzusteigen, und so blieb ich den weiteren Betätigungen mit dem Koffer fern.«

Gaye heiratete wenig später, und dieser Ehe entsprossen drei Kinder. Aber die Temperamente der beiden Partner vertrugen sich nicht. Ihr Mann verließ sie, und Gaye reichte die Scheidung ein. In dieser Zeit besuchte sie öfter ein Freund, dem sie nebenbei von ihren

Erfahrungen mit dem Glasrücken erzählte. Er wollte unbedingt, daß Gaye es auch in seiner Gegenwart versuchen sollte. Widerstrebend gab Gaye nach, aber sie fühlte sich nicht wohl dabei. Gaye meint heute, dieser Freund sei nur in ihr Leben getreten, um ihre medialen Gaben wieder hervorzulocken. Denn »sobald der Anfang gemacht war, zog er fort, und ich habe ihn nie wieder gesehen«.

Gaye erzählt: »Als ich die Treppen hochstieg, um schlafen zu gehen an jenem Abend nach dem Versuch mit dem Glas, sah ich ein Wesen oben am Treppenabsatz stehen; es lächelte, sagte aber kein Wort. Der Mann trug eine Luftwaffenuniform und sah ganz schlimm verbrannt aus.« Jedesmal, wenn Gaye die Treppen hochkam, stand er da. Sie hatte damals noch nicht viel Erfahrung mit Geistwesen und wußte nicht, daß sie ihn in Gedanken hätte fragen können, was er wollte. Gaye arbeitete damals in einem Büro und hörte »zufällig«, wie ein Bürokollege über geistiges Heilen sprach. Ihn fragte sie um Rat. Er lud sie zu sich zu einer Séance ein, und Gaye ging mit gemischten Gefühlen hin. Ihr Bürokollege ließ sich in Trance fallen, und durch ihn sprach ein Wesen aus der Geistigen Welt zu Gaye, das sich »Old Bill« nannte.

Gaye war sehr beeindruckt, wie sich ihr Bürokollege ohne Angst über mehr als anderthalb Stunden diesem geistigen Führer überließ. »Ein liebenswertes, vernünftiges Wesen, das meine nicht enden wollenden Fragen beantwortete«, berichtet Gaye.

»Ich erinnere mich, daß ich bei einem Besuch, während ich vor der Tür wartete, einen kleinen Herrn sah, der sich mit dem wild wachsenden Garten nebenan beschäftigte. Ich erzählte später davon und erfuhr, daß es sich um einen Nachbarn gehandelt hatte, der vor nicht allzu langer Zeit gestorben war. Ich war vollkommen überrascht, denn ich hatte gedacht, ich hätte ihn mit meinen physischen Augen gesehen.«

So begann Gaye durch die Sitzungen mit ihrem Kollegen ihre Medialität zu entwickeln. Das Geistwesen in Uniform von der Treppe war verschwunden, offenbar hatte es seine Mission erfüllt. Gaye hatte damals angefangen, mit einem Stift etwas herumzukritzeln, obwohl sie absolut kein Zeichentalent besaß. Und immer kam dabei ein Mann in einem Rollstuhl heraus. Als sie diese Kritzelei ihrem Freund vorlegte, sagte dieser: »Der sieht ganz meinem Freund ähnlich, der an multipler Sklerose leidet. Ich zeig' ihm mal die Zeichnung, denn er interessiert sich für solche Sachen.«

Daraufhin wurde Gaye zu diesem Freund im Rollstuhl eingeladen, und der erzählte ihr, er habe einen Bruder gehabt, der mit dem Flugzeug abgestürzt sei. Dieser Bruder war aus der Geistigen Welt zwei anderen Leuten im Traum erschienen, die dann versuchten, dem Gelähmten spirituelle Heilung zukommen zu lassen. Er zeigte Gaye ein Bild seines Bruders – es war genau jener Mann in Fliegeruniform, den Gaye auf ihrem Treppenabsatz gesehen hatte. »Sie sollten Ihre angeborenen medialen Gaben nicht verschwenden«, meinte der Mann im Rollstuhl. Am Abend gingen sie alle gemeinsam in eine Spiritualistenkirche. Es war ein altes Gebäude, und die Gemeinde bestand vor allem aus alten Damen und einigen älteren Herren. Gaye und ihre Bekannten nahmen so weit hinten wie möglich Platz.

»Ich für meinen Teil«, schreibt Gaye, »hatte nur den Wunsch, mich vor diesen Leuten zu verbergen und das Weite zu suchen. Der Gottesdienst verwirrte mich vollständig. Wunderbare Hymnen erklangen, dann wurde ein Abschnitt aus der Bibel gelesen, viel über Jesus und spirituelle Entwicklung gesprochen, und dann plötzlich erhob sich die Dame, die den Gottesdienst leitete, und sagte: ›Ich möchte nun zu der jungen Dame ganz hinten kommen. Zu Ihnen, meine Liebe‹, fuhr sie fort und deutete auf mich. Ich sah auf und zuckte die Achseln, ich wußte wirklich nicht, was sie vorhatte. Sie fragte mich, ob ich an einem Zirkel teilnähme, und da ich nicht wußte, was sie meinte, antwortete ich einfach ›nein‹. Im weiteren wollte sie wissen, ob ich automatisch schriebe, und wieder entgegnete ich ›nein‹. Sie erklärte mir, daß ich ein Medium sei und meine Gaben entwickeln müsse –«

So wurde Gaye mit aller Deutlichkeit der Weg gewiesen, den sie dann auch weiterhin ging. Sie lernte, mit ihren Gaben umzugehen, half als Heilerin zahlreichen Kranken und entwickelte ihre natürliche Gabe der Hellsichtigkeit in jahrelangen Übungsgruppen zu einem verläßlichen Instrument. Schließlich leitete sie selbst Übungsgruppen, und in einem ihrer Zirkel war der Heiler Reginald Elsom ihr Schüler. Er, von dem ihr, schon 25 Jahre bevor sie ihn kennenlernte, ein Medium erklärt hatte, es werde noch eine Zeitlang dauern, ehe sie zusammenkämen ... Er wurde Gayes zweiter Mann, und wenn immer möglich begleitet er sie auf ihren zahlreichen Reisen in alle Welt. Reg ist zur Zeit Präsident der SAGB, der englischen Spiritualisten-Gesellschaft.

3.2. »Hellsichtigkeit«

3.2.1. Wie hell kann man sehen?

Die Wesen, die Gaye im Laufe ihres Lebens hellsichtig gesehen hat, waren oft so real sichtbar für sie, daß Gaye sie manchmal nicht von lebenden Menschen unterscheiden konnte. So versuchte sie einmal bei einer öffentlichen Demonstration eine Dame anzusprechen, die in einer der hinteren Reihen des Saales saß. Nachdem immer wieder die falschen Zuhörer reagierten, zählte Gaye schließlich die Stuhlreihen und Sitze ab, um so genau den Platz der Dame zu definieren, die sie meinte. »Aber da sitzt ja gar niemand!« riefen die erstaunten Zuhörer – es war eine Dame aus der Geistigen Welt gewesen.

Gaye sagt: »Wenn ich nicht sicher bin, ob ich ein Geistwesen oder einen Menschen aus Fleisch und Blut sehe, dann schließe ich einfach die Augen. Wenn ich ihn dann immer noch sehe, ist es ein Geistwesen. Verschwindet er, dann ist es ein Wesen mit einem Körper.«

Das ist dadurch zu erklären, daß Gaye die Geistwesen nicht mit ihren physischen Augen sieht, sondern mit den »inneren Augen« oder dem »dritten Auge«. Es soll sich dabei um ein Zusammenwirken der obersten beiden Energiezentren (Chakras) handeln, die mit der Hypophyse und Epiphyse in Zusammenhang stehen. Menschen, die mit diesen »inneren Augen« sehen können, nennt man hellsichtig. Im englisch-spiritualistischen Sprachgebrauch wird mit »clairvoyance« (Hellsichtigkeit, Hellsehen) die Fähigkeit zum »Sehen von Geistwesen« bezeichnet. Ein »clairvoyant« ist also eher ein »Geisterseher« als ein »Hellseher«, weil wir im Deutschen nämlich mit Hellsehen meist das Voraussehen der Zukunft meinen. In der wissenschaftlichen Parapsychologie hat man den Begriff »Hellsehen« unglücklicherweise nochmals für etwas anderes in Anspruch genommen. Da bezeichnet er, wie ich im 1. Kapitel schon ausgeführt habe, das Wahrnehmen von objektiv vorhandenen Sachverhalten ohne die Vermittlung der uns bekannten Sinnesorgane und ohne daß der Sachverhalt als Information im Gehirn eines lebenden Menschen repräsentiert wäre.

Gaye ist also weder im Sinne der Parapsychologie noch im Sinne des allgemein üblichen Sprachgebrauchs eine »Hellseherin«. Die englischen Medien distanzieren sich ausdrücklich davon, »Fortunetellers« (»Wahrsager«) zu sein. Deshalb wird heute oft angestrebt, »Hellsichtige« (Menschen, die fähig sind, Geistwesen und Aura wahrzunehmen) von »Hellsehern« (Menschen, die dank ihrer außersinnlichen Wahrnehmung Sachverhalte erkennen können, die zeitlich oder räumlich weit entfernt sind) zu unterscheiden.

3.2.2. »Sehen« ist nicht gleich »Sehen«

Um dem Leser das Verständnis für das mediale Sehen vielleicht noch etwas zu erleichtern, möchte ich hier einen Exkurs einfügen. Zu der Zeit, als ich mich ziemlich intensiv mit autogenem Training und Hypnose beschäftigte, bekam ich immer wieder zu hören, daß dabei »innere Bilder« auftauchen würden. Ja, es gab wichtige Psycho-Techniken, wie das Alpha-Training, Silva-Mind-Control, Mind-Dynamics, Psychokybernetik oder wie sie alle heißen, die auf innere Bildvorstellungen aufbauen. Sosehr ich mich auch darum bemühte: ich sah einfach nichts. Andere Leute berichteten von ganzen Film- oder Theaterszenen, denen sie innerlich zusehen konnten, – bei mir war absoluter Bildausfall, und ich fühlte mich frustriert und unfähig.

Da machte ich eines Tages eine Entdeckung. Ein junger Mann, den ich in Hypnose versetzt hatte, sah ein schloßartiges Gebäude und beschrieb es. Er ging in diesem Gebäude umher und berichtete: »Nun gehe ich den Gang wieder nach vorne und dann rechts durch die Tür und komme in eine Art Garten.« Dabei ertappte ich mich, daß ich dachte: »Wieso rechts, die Tür müßte doch links sein.« Und ich merkte, daß ich mir offenbar auch ein Bild von diesem Schloß gemacht hatte. Nur war es nicht ein »optisches« Bild, sondern mehr ein »Spürbild«, wenn man das so sagen kann. Ich »wußte« mehr, wie es war, als daß ich es eigentlich sah. Von dem Augenblick an, als mir dies klargeworden war, hörte ich auf, nach der Sorte »innerer

Bilder« Ausschau zu halten, die bei mir ohnehin nicht auftraten. Dafür konnte ich jetzt diejenigen Bilder wahrnehmen, die bei mir wirklich innerlich vorhanden waren, die ich bisher nur nicht als solche erkannt und anerkannt hatte.

Wenn ich aus dem Fenster blicke, sehe ich unsern Kastanienbaum. Genaugenommen sehe ich ihn allerdings gar nicht, ich sehe lediglich einen Teil seiner Blätter. Da ich aber weiß, daß diese Blätter an Ästen gewachsen sind, die ihrerseits von einem Baumstamm abzweigen, behaupte ich getrost: Ich sehe den Kastanienbaum. Selbst in der Nacht, wenn ich nur vage die Umrisse des Laubes wahrnehmen kann, würde ich noch sagen: Ich sehe den Kastanienbaum, weil ich weiß, daß er dort steht, wo ich die vagen Umrisse erkenne, und annehmen darf, daß er nicht unterdessen mit einem andern Baum den Platz getauscht hat.

Wenn ich jetzt die Blätter des Kastanienbaums anschaue, kann ich gleichzeitig auch die dicken, braunen, glänzenden Knospen sehen, aus denen im Frühjahr die jungen Blütenstände und Blättchen hervorbrechen. Das sind Bilder, die aus meiner Erinnerung stammen und die ich ganz anders »sehe« als die Blätter, die da vor meinem Fenster hängen. Gleichzeitig wird mir das Klebrige dieser Knospen bewußt – ich fühle sie an meinen Füßen hängen und sehe sie auf dem Gartentisch, der damals unter der Kastanie stand, kleben – eine Kinderzeiterinnerung.

Ich kann mir auch die glänzend braunen glatten Kastanien vorstellen, wie sie aus ihren stacheligen Hüllen platzen. An einer Stelle ist ein etwas rauherer, beigebrauner Fleck. Ich kann mir vorstellen, wie diese Kastanie, an die ich jetzt denke, größer und größer wird, als ob sie aufgepumpt würde bis zur Größe eines kleinen Apfels. Und dann lasse ich an der hellbraunen Stelle einen Stiel wachsen. Und jetzt stelle ich mir einen kräftigen Busch vor, an dem diese Kastanienäpfel wachsen. Er hat große, kräftige Blätter, ähnlich wie die Magnolie, die ich ebenfalls von meinem Fenster aus sehen kann.

In diesem Beispiel kommen ganz verschiedene Arten des »Sehens« vor:

1. Das objektive Sehen. Die Blätter des Baumes kann jedermann sehen oder fotografieren.
2. Das objektive Wissen. Jedermann weiß, daß zu einem Haufen

scheinbar in der Luft hängender Blätter ein sie tragender Baum gehört, was ja auch leicht nachprüfbar ist.

3. Das objektive Vorstellen: Jeder, der einen Kastanienbaum im Wandel der Jahreszeiten erlebt hat, kann sich aus der Erinnerung vorstellen, wie er z. B. im Frühling aussieht.
4. Das subjektive Sehen. Ich kann den Baum im Dunkeln als unsere Kastanie erkennen, weil ich sie und ihren Standort »persönlich« kenne.
5. Das subjektive Wissen. Ich sehe den Gartentisch, der schon längst nicht mehr unter der Kastanie steht.
6. Das subjektive Vorstellen. In meiner Phantasie kann ich aus verschiedenen Erinnerungsbildern etwas völlig Neues zusammenbauen, das noch niemand je gesehen hat.

Alle diese Wahrnehmungen, mit Ausnahme des objektiven Sehens, müssen durchaus nicht ein eigentliches »Sehen« sein. Es gibt Menschen, die sogenannten »Eidetiker« (von griechisch »eido« = ich sehe), die bildliche Eindrücke sehr deutlich im Gedächtnis behalten und wieder abrufen können. Eidetiker können z. B. gelernte Vokabeln sozusagen innerlich oder mit ihrem geistigen Auge von einem imaginären Wörterblatt wieder ablesen. Andere behalten eher einen gefühlsmäßigen Eindruck, ein »Gespür« oder ein »inneres Wissen«.

3.2.3. Objektive Hellsichtigkeit

Die inneren Augen eines Sensitiven arbeiten nach den gleichen Prinzipien. Gaye ist eine der wenigen, die eine sogenannte »objektive Hellsichtigkeit« besitzt, das heißt, sie kann Geistwesen und die Energiefelder und -ströme der Aura so sehen wie wir die Formen und Farben der »objektiven Umwelt«.

Auf einer Reise durch Deutschland mit Gaye hatte ich selbst einmal Gelegenheit, die Objektivität von Gayes Eindrücken mitzuerleben. Wir waren bei einer Dame einquartiert, die sich sehr nett um uns bemühte, und Gaye hatte versprochen, auch ihr eine Sitzung zu geben. Die Sitzung fand im Wohnzimmer der Dame statt. An einer Wand hinter Gayes Rücken hing eine ganze Galerie von Bildern. Die Dame saß Gaye gegenüber und ich als Übersetzer dazwischen, so daß ich sowohl Gaye als auch die Dame sehen konnte. Dabei waren die Bilder hinter Gaye ebenfalls in meinem Blickfeld. Nun sprach Gaye von einer Person, die relativ jung verstorben war und die längere Zeit mit der Dame im gleichen Haus gewohnt hatte. »Das kann eigentlich nur meine Cousine sein«, meinte die Dame. »Dort hängt ein Bild von ihr.« Ohne sich umzudrehen, stellte Gaye fest: »Sie hat eine verblüffende Ähnlichkeit mit Margaret Thatcher.« Tatsächlich, eines der Portraits zeigte eine junge Frau, die ganz und gar wie Frau Thatcher aussah. Gaye hatte das Geistwesen so deutlich sehen können, daß ihr diese Ähnlichkeit ins Auge gesprungen war.

An diesem Beispiel kann ich auch gleich erläutern, was man unter »subjektiver Hellsichtigkeit« versteht. Die weitaus größere Zahl der Sensitiven »sehen« innere Bilder, die eher wie Erinnerungsbilder sind. So ein Medium würde dann eventuell einen Zeitungsausschnitt mit dem Bild von Frau Thatcher sehen und gleichzeitig wissen, daß damit gemeint ist, die verstorbene Dame habe so ähnlich ausgeschaut. Das Medium sieht in diesem Fall also nicht das Geistwesen selbst, sondern nimmt innere Bilder wahr, die ihm Hinweise auf Aussehen, Tätigkeit, Wohnort usw. des Geistwesens geben.

Es sind aber durchaus nicht alle Medien hellsichtig. Daß es noch andere Formen medialer Wahrnehmung gibt, werde ich in den folgenden Kapiteln darlegen. In diesem Kapitel möchte ich noch etwas beim Hellsehen bleiben, und wenn ich vom Hellsehen spreche, meine ich in erster Linie die »optischen« inneren Bilder, während ich die »Spürbilder« eher dem »Hellfühlen« im nächsten Kapitel zuordnen würde. Trotzdem gilt das meiste hier Gesagte für alle Arten von inneren Bildern.

Hellsichtige Menschen haben offenbar die Fähigkeit, mit einem der Wissenschaft bisher nicht bekannten Organ, das sie »inneres Auge« nennen, Wahrnehmungen zu machen, die dem physischen Auge verborgen bleiben. Das ist an sich insofern nicht weiter erstaunlich, als ja unsere physischen Sinne eine Art von Filter sind, die nur eine sehr beschränkte Auswahl von Reizen ans Gehirn weiterleiten. Das innere Auge scheint sich auf sonst nicht wahrnehmbare Ebenen, Schwingungen oder Dimensionen einstellen zu können. Dafür liefern die hellsichtigen Medien immer wieder überzeugende Beweise.

3.2.4. *Die Hellsichtigkeit von Ursula Roberts*

So berichtet etwa Ursula Roberts, ein ebenfalls von Kind an hellsichtiges Medium, in ihrem Buch »Living in Two Worlds« (»Ich lebe in zwei Welten«), daß sie die folgenden hellsichtigen Erfahrungen machen konnte:

1. Sie sah (gemeinsam mit ihrem Mann Sidney) Naturgeister (Gnomen). Erst kürzlich erzählte mir übrigens ein guter Bekannter, daß sein zehnjähriger Sohn ebenfalls ein Wichtelmännlein zum Freund hat. Aber wir aufgeklärten Materialisten sind über solchen Unsinn natürlich erhaben! Ich muß bei Diskussionen über derartige Dinge immer an die Strophe aus dem schönen Lied »Der Mond ist aufgegangen« von Mathias Claudius denken, in der es heißt:
   »Seht ihr den Mond dort stehen? Er ist nur halb zu sehen und ist doch rund und schön. So gibt's wohl manche Sachen, die wir getrost belachen, weil unsre Augen sie nicht sehn.«
2. Am Himmel einherziehende Devas oder Engel. Ursula beschreibt sie als feine Wesen in wolkenartigen, aber flatternden farbigen Gewändern, die sie und eine Freundin an einem sonnigen Tag über den blauen Himmel ziehen sahen.
3. Diffuse Lichterscheinungen von hohen Geistwesen. In einer dunklen Ecke ihres Schlafzimmers erschien Ursula mehrmals ein etwa eiförmiger Lichtschein, aus dem sich ihr späterer Trance-Führer, der Ramadahn genannt wurde, bei ihr anmeldete.
4. Visionen zukünftiger Ereignisse, wie z. B. zu Anfang des Krieges eine Menge trauriger japanischer Gesichter, die einer wunderschönen weiten Landschaft mit dem Fujiyama im Hintergrund Platz machten. Doch plötzlich wurde die Landschaft von einer Explosion erschüttert, und der ganze Himmel schien zu brennen und die Landschaft darunter zu zerstören. Zur Zeit dieser Vision ahnte noch niemand etwas von Hiroshima und Nagasaki.
5. Geistwesen ausgerotteter Naturvölker in Australien und Kanada; und wenig entwickelte, erdorientierte Wesen.
6. Geistwesen Verstorbener, die ein Anliegen hatten (wie Gayes Mann in Fliegeruniform). Zu dieser Art hellsichtiger Erfahrun-

gen möchte ich noch ein treffendes Beispiel von Ursula hier anführen:

Ursula saß still in ihrer Wohnung, in der »Nr. 7«, wie ihr Haus in Hendon allgemein genannt wird. Da nahm sie die ruhigen Züge einer Chinesin mit einem reifen, runden Gesicht wahr. Merkwürdig erschien ihr, daß sie ein sariartiges Tuch um ihren Kopf gewickelt hatte, was nicht der Art der Chinesen entspricht.

Zuerst dachte Ursula, es sei eine geistige Führerin, die sich ihr hellsichtig zeige. Dann aber bemerkte sie, daß sie nicht die strahlende Aura aufwies, wie sie für Ursula bei Geistführern erkennbar ist. Sie fragte deshalb in Gedanken: »Wer bist du, und was willst du?« Die Erscheinung bewegte ihre Lippen, und Ursula vernahm ein gehauchtes: »Mein Sohn, mein Sohn«, während die Erscheinung verschwand. Ursula konnte sich beim besten Willen an niemanden erinnern, den sie kannte und der der Sohn einer Chinesin hätte sein können. Sie schloß deshalb, die Erscheinung habe sie um Fürbitte für ihren Sohn bitten wollen, und so betete sie für ihn.

Eine Woche später war Ursula an der SAGB in London, wo ein ganzer Stoß Briefe auf sie wartete. Einer davon trug eine ceylonesische Briefmarke. Als sie ihn öffnete, fielen ihr überraschend das Bild der schönen Chinesin und die Worte »Mein Sohn, mein Sohn« wieder ein. Der Name des Absenders klang aber ganz und gar nicht chinesisch, und Ursula überlegte, was die Chinesin wohl mit dem Briefschreiber zu tun haben konnte. An ihn, als Fremden, die Frage zu richten, ob seine Mutter Chinesin gewesen sei, erschien ihr nicht gerade sehr höflich. Aber sie fühlte sich gedrängt, den Brief rasch zu beantworten. Sie beschrieb dabei vorsichtig ihre Vision und fragte an, ob der Briefschreiber irgendeinen Zusammenhang erkennen könne.

Postwendend erhielt sie Antwort. Der Schreiber bedankte sich sehr und legte die einzige Fotografie seiner Mutter bei, die er noch besaß. Er war das einzige Kind seiner chinesischen Mutter gewesen und ihr Liebling. Sie bat ihn, bei ihrem Tod am Ende ihres Bettes zu sitzen, so daß sie ihn beim Sterben sehen konnte.

Sein erster Brief war zu dem Zeitpunkt geschrieben worden, an dem sich die Mutter Ursula zeigte. Der Sohn kannte aber Ursula nicht, sondern hatte den Brief allgemein an die SAGB adressiert.

Wie, so fragte sich Ursula, konnte das Geistwesen der Mutter wissen, daß gerade sie diesen Brief erhalten würde? Auf dem Bild war jedenfalls eindeutig die Dame zu sehen, die sich Ursula gezeigt hatte.

3.3. Jenseitskontakte

3.3.1. Hellseh-Demonstrationen

Das war es, was mich bei den Demonstrationen mit Gaye immer so faszinierte, diese absolute Sicherheit, mit der sie Personen beschrieb, und ihre Unbeirrbarkeit, wenn derjenige im Publikum, den sie angesprochen hatte, meinte, nichts mit der Aussage anfangen zu können. Ein Beispiel ist mir da noch besonders lebhaft in Erinnerung. Gaye hatte eine Dame angesprochen und sagte zu ihr: »Ich habe da einen jungen Mann, der mit etwa 16 bis 18 Jahren bei einem Reitunfall ums Leben gekommen ist. Er dürfte wohl ein Cousin von Ihnen sein.« Die Dame schaute Gaye verständnislos an. »Nein«, erwiderte sie dann, »ausgeschlossen. Ich hatte nie einen Cousin, der bei einem Reitunfall ums Leben kam.« Gaye schien völlig unberührt von diesem eindeutigen Bescheid. »Denken Sie nochmals nach«, gab sie zurück. Die Dame schüttelte verzweifelt den Kopf. »Nein. Da war bestimmt niemand.« – »Es tut mir leid«, beharrte Gaye, »aber ich habe ihren Cousin hier, und er sagt mir, es sei ein Reitunfall gewesen. Ich kann seine Aussage nicht ändern.« Die Dame wurde bereits etwas ärgerlich, daß ihr quasi unterschoben wurde, sie wüßte über ihre Familiengeschichte nicht recht Bescheid. Aber Gaye lenkte ab. Sie nannte ein paar andere Verwandte, die nun tatsächlich zu der Dame gehörten. Und wie nebenbei nannte Gaye auch noch den Namen Erna. »Das dürfte wohl eine Tante von Ihnen gewesen sein«, meinte sie. »Ja, ja, die Tante Erna«, antwortete die Dame versonnen, als ob sie sich an jemanden erinnerte, an den sie schon sehr lange nicht mehr gedacht hatte. Und dann rief sie plötzlich: »Ja, und da, in der Familie der Tante Erna, da war, glaub' ich, ein Junge, der beim Reiten verunglückt war. Doch daran hatte ich überhaupt nicht mehr gedacht!« Hätte Gaye den jungen Mann nicht so klar gesehen, hätte sie sich vielleicht durch das überzeugte Nein der Adressatin abbringen lassen. Denn nicht immer sind sich die Medien ihrer Sache so sicher. Auch die besten Medien können sich irren – und sie wissen das auch.

3.3.2. Probleme bei der Übermittlung

Im Laufe der zahlreichen Demonstrationen und Privatsitzungen, bei denen ich für Gaye übersetzte, hatte ich reichlich Gelegenheit, Erfahrungen über das Funktionieren der »Jenseitskontakte« zu sammeln. Ganz deutlich zeigt sich dabei, daß vorgefaßte Meinungen, Vorlieben und Abneigungen, kurz Vorurteile jeder Art, sowohl beim Medium als auch beim Adressaten eine gute Kommunikation stören. Dafür möchte ich ein paar Beispiele anführen:

Vorgefaßte Meinungen des Adressaten:

1. Eine Journalistin, die der Demonstration in Hannover beiwohnte, war der festen Überzeugung, sie müsse nur intensiv genug an eine bestimmte verstorbene Person denken, um deren Gestalt für Gaye sichtbar zu »projizieren«. Als Gaye ihr dann jemand anderen nannte, den sie nicht erwartet hatte, war sie nicht bereit, dies zu akzeptieren. Von ihrem Standpunkt aus war die Person, die Gaye nannte, »falsch«. Diese Journalistin hatte überhaupt nicht begriffen, worum es ging. Sie meinte auch, auf eine Übersetzung verzichten zu können, was prompt zu einem weiteren Mißverständnis führte. Gaye sprach von einer Tante, die ihre Haare lang getragen hatte, sie aber kurz vor ihrem Tod auf Schulterlänge schneiden ließ. Gaye sagte: »She had her hair cut to here« und zeigte mit ihren Händen um die Schultern herum. Daraufhin erwiderte die Journalistin: »Ich hatte nie eine Tante, die sich eine Katze (cat) um die Schultern legte!« Daß es auf diese Art schwierig ist, zu einer guten Kommunikation zu kommen, dürfte einleuchten. Schon die Erwartung jedoch, daß bei Jenseitskommunikationen alles logisch und klar mitgeteilt werden kann, wird gelegentlich zu einem Hindernis, wie mein zweites Beispiel zeigt.

2. Es handelte sich diesmal um eine Privatsitzung, und die Dame erwartete, von ihrer verstorbenen Schwester etwas zu hören. Als

dann ihre Schwiegermutter als jenseitiger Kommunikator auftrat, war sie schon etwas unwillig. Als Gaye sagte: »Sie sind zum zweiten Mal verheiratet«, kam ein schroffes »Nein«. Ebenso, als Gaye behauptete: »Sie haben zwei Kinder.« Nun wurde auch Gaye ungeduldig, weil sie den Widerstand der Dame spürte. Sie bat die Dame, falls sie eine Frage hätte, diese zu stellen. Daraufhin sprach die Dame von ihrer Schwester. Gaye führte an, es seien schon längere Zeit zwei jüngere Frauen im Hintergrund gestanden, hätten sich aber bisher nicht geäußert. Die eine von beiden sei verheiratet gewesen. Das sei wohl die Schwester, von der sie spreche. »Ja, das stimmt.« Und der Mann dieser Schwester hat nach ihrem Tode wieder geheiratet.« »Stimmt.« – »Und daß er das getan hat, muß Sie irgendwie gestört haben.« (Das war meine Übersetzung von »And, in a way, this marriage must have disturbed you.«) Antwort: »Nein, überhaupt nicht, er hat mich geheiratet.« Offenbar hatte Gaye gemeint: Diese Heirat muß irgendwie Ihre Gefühle durcheinandergebracht haben. Die Dame hatte also den Mann ihrer Schwester geheiratet, zog dessen Tochter aus erster Ehe auf und hatte von ihm selbst auch noch eine Tochter. Die Aussagen: »zweimal verheiratet«, »zwei Kinder« und »Heirat störte Sie« waren zwar nach rein buchstäblicher Logik tatsächlich falsch. Sie stimmten aber sinngemäß durchaus. Außerdem sagte mir Gaye nach der Sitzung noch, die verstorbene Schwester habe ihr mitgeteilt, für den Mann sei die zweite Ehe nicht so erfüllt gewesen, wie es die erste war, deshalb habe sie mehr im Hintergrund bleiben und sich nicht darüber äußern wollen. Um so größer war die Dankbarkeit der Schwiegermutter, daß ihr Sohn eine verständnisvolle Frau und ihre Enkelin eine gute Mutter gefunden hatten.

Diese beiden schlechten Kommunikationen haben drei Probleme gemeinsam. Beide Male hatten die Adressaten eine vorgefaßte Meinung, welchen jenseitigen Kommunikator Gaye nennen sollte. Beide Male spielte ein Übersetzungsproblem eine Rolle. Und beide Male war Gaye von vornherein durch die Umstände gestört: Im ersten Fall hatte Gaye einem Experiment zugestimmt, bei dem ein anwesender Journalist am Ende der Demonstration jemanden aus dem Publikum auswählen sollte, für den Gaye ihre Aussage machen wollte. Der Journalist wählte jedoch schon zu Beginn seine Kollegin als Zielperson und entfernte sich im Laufe der Demonstration. Als das Experiment stattfinden sollte, meldete sich die Journalistin als gewählte Zielperson. Das entsprach nun ganz und gar nicht dem, was Gaye erwartet hatte. Im zweiten Fall hatte Gaye infolge eines Mißverständnisses angenommen, die Privatsitzungen seien beendet, als noch die genannte Dame zu ihrer Sitzung kam. Gaye hatte sich bereits auf ihre wohlverdiente Pause eingestellt. Solche unerwarteten Umstände scheinen auch Gaye die Kommunikation zu erschweren. Ganz sicher ist, daß Gefühle des Unwillens und der Ungeduld sowohl beim Medium als auch beim Adressaten die Kommunikation erheblich stören. Erstaunlicherweise kann der ausschließliche Wunsch nach einem bestimmten Kommunikator auch für die jenseitige Welt als Barriere wirken. Gordon Higginson, eines der erfahrensten Medien überhaupt, berichtete uns von einem solchen Fall:

3. Gordon hatte gegen Ende einer Demonstration einen Kommunikator namens Paul, den niemand anzunehmen wußte. Gordon nannte noch die Namen Sue und Sean. Eine Dame auf der Empore konnte mit diesen beiden etwas anfangen, aber irgendwie paßte der Paul auch dort nicht dazu. Gordon entschloß sich aufzugeben und setzte sich. Kaum hatte er Platz genommen, war Paul wieder da und sagte: »Ich heiße Paul Barrard. Ich bin mit 21 ums Leben gekommen, und ich war ein Freund von David. Sue und Sean sind meine Eltern.« »Warum hast du das nicht gleich gesagt?« erkundigte sich Gordon in Gedanken. »Ich konnte nicht. Da war eine Barriere.« Daraufhin stand Gordon nochmals auf und nannte diese Angaben einer Dame im Parkett. Sofort reagierte sie: »Ja, David ist mein Sohn.« Sie hatte nur auf David gewartet und wollte von niemandem sonst etwas hören. Im Augenblick als Gordon sich setzte und die Demonstration offensichtlich zu Ende war, gab sie diesen intensiven Wunsch auf und löste damit die Barriere. Nun konnte die Kommunikation stattfinden.

Schwierigkeiten können aber auch dadurch auftreten, daß dem Medium sein eigenes Bewußtsein oder Unterbewußtsein in die Quere kommt. Auch dafür je ein Beispiel von Gordon Higginson und Gaye Muir:

4. Während meiner allerersten Woche in Stansted gab Gordon Higginson eine Demonstration, die er damit begann, daß er einen jungen Mann fragte: »Weshalb bekomme ich mit Ihnen den Namen ›Green‹ (Grün)?« – »Mein Name ist Green«, antwortete dieser.

»Aha«, sagte Gordon. »Ich war eben nicht ganz sicher, weil Sie einen grünen Pullover tragen.« Er nannte ihm daraufhin auch noch seinen Vornamen, seinen jetzigen und seinen früheren Wohnort. Obwohl Gordon wirklich ein phantastisches Medium ist, hielt er es doch für möglich, daß er sich von der Farbe des Pullovers hätte beeinflussen lassen können.

5. Bei einer der Demonstrationen in Deutschland sprach Gaye ein Ehepaar an, an das sich ein Verstorbener wandte, den sie zu erkennen vermochten. »Er hatte irgend etwas mit Vögeln zu tun. Hat er vielleicht Brieftauben gezüchtet?« fragte Gaye. Damit wußte das Ehepaar nichts anzufangen. »Vielleicht hat er Tauben geschossen und gebraten«, schlugen die Adressaten vor. Daraufhin flüsterte Gaye mir zu: »Es könnte sein, daß ich das nicht bekommen habe, weil ich es verabscheue.« Laut bestätigte sie: »Das ist möglich. Ich sehe ihn jetzt mit einem Jagdgewehr über der Schulter.« – Nach der Demonstration wandte Gaye sich mir zu: »Ich bin sicher, daß ich recht hatte mit den Brieftauben. Ich habe ihn mit den Hülsen hantieren sehen. Aber er züchtete die Tiere nicht, er schoß sie ab, um Nachrichten abzufangen. Das konnte ich aber den Leuten nicht gut öffentlich sagen.«

3.4. Publikumsfragen

3.4.1. Wie weiß ein Medium, für wen die Botschaft bestimmt ist?

Für Gaye ist diese Frage relativ leicht zu beantworten: Sie sieht normalerweise das Geistwesen, das sich mitteilen will, zu seiner Bezugsperson hingehen. Allerdings steht das Wesen gelegentlich so, daß es nicht ganz klar zu erkennen ist, zu wem es genau will, und anscheinend ist es schwierig, die Perspektive der physischen Gesichtswahrnehmung und diejenige des »inneren Auges« zu koordinieren. Die Richtung, in der vom Medium aus die Zielperson sitzt, wird meist richtig angegeben, aber die Entfernung wird gelegentlich falsch eingeschätzt. Gleichzeitig hat Gaye aber den Eindruck, daß ihr das Geistwesen seine Informationen von links hinter ihr übermittelt. Da die Geistige Welt frei von Raum und Zeit ist, kann sich ein Geistwesen dem Medium gleichzeitig von hinten mitteilen und an einer andern Stelle im Raum sichtbar machen.

Gaye nimmt an, daß ihre jenseitigen Helfer ihr schon die richtigen Besucher aus der Geistigen Welt fürs Publikum schicken: sie muß sich ja ganz auf das verlassen, was ihr gezeigt wird. Oft spürt sie schon im voraus, daß ein Kontakt schwierig sein wird, weil die Zielperson zu skeptisch und verschlossen ist. Trotzdem muß sie die Leute ansprechen, zu denen sie geführt wird, und sie muß ihnen das mitteilen, was ihr gesagt beziehungsweise gezeigt wird. Sie kann höchstens noch die Formulierung etwas modifizieren, wenn ihr die Botschaft zu unverblümt erscheint.

Nun sieht Gaye bei einer Demonstration eine ganze Menge von Geistwesen, die sich bei den Leuten befinden. Sie erklärt, es sehe aus wie eine Art Nebel, der um das Publikum schwebt. Plötzlich löst sich dann eine einzelne Gestalt aus dem Nebel und wird deutlich erkennbar. Dann weiß Gaye, daß dies ein Geistwesen ist, das »drankommen« soll.

Es gibt Medien, die in ihrer Zuordnung nicht so sicher sind wie Gaye. Sie machen dann ein paar Angaben und fragen, wer im Publikum etwas damit anfangen könnte. Wenn sich eine oder mehrere Personen melden, folgen weitere Angaben, die von der Zielperson bestätigt werden müssen, wenn die Botschaft wirklich für sie ist. Diese »suchende« Form der Kontaktaufnahme birgt die Gefahr in sich, vom Publikum als wenig überzeugend aufgenommen zu werden.

Andere Medien »sehen« bei der betreffenden Person so etwas wie einen hellen Lichtschein oder fühlen sich einfach in die Richtung der Zielperson gezogen. Es ist also normalerweise nicht das Medium, das sich seine Kontakte wählt.

Nach welchen Kriterien sucht dann die Geistige Welt diejenigen aus, die sich über das Medium melden können?

Was dabei sicher nicht mithilft, ja, wie schon erwähnt, eher stört, ist der intensive Wille oder Wunsch eines Teilnehmers, zu einem bestimmten Geistwesen Kontakt zu bekommen. Andererseits habe ich den Eindruck, daß Leute, die sich regelmäßig mit ihren verstorbenen Angehörigen in positiver Weise beschäftigen, indem sie liebevoll an sie denken oder sich in Gedanken mit ihnen unterhalten, bevorzugt auch von »drüben« für Kontakte ausgesucht werden. In vielen Fällen ist es schwierig auszumachen, weshalb gerade dieser und nicht ein anderer Kontakt zustande kommt. Offenbar kann sich nicht jedes Geistwesen über jedes Medium gleich gut mitteilen. Eine Dame war schon bei zahlreichen Medien gewesen, ohne daß sich ihr Vater je gemeldet hätte. Als er dann bei einem bestimmten Medium seine Gegenwart zu erkennen gab, fragte die Dame, warum er ihr denn bisher nie etwas mitgeteilt habe. »Du bist bisher noch nie bei diesem Medium gewesen«, war die lapidare Antwort. Manchmal aber scheint es auch, als versuchte die Geistige Welt, jemanden unbedingt zu erreichen, weil es für denjenigen sehr wichtig ist, gerade in diesem Moment die betreffende Botschaft zu erhalten. So ein Fall scheint die Portraitzeichnung eines kleinen Mädchens gewesen zu sein, die Coral Polge während einer Demonstration auf dem Hellraumprojektor skizzierte, während Gaye Muir herauszufinden versuchte, zu wem das Wesen wollte. Sie sagte: »Es handelt sich um ein junges Mädchen, das mit etwa sechs bis sieben Jahren gestorben ist. Es war sehr krank, wahrscheinlich hatte es Leukämie, und konnte nicht richtig gehen. Es rennt und tanzt jedenfalls im ganzen Saal umher und will zeigen, daß es jetzt seine Beine wieder gebrauchen kann. Es bleibt aber bei niemandem stehen, und so weiß ich nicht, zu wem es gehört. Ich habe den Eindruck, als wäre jemand im Saal, der dieses Mädchen gekannt hat, als es noch in den Kindergarten ging.« Aber weder mit der Zeichnung noch mit der Beschreibung wußte irgend jemand etwas anzufangen. Erst nachdem Gaye immer wieder auf dieses Mädchen zurückkam, äußerte eine Dame, sie könne sich vage erinnern, daß mit ihrem Sohn ein Mädchen in den Kindergarten gegangen sei, auf das möglicherweise die Angaben zutreffen könnten. Sie erhielt die Zeichnung und besuchte damit die betreffende Mutter, die eine Nachbarin von ihr war. Diese hatte im Laufe der Jahre schon vier Kinder verloren und war dabei, ihren Glauben an Gott und eine höhere Gerechtigkeit aufzugeben. Die Zeichnung stellte tatsächlich ihre Tochter dar. Und dieses Lebenszeichen aus der Geistigen Welt gab ihr wieder neuen Mut und neues Vertrauen.

3.4.2. *Wie kann sich ein deutschsprachiges Geistwesen durch ein englisch sprechendes Medium äußern?*

»Erstens: So wie ich hier einen diesseitigen Übersetzer habe, so verfüge ich auf der andern Seite über jenseitige Übersetzer«, erläutert Gaye. »Zweitens geschieht es nicht so oft, daß die Geistwesen in ihrer Sprache zu mir sprechen. Meist übertragen sie mir ihre Informationen als Gedankenschwingungen, die unabhängig sind von jeder Sprache. Ich kann das am besten mit folgendem Vergleich verständlich machen: Wenn ich in einem deutschsprachigen Land ins Konzert gehe, dann höre ich rings um mich verschiedene Leute deutsch sprechen. Ich verstehe hin und wieder ein Wort, aber das meiste verstehe ich nicht. Genauso würde es vielen dieser Leute gehen, wenn ich auf englisch zu ihnen spräche. Wenn aber dann die Musik erklingt, verstehen wir alle, was da in Tönen und Akkorden unser Ohr erreicht. Auch das sind Schwingungen, die ohne Sprache direkt wirken.«

»Und drittens schließlich«, fügt Gaye hinzu, »gibt es Worte oder Namen, die ich in der Sprache des Verstorbenen vernehme, im deutschen Sprachraum also meist auf deutsch. Ich versuche dann, das, was ich höre, so gut wie möglich wiederzugeben, was mir leider nicht immer zufriedenstellend gelingt. Sehr oft aber sind es durchaus verständliche Worte, Sätze oder Namen, die ich auf diese Weise übermittelt bekomme, eine typische Redewendung des betreffenden Verstorbenen zum Beispiel oder der Name eines Lebenden, den der Verstorbene sehr gerne hatte.«

Namen scheinen bei solchen Demonstrationen relativ selten genannt zu werden. Gaye begründet dies damit, daß wir, wenn wir unsere Verwandten besuchen, ja auch nicht unsern Namen nennen, sondern selbstverständlich annehmen, erkannt zu werden. Dazu kommt, daß der Sinn einer Information meist erfaßt werden kann, ohne daß dazu jede einzelne Silbe, jeder einzelne Buchstabe korrekt übermittelt werden muß. Ein Name oder ein bestimmtes Wort sind da viel schwieriger wiederzugeben. Und schließlich scheint es auch noch vom Medium abzuhängen, denn Gordon Higginson, von dem schon die Rede war, übermittelt auffallend viele Namen und Zahlen.

3.4.3. Weshalb sind die Mitteilungen meistens so trivial?

»Was dem unbeteiligten Zuhörer trivial erscheinen mag, kann für denjenigen, dem die Botschaft gilt, eine viel tiefere Bedeutung haben«, gibt Gaye zu bedenken. »Außerdem ist es in einer öffentlichen Demonstration gar nicht möglich, tiefschürfende persönliche Probleme der Teilnehmer aufzurollen.«

»Die Geistwesen, die sich mitteilen, wollen ihren Lieben einfach bekanntgeben, daß sie da sind und daß sie auch mitbekommen, was eben im Alltag alles so vor sich geht, und das sind meist triviale Dinge. Führen Sie tiefgründige philosophische Diskussionen, wenn Sie Ihre Schwestern, Ihre Brüder, Ihre Eltern oder Ihre Kinder kurz besuchen?«

Die Wesen in der nächsten Welt sind nur körperlos, aber sonst nicht wesentlich anders, als sie auf der Erde waren. Nur deswegen, weil sie gestorben sind, wurden aus ihnen noch längst keine Engel und keine Weisen. Erst ganz allmählich lernen sie, ihre irdischen Ansichten und Charaktereigenschaften zu verändern. Es kann sein, daß ein Vater später einsieht, daß er einem Kind unrecht getan hat. Er wird dann auch versuchen, diesem das mitzuteilen. Aber ein Geschäftsmann, der sich zeitlebens für sein Geschäft eingesetzt hat, wird sich auch noch von drüben für die Fortdauer seines Lebenswerkes einsetzen. Er wird z. B. seiner Frau in einer Botschaft empfehlen, ein Stück Land hinzuzukaufen oder den Betrieb keinesfalls auszuweiten oder ähnliches. Eine Großmutter mag sich über das Verhalten oder die Gesundheit eines Enkels besorgt zeigen, der zu ihren Lebzeiten noch gar nicht geboren war. Aber sie ist eben am Wohlergehen der Familie interessiert. Das ist wohl alles recht trivial, aber es gehört eben zu unserm Alltag, und es zeigt, daß unsere Lieben noch immer daran teilhaben, auch wenn sie in die Geistige Welt hinübergewechselt sind.

3.4.4. *Wird Selbstmord im Jenseits bestraft?*

Viele Religionen, und ganz besonders die christlichen, kennen die Begriffe von Schuld und Sühne, sprechen von einem Urteil und einem Strafgericht, wenn wir »vor unsern Richter treten«, ein Ausdruck, der gleichbedeutend mit »sterben« verwendet wird.

Ich habe schon im vorhergehenden Kapitel darauf hingewiesen, daß diese Dinge im Spiritualismus ganz anders gesehen werden. Der Salomonische Spruch: »Wer seinen Sohn liebt, züchtigt ihn« (im Sinne von »bestraft ihn«) ist aus spiritualistischer Sicht barer Unsinn. Wahre Liebe ist mit gewaltsamer Strafe schlicht unvereinbar.

Wie sehen nun aber die Medien den Selbstmord?

»Uns ist eine Lebensspanne gesetzt (ursprünglich haben wir sie uns sogar wohl selbst gewählt), in der wir die Aufgaben zu erfüllen haben, die wir mit unseren geistigen Helfern besprochen und uns gestellt haben. Wenn wir diese Zeit dadurch abkürzen, daß wir uns das Leben nehmen, berauben wir uns der Erfahrungen, die wir ursprünglich machen wollten. Das ist in jedem Fall zu unserem eigenen Nachteil. Was mit uns in der Geistigen Welt geschieht, hängt jedoch weitgehend von der Motivation ab, aus der heraus wir unserem irdischen Leben ein Ende gesetzt haben.«

Gaye hat sehr viel Erfahrungen mit Geistwesen gemacht, die ihr Erdenleben selbst vorzeitig beendet haben. Sie hat besonders viel Verständnis für solche Menschen, weil sie selbst einmal nahe daran war, sich das Leben zu nehmen. Ihrer Erfahrung nach werden Menschen, die aus tiefster Verzweiflung oder in geistiger Umnachtung aus dem Leben scheiden, nicht anders im Jenseits empfangen als jemand, der an einer schweren Krankheit oder an einem Unfall gestorben ist. Er wird sich zuerst an seine neue Situation gewöhnen müssen und kann dann früher oder später aus seiner jenseitigen Sicht Einblick in die Zusammenhänge gewinnen, die ihn zu seiner Tat geführt haben. Meist wird er dann anderen Menschen, die ebenfalls durch Selbstmord hinübergekommen sind, helfen, mit ihrer Situation fertig zu werden, weil er so am besten lernen kann, wie er seine eigenen Probleme hätte lösen müssen. Seiner Aufgabe im Leben jedenfalls entrinnt niemand durch Selbstmord: man wird gegebenenfalls sogar feststellen müssen, daß die Lektion auf der andern Seite noch schwerer zu erlernen ist, als es auf der Erde zu sein schien.

Purer Unsinn ist jedoch die Ansicht, mit der gelegentlich Vertreter gewisser Kirchen ihre Schäflein in Angst und Schrecken versetzen, Selbstmörder oder Menschen, die ohne den kirchlichen Segen verstorben seien, müßten in einem grauen Niemandsland ruhelos umherwandern. Falls es Geistwesen geben sollte, die dies tun, dann nur deshalb, weil sie noch nicht bereit gewesen sind, sich dem Licht und der Hilfe der Geistigen Welt anzuvertrauen. Es gibt keine Verdammnis und keine aufgezwungenen Strafen in der Geistigen Welt, sondern nur aus eigener Einsicht selbst gewählte Aufgaben.

4. Coral Polge und die Hellfühligkeit

4.1. »Gefühl ist alles«

4.1.1. Definitionsfragen

Gefühle, Emotionen, Empfindungen, Affekte, Sensationen ... – wir haben zahlreiche Wörter, um etwas auszudrücken, das sehr schwer zu definieren ist. Wenn die englischen Medien von »clairsentience« (oder clearsentience) sprechen, was meist mit »Hellfühlen« übersetzt wird, meinen sie eine ganze Reihe von Wahrnehmungen, die wir nicht mit einem einzigen Begriff zusammenfassen können. Das hängt damit zusammen, daß das englische Wort »sensing« nicht nur »fühlen«, sondern »wahrnehmen« in einem viel allgemeineren Sinne, ja sogar eine Art »ahnen« bedeutet, ähnlich wie unser deutsches »spüren«. Es wäre deshalb wahrscheinlich richtiger, von »Hellspüren« zu sprechen. Aber all das bleibt leere Wortklauberei, solange wir keine Vorstellung davon haben, was mit diesem Begriff gemeint ist.

Zu diesem Zweck machen Sie am besten ein kleines Experiment. Wenn Sie diesen Abschnitt zu Ende gelesen haben, schließen Sie bitte die Augen. Stellen Sie sich einen kräftigen Baum mit einer rauhen Rinde, also zum Beispiel eine Eiche vor. Dann denken Sie daran, wie Sie mit der Hand über die Baumrinde streichen. Anschließend versuchen Sie sich vorzustellen, daß Sie ebenso groß und kräftig hochwachsen wie Ihr Baum. Sodann lösen Sie sich von Ihrem Baum und öffnen wieder die Augen. Lesen Sie jetzt noch nicht weiter, sondern machen Sie zuerst den beschriebenen Versuch und schließen Sie Ihre Augen.

Gut. Jetzt geht es weiter. Was ist in Ihnen geschehen, als Sie daran dachten, über die rauhe Rinde zu streichen? Haben Sie gespürt, wie rauh die Rinde ist? Und als Sie sich vorstellten, selbst hochzuwachsen, haben Sie gefühlt, wie Sie innerlich groß wurden und sich streckten? Und was für ein Gefühl hatten Sie bei der ganzen Übung? Waren Sie ärgerlich, so schulmeisterlich zu einem Versuch aufgefordert zu werden? Oder haben Sie Freude gehabt an den angenehmen Empfindungen, die Ihnen die Vorstellung des Baumes vermittelt hat? Haben Sie vielleicht schon während des Versuchs geahnt, worauf ich damit hinauswollte?

Lauter Dinge, die Sie »spüren« konnten. Es können also Empfindungen des Tastsinns oder anderer Körpersinne sein, es kann sich um Stimmungen, Gefühle, Impulse handeln, oder es können auch sehr vage Eindrücke wie zum Beispiel Ahnungen sein, die wir alle als »gespürte« Wahrnehmungen bezeichnen.

Wenn Sie jemanden spontan sympathisch oder unsympathisch finden, dann kann dies zwar in erster Linie auf optischen Eindrükken beruhen (also vom Aussehen oder der Art, sich zu bewegen, des andern beeinflußt sein), aber auch da kommt meist eine Art »Spüren« hinzu.

Beim »Hellfühlen« geht es um alle diese verschiedenen Arten von Wahrnehmungen. Man könnte als negative Definition sagen: Alles, was nicht Hellsehen oder Hellhören ist, ist Hellfühlen. Dabei habe ich noch zwei Bereiche dem Hellfühlen zugeordnet, denen eine gesonderte Aufmerksamkeit gebührt: das Hellriechen und das Hellschmecken.

Viele Jenseitige machen dadurch auf sich aufmerksam, daß sie einen für sie typischen Geruch wahrnehmbar werden lassen. Die Großmutter etwa, die sich mit Maiglöckchenduft ankündigt, weil das ihre Lieblingsblumen waren und sie im Mai Geburtstag hat. Oder der Onkel, der sich mit dem Tabaksgeruch seiner Pfeife zu erkennen gibt. Viele sensible Menschen nehmen plötzlich das Parfüm ihres verstorbenen Partners wahr oder riechen sonst etwas, das für die eine oder andere hinübergegangene Person typisch war. Auch Medien bekommen gelegentlich solche Eindrücke, die ihre anderen Wahrnehmungen ergänzen.

Das gleiche gilt, wenn vielleicht auch noch seltener, für Geschmacksempfindungen. Wenn ein Patient vor seinem Übergang noch längere Zeit ein sehr bitter schmeckendes Medikament einnehmen mußte, so kann er dies dem Medium beispielsweise als Erinnerung sozusagen »in den Mund legen«.

Da aber Hellriechen und Hellschmecken relativ selten sind, werden beide dem »Hellfühlen« zugerechnet.

4.1.2. Hellfühlen von Krankheitssymptomen

Eine der häufigsten Arten des Hellfühlens ist das Empfinden von körperlichen Krankheitssymptomen. Möglicherweise ist Ihnen das auch schon passiert, daß Sie plötzlich »wie angeflogen« einen Schmerz verspüren, für den Sie gar keine rechte Erklärung finden können. Es stellt sich dann aber heraus, daß jemand in Ihrer nächsten Umgebung ein Leiden hat, das genau mit einem solchen Schmerz verbunden ist. Sobald Sie das erfahren, ist Ihr Schmerz weg: Sie waren etwas zu »mitfühlend«!

Ein typisches Beispiel dafür hat Freda Fell berichtet. Sie hatte sich entschlossen, einen Nähkurs zu besuchen, der im Handarbeitszimmer im obersten Stockwerk einer alten Schule stattfand. Eines Abends, als Freda die Treppen hinaufstieg, spürte sie im vierten Stockwerk plötzlich schreckliche Schmerzen in den Stirnhöhlen. Sie mußte auf dem Treppenabsatz stehenbleiben und tief Luft schöpfen. Mühsam schleppte sie sich weiter hinauf. Mit jeder Stufe nahmen die Schmerzen zu,und sie dachte, wenn diese Schmerzen nicht nachlassen, muß ich wieder nach Hause gehen, das halte ich nicht aus. Der Schmerz war wirklich unerträglich. Freda konnte dies gar nicht verstehen, weil sie sonst kaum unter Kopfschmerzen litt. Im Kurszimmer angekommen, setzte sie sich auf den nächstbesten Stuhl, um sich erst mal etwas zu erholen. Da fühlt sie sich plötzlich gedrängt, sich umzudrehen, und spricht, ehe sie recht überlegen kann, die hinter ihr sitzende Dame an und fragt: »Haben Sie Probleme mit Ihren Stirnhöhlen?«

»Ja«, antwortet diese, »ich habe eine Sinusitis. Und vorhin auf der Treppe, da wurden meine Schmerzen so stark, daß ich dachte, ich könne es nicht mehr aushalten und müsse wieder nach Hause gehen.« Augenblicklich waren Fredas Schmerzen wie weggeblasen. »Aber wie haben Sie das gemerkt?« fragte die Dame. »Ach, ... ich dachte nur so«, gab Freda ausweichend zur Antwort. Aber sie hatte einen Beweis dafür bekommen, daß ihre Eindrücke nicht »aus der Luft gegriffen« waren. Sie hatte den Schmerz der Dame sozusagen »telepathisch« (=fern-fühlend oder -leidend) wahrgenommen.

In der gleichen Weise können Sensitive die Krankheiten und Schmerzen spüren, die Verstorbene kurz vor ihrem Tod gehabt hatten. Das ermöglicht es ihnen, anzugeben, welche Leiden ein

Verstorbener hatte und woran er vermutlich gestorben ist. Besonders eindrücklich ist das in Fällen von erlittenem Erstickungstod, weil das Medium, wenn es diesen Zustand spürt, manchmal kaum sprechen kann.

Aber auch andere Körpereigenschaften des Verstorbenen lassen sich vom Medium spüren. Ein Jucken der Haut kann z. B. eine allergische Disposition anzeigen, das Gefühl, zusammensacken zu müssen, kann bedeuten, daß der betreffende Verstorbene zuletzt sehr eingefallen ist und vornübergebeugt ging, ein Schwindelgefühl kann darauf hinweisen, daß er Gleichgewichtsstörungen hatte, usw.

4.1.3. Das »Spüren« von Jenseitigen

Bei einem Seminar mit Gaye Muir hatte ich selbst einmal ein sehr beeindruckendes Erlebnis.

Die eine Hälfte der Teilnehmer sollte sich als »Patienten« hinsetzen, die andere sollte diesen durch »Handauflegen« »Geistheilung« geben. Gaye bat die stehenden »Heiler«, sehr genau auf ihre Empfindungen zu achten. Ein Herr spürte ein eigenartiges Gefühl im rechten Bein, als ob die Blutzirkulation nicht richtig funktioniere. »Ja«, meinte Gaye, »da spüren Sie etwas Richtiges, aber das ist nicht ein Problem, das die junge Dame hat, die Sie behandeln, sondern ein verstorbener Freund von ihr. Ich kann sehen, daß er Ihnen mithilft beim Heilen. Und er hatte diese Kreislaufstörungen im Bein, nicht wahr?« – »Ja, das stimmt«, bestätigte die junge Dame. Während dies vor sich ging, behandelte ich ebenfalls eine Dame, die, wie sich später herausstellte, unter starken Kopfschmerzen litt. Davon allerdings spürte ich nichts, aber ich hatte plötzlich das Gefühl, etwa um einen Kopf kleiner zu sein. Mein Körper fühlte sich muskulös und gespannt an, und ich spürte, daß ich glattrasiert war und kurze, blonde Haare hatte (meine waren damals lang und braun). Außerdem hatte mich ein ganz starkes Gefühl liebevoller Zuneigung zu der Dame überkommen, das sich ganz anders anfühlte, als wenn es mein eigenes gewesen wäre. Nachdem ich gehört hatte, was Gaye im Fall der jungen Dame gesagt hatte, fragte ich meine Patientin, ob sie jemanden kenne, der etwas kleiner als ich sei, jedoch sehr muskulös, glattrasiert, blond und mit kurzen Haaren.

»Ja«, sagte sie zu meinem größten Erstaunen, »so war mein verstorbener Mann.« Kein Wunder, daß ich dieses starke Gefühl einer liebenden Zuwendung wahrgenommen hatte.

Die meisten Medien arbeiten mit diesem »Hellspüren«, auch wenn sie hellhörend und hellsichtig sind. So spürt z. B. Gaye meistens, wie ein Geistwesen, das sie sieht, gefühlsmäßig zu ihrem Klienten eingestellt ist. Plötzlich bekommt sie für den Klienten »mütterliche Gefühle«. Dann weiß sie, daß die Verstorbene zu ihren Lebzeiten irgendwann einmal wie eine Mutter für den Klienten gesorgt hat. Es kann sein, daß sie tatsächlich seine Mutter ist oder aber jemand, der ihn längere Zeit in Obhut hatte, eine Pflege- oder Großmutter etwa. Oder sie spürt »freundschaftliche Gefühle«, wenn es sich um einen Freund und nicht um einen Verwandten handelt.

Ivor James äußert sich über das Hellfühlen: »Dies ist vielleicht die reinste Form mentaler Medialität und, wenn richtig entwickelt, die genaueste und treffendste Art. Das Medium erhält hier seine Eindrücke unmittelbar, ohne die Vermittlung über Gesicht oder Gehör. Mit hoher Geschwindigkeit können da allerart subtile Informationen aufgenommen werden. Das Medium wird plötzlich gewahr, es hat einen ganzheitlichen Eindruck und ›weiss‹ auf einmal. So kann es eine ganze Persönlichkeit in einem einzigen Moment erfassen oder eine Vielzahl von Tatsachen.

Wenn diese Fähigkeit stark entwickelt ist, bringt sie auch ein Gefühl der Sicherheit mit sich. Das Medium spürt und weiß: Es stimmt. Hellspürigkeit ist im Grunde das Wesen, die Hauptform aller Medialität, und alle andern Formen sind bloß gröbere Unterarten.«

Viele Medien sind da allerdings anderer Ansicht! Wenn zusätzlich zum Hellspüren eine objektive Hellsichtigkeit und – wie im nächsten Kapitel behandelt – Hellhörigkeit tritt, so sind die Aussagen ganz sicher beweiskräftiger und eindeutiger als allein mit dem Hellspüren. Gewiß ist es aber die Form der Medialität, die am weitesten verbreitet ist.

4.2. Coral Polge

4.2.1. Mediale Malerin

»Die Dame muß immer sehr korrekt gesessen haben. Ich muß mich ganz aufrecht hinsetzen, beinahe unbequem. Ich kann fast nicht zeichnen so. Die dunklen Haare hatte sie aufgesteckt, und ich fühle einen Stehkragen um meinen Hals.«

Das sind Äußerungen von Coral Polge, während sie für meine Frau ein Portrait anfertigt. Was Coral da in einer Viertelstunde aufs Papier zaubert, ist offenbar das Abbild der Großmutter meiner Frau Eva. Leider bestehen aber keine Fotos mehr aus jener Zeit, sie sind im Krieg abhanden gekommen. Und Evas Mutter hat ihre Mutter nur noch als ältere Frau in Erinnerung. »Sie könnte schon so ausgesehen haben, als sie noch jünger war«, meint sie. »Die aufrechte Haltung jedenfalls stimmt. Meine Mutter war eine sehr stolze Frau.«

In zahlreichen andern Fällen jedoch konnten Bilder der verstorbenen Personen gefunden werden, die sich von Coral portraitieren ließen. Immer wieder zeigte sich eine verblüffende Ähnlichkeit. Und das erstaunlichste: Coral ist nicht hellsichtig. Sie fühlt die Wesenheiten in sich, und sie geben ihr zu spüren, wie sie gezeichnet werden wollen.

»Wenn ich mit einem Kommunikator aus der Geistigen Welt in Verbindung stehe, scheint sich in mir ein völliger Persönlichkeitswandel abzuspielen«, erklärt Coral. »Wenn ich diese Person geworden bin, versuche ich dann, meinen Charakter darzustellen. Ich sage lieber Charakter als Gesicht, weil das erste, was auftaucht, die Zeichnung eines Lächelns oder eines Stirnrunzelns ist, einer Sanftheit oder einer Strenge, die ich eher fühle und empfinde als sehe. Die tatsächlichen Gesichtszüge ergeben sich dann wie zufällig, wenn der Gesichtsausdruck da ist.«

Im Gegensatz zu vielen anderen Medien hatte Coral als Kind keine Begegnungen mit der Geistigen Welt. Dafür aber zeichnete sie schon in früher Jugend mit viel Hingabe. Später besuchte sie eine Kunstschule und war bereits eine ausgebildete Malerin, als sie erstmals mit dem Spiritualismus in Kontakt kam. Sie hatte ihre

Mutter zu einer spiritualistischen Kirche in ihrem Heimatort begleitet, weil ihre Mutter dort durch Geistiges Heilen Linderung für ihre Gliederschmerzen zu finden hoffte.

»Ich fürchtete mich etwas, als wir zum ersten Mittwochabend-Gottesdienst gingen, setzte mich in die hinterste Reihe und fragte mich, was jetzt wohl geschehen würde. Ich war sehr erstaunt, festzustellen, daß das Medium, das eintrat, ganz normal aussah«, erzählt Coral. »Es war Hilda Anderson. Sie gab einige Botschaften von verstorbenen Freunden und Verwandten aus der Geistigen Welt an die Gemeindeglieder weiter. Dann schwenkten ihre Blicke in den Hintergrund der Kirche, ihr Arm streckte sich ebenfalls in diese Richtung aus, und plötzlich richtete sich ihr Zeigefinger direkt auf mich.

›Junge Frau, ich möchte Sie ansprechen‹, sagte sie. Vor Schreck und Angst wäre ich beinahe selbst zu den Freunden in der Geistigen Welt hinübergewechselt. ›Wissen Sie‹, fragte das Medium, ›daß Sie eine mediale Künstlerin sind?‹ Teilweise, weil ich verängstigt war, und teilweise, weil ich keine Ahnung hatte, was eine mediale Künstlerin sein sollte, saß ich wie versteinert da. Ich war nur zu der klassischen Gebärde fähig, über die ich mich heute gelegentlich bei meinen eigenen Klienten ärgere: Ich saß stumm da und schüttelte bloß verneinend den Kopf. ›Aber Sie sind eine Künstlerin?‹ beharrte sie. ›Ja‹, gab ich zu und fragte mich, woher sie das wußte. ›Gut. Ist Ihnen klar, daß Sie die Gabe des medialen Malens haben? Ich weiß, daß Sie eines Tages eine bekannte mediale Malerin sein werden.‹«

Hilda Anderson fügte dann noch eine Botschaft von Corals Onkel Tom hinzu, den sie richtig beschrieben hatte. Und so begann Coral, die neuen Erkenntnisse, die ihr der Spiritualismus brachte, in ihr Leben zu integrieren, was eine völlige Neuorientierung für sie bedeutete. Neben verschiedenen andern geistigen Helfern scheint es heute vor allem der französische Pastell-Portrait-Maler Maurice de la Tour aus dem 18. Jahrhundert zu sein, der Coral aus der Geistigen Welt behilflich ist.

Zu Beginn ihrer »Karriere« zeichnete Coral allerdings hauptsächlich die Geistführer ihrer Klienten. Und wenn auch diese Indianer, Inder, Ägypter, Chinesen, europäischen Nonnen, Araber, Perser und Japanerinnen sehr beeindruckende Portraits abgaben, so waren sie doch längst nicht so beweiskräftig, wie es Portraits verstorbener Angehöriger oder Freunde gewesen wären. Und als Coral dann endlich der Durchbruch gelang, war dafür gesorgt, daß dies mit gedämpfter Freude geschah:

»Ich war dabei, einen Mann aus der Geistigen Welt zu zeichnen, und mein Herz erhob sich in freudiger Erregung, als meine Klientin plötzlich sagte: ›Das ist mein Vater. Dies ist sein lebendiges Abbild.‹ Endlich war es gelungen! Das war mein erstes Portrait eines Verwandten, das auf meinem Papier erkennbare Formen annahm. Hocherfreut fuhr ich fort zu zeichnen, aber mein stolzes Aufplustern fand ein rasches Ende, als die Dame sofort hinzufügte: ›Er ist der letzte, den ich sehen wollte. Ich hasse seinen Anblick!‹«

4.2.2. Mediale Erfahrungen

Wie alle guten Medien besuchte Coral einen »Zirkel«, eine Gruppe, die von einem Medium geleitet wurde und in der angehende Medien ihre Fähigkeiten erprobten und übten. Sie war von Nora Blackwood, »einem wundervollen Medium«, wie Coral sagt, in ihren Zirkel im Nordwesten Londons eingeladen worden. Damals war Ronald Hearn ein Mitglied dieses Zirkels und ein vielversprechendes junges Medium. Er übernahm die Leitung der Übungsgruppe, als Nora Blackwood immer mehr von ihrer Arbeit als Medium beansprucht wurde: sie wurde später eines der wichtigsten Medien der SAGB und demonstrierte ihre medialen Gaben öfters in der Royal Albert Hall.

»Ich muß mindestens sieben Jahre lang an diesem Zirkel teilgenommen haben, jeden Dienstagabend, ohne je zu fehlen, ob es regnete, stürmte oder hagelte. Nichts hätte uns von unserem Treffen mit unseren Freunden aus der Geistigen Welt abhalten können.

In Noras kleiner Kirche stand ich auch zum ersten Mal vor einem Publikum, um einen Gottesdienst zu leiten. Ich hätte nur den Vorsitz führen sollen, aber nachdem das Medium nicht eintraf und weder Nora noch Ronald anwesend waren, mußte ich in die Bresche springen als die einzige, die gewisse mediale Fähigkeiten anzubieten hatte. Die meisten unserer öffentlich auftretenden Medien haben so angefangen.

Es machte mir fürchterlich Angst, auf der winzigen Bühne zu stehen und zu den zwanzig oder dreißig Leuten zu sprechen. Damals hätte mich niemand, weder jemand von dieser noch von der nächsten Welt, davon überzeugen können, daß ich eines Tages ruhig vor 5000 Menschen in der Royal Albert Hall stehen und demonstrieren würde!«

Coral wurde tatsächlich zu einem »Topmedium«, wenn man einen so abgegriffenen Ausdruck im Zusammenhang mit ihr verwenden darf. Ihr ist aber ihre wundervolle Begabung nie zu Kopf gestiegen. Obwohl sie meist schon auf Jahre im voraus von spiritualistischen Gesellschaften in aller Welt eingeladen wird, besucht sie doch treu die kleinen Kirchen in England, in denen sie mit ihrer Arbeit begonnen hat. Den wahren Medien geht es nicht um Ruhm und Erfolg, sondern darum, den Menschen in dieser und in der Geistigen Welt zu dienen.

Meist weiß Coral nicht allzuviel zu ihren Portraits zu sagen. Manchmal bekommt sie einen Namen oder fühlt etwas von der Eigenart des Verstorbenen. Meist aber arbeitet sie mit einem anderen Medium zusammen, wenn sie Demonstrationen gibt. Sie zeichnet auf die Folie eines Hellraumprojektors die Jenseitigen, die sich ihr mitteilen, und das andere Medium versucht, vom gleichen Kommunikator noch weitere Angaben zu erhalten. Wenn diese Zusammenarbeit reibungslos funktioniert – und erstaunlicherweise tut sie das meistens –, ergeben sich äußerst interessante Demonstrationen. Ein Ausschnitt einer solchen mit Gordon Higginson ist im Fernsehfilm über Coral Polge von Michael Pakleppa festgehalten. 1984 gab Coral an den Psi-Tagen in Basel eine Demonstration mit Gaye Muir. Später saßen meine Frau und ich mit Coral, Gaye und ein paar anderen Bekannten noch zusammen in einem Restaurant. Eva und ich unterhielten uns mit Coral bei einem Schluck Wein. »Wenn ich trinke«, sagte Coral, »kann ich nicht mehr zeichnen. Dafür kann ich dann leichter sprechen.« Und bereits nach einem halben Glas Wein lieferte sie uns den Beweis zumindest für den zweiten Teil ihrer Ankündigung. Mitten in dem lärmigen, verrauchten Restaurant gab Coral Eva und mir eine mediale Sitzung, wie sie ausführlicher und überzeugender nicht hätte sein können. Nachdem ich Coral schon oft bei ihren sonst eher bruchstückhaften Aussagen in Sitzungen erlebt hatte, war das eine ganz neue Seite an ihr, die ich da am Wirtshaustisch kennenlernte.

Hinter all dem, was Coral da anscheinend so mühelos zufliegt, steht jedoch viel harte Arbeit und reichlich oft recht bittere Lebenserfahrung. Coral hat es fertiggebracht, ihre Persönlichkeit so zu formen, daß sie jederzeit ganz sie selbst ist: demütig und würdevoll, tief religiös und humorvoll, zurückhaltend und voll menschlicher Wärme.

4.2.3. Lebensweisheit

In ihrem Buch »The Living Image« beschreibt Coral, wie sie sich von ihrem ersten Mann, Arthur Polge, nach acht unbeschwerten Ehejahren unerwartet (er hatte heimlich eine Freundin) trennen muß. Sie erfährt von einem Medium, daß ihr die Geistige Welt sieben Jahre Zeit gibt, um das Loslassen zu lernen und die Wahrheit zu erkennen. Coral lernt in dieser Zeit durch schwere Erkrankungen ihrer Eltern, sich von den emotionalen Fesseln zu befreien, in die sie sich immer verstrickt hatte, weil sie zu verletzlich, zu besitzergreifend und zu unsicher war. Sie muß von ihrer geliebten Cousine Mavis Abschied nehmen, die plötzlich an einer Blutvergiftung stirbt. Nach der Beerdigung hat Coral ein Erlebnis, von dem sie auch in dem schon erwähnten Fernsehfilm berichtet:

»Ein paar Tage später saß ich in einer Übungsgruppe. Ich schickte meine Gedanken hinüber in die Geistige Welt und versuchte einen inneren Sinn zu finden, denn ich wollte mein Leben, wie es zu jenem Zeitpunkt war, nicht mehr annehmen. Plötzlich kippte ich in einen beinahe unbeschreiblichen Zustand. Eigentlich kann man ihn nur in völliger Stille nacherleben. Ich fühlte, daß ich aufgehört hatte, als Ich, wie ich mich kannte, zu existieren. Als physische oder seelische Person, als ein selbständiges Individuum gab es mich nicht mehr. Ich war über alles Existierende hinaus zurückgekehrt zu diesem winzigen inneren Funken, der Teil Gottes ist; ein goldenes Glimmen, warm und schön. Ein Zustand unvergleichlicher Freude umfing mich. Ich hatte den Kreis vollendet, um das ursprüngliche kindliche Gewahrsein wiederzufinden, das ich verloren hatte, als ich begann, mit dieser Welt als eine

Wirklichkeit in Verbindung zu treten. Die Seifenblase der Illusion war geplatzt, das war ›Wahrheit‹. Dieser winzige Funke ist ein Hologramm des gesamten Universums, und in diesem Glimmen ist das ganze Wissen der Ewigkeit, alles, was je gewesen ist oder sein wird, und in dieser vollkommenen Stille, in diesem Zeitpunkt weißt du plötzlich, daß du eins bist mit Gott und daß jeder und alles Gott ist. Was verlorengeht, ist eine physische, materielle Illusion, eine Ansammlung von Atomen.

Ein Tropfen Meerwasser enthält alles, was, millionenfach vervielfacht, im ganzen Ozean enthalten ist. Alles ist wie eines.

Es war wie ein Entfalten der Weisheit, ein Donnerschlag des Wissens, und ich war mir plötzlich meines Gott-Selbst bewußt.

Das mag hochtrabend klingen, aber ich finde keine Worte, es zu beschreiben. In diesem Zustand der Zeitlosigkeit begreift man klar, daß Gott eine schöpferische, denkende, liebende Kraft ist, und die Erinnerung an diese Schöpfung ist da in jedem von uns. Wir haben das Universum erschaffen.«

Coral hat in dieser »Grenzerfahrung« des Kosmischen Bewußtseins wahrgenommen, was es bedeutet, wenn gesagt wird: »Du bist Gott.« Sie hat erfahren, was es heißt, frei zu sein, sich nicht mehr an Menschen oder Dinge zu klammern und zu fesseln. Das Ende ihrer siebenjährigen Lehrzeit war gekommen.

Auf den Tag genau sieben Jahre nachdem ihr früherer Mann Arthur sie verlassen hat, trifft Coral Tom Johanson, den bekannten Heiler und jetzigen Sekretär der SAGB, der ihr zweiter Mann wird. Coral hat im Laufe ihrer Karriere viel erlebt und daraus gelernt. Mit dem ihr eigenen treffenden Humor spricht sie davon: »Ein bekanntes Medium zu sein, das viel Publizität bekommt, ist ein zweischneidiges Schwert, das nicht leicht zu führen ist. Es trägt Komplimente ein, die das Ego aufblasen, und manchmal auch ein Podest, auf dem man steht. Aber Podeste sind gefährliche Dinger, und Erfahrung hat mich gelehrt, wie leicht sie umkippen. Je weiter man fortschreitet, desto fester muß man mit beiden Füßen auf dem Boden stehen. Ich habe von meinen Mißerfolgen eine Menge mehr gelernt als von meinen Erfolgen, und ich bin sicher, daß die meisten Leute das für sich bestätigen können: Wenn man platt auf die Nase fällt, gelangt einem die Straße, auf der man geht, sehr viel deutlicher ins Gesichtsfeld!«

Und für Coral ist klar, was ihre Aufgabe in diesem Leben ist: durch ihre Bilder Kunde zu geben von der jenseitigen Welt. »Die Tausende«, sagt sie, »die im Laufe der Jahre zurückgekommen sind, um sich von mir portraitieren zu lassen, haben unmißverständliche Beweise dafür geliefert, daß das Leben weitergeht. Solange es noch Portraits gibt, die darauf warten, gezeichnet zu werden, werde ich fortfahren, als Kanal für solche Kommunikationen zwischen der nächsten Welt und dieser zu dienen. Das ist der Weg, der für mich geplant war, und ich gehe ihn mit Liebe und mit dem Gefühl eines großen Privilegs, daß ich dazu erwählt wurde.«

4.3. Spüren lernen: Unterricht in medialer Wahrnehmung

4.3.1. Ist Medialität lernbar?

Die Frage: »Kann man denn Medialität erlernen?« wird mir immer wieder gestellt, und ich möchte sie wie Radio Eriwan beantworten: »Im Prinzip ja«, so wie jeder Mensch im Prinzip Klavierspielen oder Zeichnen lernen kann. Aber: Nicht jeder wird ein bekannter Konzertpianist oder ein berühmter Maler.

Da alles Lebendige einen Anteil an der göttlichen Schöpfung hat, dürfte die Fähigkeit zur »Primärwahrnehmung« (wie Backster die paranormale Wahrnehmung bei Pflanzen und anderen einfachen Lebensformen genannt hat) allen Lebewesen gemeinsam sein. Es ist das erste (primäre) Wahrnehmungssystem, das dann später vom zweiten (sekundären) materiellen Wahrnehmungssystem, welches die Zellen des Körpers aufbauen, den sogenannten Sinnesorganen, überlagert wird. Dieses primäre (»außersinnliche«) Wahrnehmungssystem ist jedoch bei den meisten sogenannten »zivilisierten« Menschen derartig degeneriert, daß es nur in Ausnahmesituationen verwendet wird. Trotzdem funktioniert es bei einzelnen Personen erstaunlich gut, wenn man ihm Beachtung schenkt. Leider tun dies die wenigsten Leute. Es scheint aber, daß es heute wieder vermehrt Menschen gibt, die sich aus ihrer Kindheit eine gesunde Intuition bewahrt haben und die fähig sind, diese Wahrnehmung zu üben und weiterzuentwickeln.

Da jedenfalls die Anlage prinzipiell vorhanden ist, lohnt es sich für alle, die sich dafür interessieren, Übungen zur Anregung der Sensitivität zu machen. Nicht jeder wird dabei ein Medium, aber viele lernen, wieder vermehrt auf ihre intuitiven und kreativen Fähigkeiten zu achten.

Und wie macht man das?

Es braucht dazu Vertrauen, Hingabe, Mut und Geduld. Voraussetzung ist, daß ich darauf vertraue, intuitive Fähigkeiten zu besitzen, und daß die Geistige Welt den Wunsch hat, mir durch Inspirationen behilflich zu sein. Je stärker mein Vertrauen in dieser Hinsicht ist, desto leichter werde ich mit der nötigen Hingabe üben. Es braucht tatsächlich Durchhaltewillen und Disziplin, um regelmäßig zu meditieren, eine Übungsgruppe zu besuchen und alle »Eingaben« mit Datum und Zeit zu notieren. Mut ist erforderlich, um die Eingaben, die ich bekomme, nicht nur für mich zu behalten, sondern auch anderen mitzuteilen. Ich könnte mich ja lächerlich machen, man könnte mich für verrückt halten. Wir sind so gewohnt, alle unsere intuitiven Gedankenblitze zuerst zu zensieren und »logisch« aufzubereiten, ehe wir sie äußern, daß es am Anfang viel Überwindung kostet, einfach mal drauflos zu »phantasieren«. Geduld braucht es, weil es lange dauert, ehe eine so vernachlässigte Fähigkeit wieder zuverlässig funktionieren kann, und weil unsere Umwelt diesen »unlogischen« Aktivitäten noch immer skeptisch bis ablehnend gegenübersteht.

Zur Illustration der Schwierigkeiten, die unser Intellekt hat, die Sensitivität als echte Fähigkeit anzuerkennen, möchte ich eine wahre Geschichte aus Stansted erzählen.

Hedwig war eine junge Frau, die sich für eine Kurswoche mit Gaye Muir am Arthur Findlay College angemeldet hatte. Im Laufe der Woche lernte sie, wie sie meditieren, sich der Geistigen Welt öffnen und dann einfach das von sich geben sollte, was ihr »durch den Kopf ging«. In der letzten Kursstunde ließ Gaye einige Teilnehmer als »Medien« auftreten und »Demonstrationen« geben. Sie holte auch Hedwig zu sich und sagte: »Such dir jemanden aus den Leuten aus, zu dem du gerne sprechen würdest.« Hedwig deutete auf jemanden, den sie kaum kannte. »Nun sieh mal, ob jemand aus der andern Welt für ihn da ist. Nimmst du eher ein männliches oder ein weibliches Wesen wahr?« So geleitete Gaye Hedwig durch eine Aussage, die von demjenigen, für den sie bestimmt war, als absolut zutreffend bezeichnet wurde. Die beschriebene Person war offenbar sein verstorbener Onkel, und die Aussage paßte genau auf seine momentane Situation. Alle beklatschten den Erfolg der gelehrigen Schülerin.

Ein Jahr später traf ich zufällig eine Bekannte von Hedwig, die mir erzählte, Hedwig sei von Stansted tief enttäuscht. Sie habe ihr gesagt: »Da brauchst Du nicht hinzufahren. Das ist ja alles nur Phantasie. Ich habe einem Kursteilnehmer einen Bekannten von mir beschrieben, der mir gerade einfiel, und er behauptete, das sei sein verstorbener Onkel. Und ich erzählte ihm etwas von einer Situation, in der sich meine Freundin befand, weil ich gerade daran denken mußte, und er meinte, dies treffe genau auf ihn zu. Ist doch alles Unsinn!«

Hedwig hatte alles bestens begriffen, bloß eines nicht: Sie hatte genau das getan, was jedes Medium zu tun hat: Sie hatte das ausgesprochen, »was ihr gerade einfiel, woran sie gerade denken mußte«, aber sie wußte nicht, daß die Geistwesen darauf angewiesen sind, uns Vorstellungen einzugeben, die wir schon in uns tragen und die jenen, die sie vermitteln wollen, am nächsten kommen.

Ich erinnere mich an eine Geschichte, die uns – wenn ich nicht irre – Eileen Roberts erzählt hat. Bei einer öffentlichen Demonstration sah sie plötzlich neben einer Dame in der vordersten Reihe ihre verstorbene Großmutter stehen. »Was tut meine Großmutter bei dieser Dame?« dachte sie. Da das Bild der Großmutter jedoch blieb, beschrieb sie es der Dame. »Ja genau«, rief diese Dame, »das ist meine verstorbene Großmutter.« Eileen wunderte sich, aber sie sollte sich noch viel mehr wundern: Als nächstes tauchte ihr verstorbener Onkel bei der Dame auf. Auch ihn beschrieb sie, und die Dame erkannte ihn als ihren Onkel. »Können Sie mir sagen, woran er gestorben ist?« bat die Dame. Eileen wußte nur, daß ihr Onkel bei einem Unfall mit einem Pferd ums Leben gekommen war. Aber das konnte doch wohl kaum auf den Onkel der Dame zutreffen. Da ihr aber sonst nichts einfiel, war sie eben mutig und berichtete, was sie von ihrem Onkel wußte. »Großartig!« freute sich die Dame. »Sie sind das erste Medium, das mir die Todesursache meines Onkels richtig angeben konnte. Er wurde von einem Hufschlag getroffen und starb an dessen Folgen.«

Die Dame war nicht verwandt mit Eileen, und die Ähnlichkeit von Großmutter und Onkel war offenbar rein zufällig. Hätte aber Eileen ihre Einfälle als »ihre eigene Phantasie oder Einbildung« beiseite geschoben, hätte sie der Dame diese so überzeugende Jenseitsbotschaft nicht geben können. Sie hatte das nötige Vertrauen und den nötigen Mut.

Und sie ist eine ausgezeichnete Lehrerin. »Mein Vater war Rechtsanwalt«, erzählte sie mir einmal. »Und von ihm habe ich gelernt, alles ganz genau wissen zu wollen. Ich habe jedes Medium, das ich traf, gefragt: Wie machst du das? Wie bekommst du deine Durchgaben? Ich ließ nicht locker und gab mich nicht mit allgemeinen Antworten zufrieden. So habe ich herausgefunden, wie diese Medien arbeiten und wie man diese Methoden weitervermitteln kann.«

Ja, Sensitivität oder Medialität ist lehr- und lernbar. Und ich will hier versuchen, ein paar Hinweise für Anfängerübungen zu geben.

4.3.2. Aller Anfang ist schwer

»Setzen Sie sich zwei und zwei zusammen. Beide schließen die Augen, und nun tastet der eine ganz sanft und sorgfältig das Gesicht und die Hände des andern ab wie ein Blinder. Teilen Sie Ihrem Partner mit, was Sie fühlen, spüren, empfinden.« Dies empfiehlt Beryl B. Raine ihren Schülern. Man soll dabei ruhig auch die ganz subjektiven Gefühle und Einfälle mitteilen, die einem dabei durch den Kopf oder noch besser durchs Gemüt gehen. Wir werden dabei feststellen, daß es gar nicht so leicht ist, gleichzeitig auf alle die verschiedenen Empfindungen, Gefühle und Gedanken zu achten und sie dann noch in verständliche Worte zu fassen. Das zu lernen ist ebenfalls ein Zweck der Übung.

Eine zweite Übung könnte darin bestehen, daß ich einem mir möglichst unbekannten Partner mitteile, was für Vorstellungen ich von ihm habe: wie alt er etwa sein könnte, wie groß, wie schwer, wo und wie er wohnt: ob in einem Einfamilienhaus mit Garten oder in einer Einzimmerwohnung oben in einem Hochhaus, ob im Grünen oder mitten in der Stadt, ob alleine oder mit Familie. Weiter kann ich mir ausdenken, was er von Beruf sein könnte, was vielleicht seine Hobbys sind, was seine Lieblingsfarben, -speisen, -beschäftigungen, -tiere, -musikwerke usw. Ich lasse mir einfallen, ob seine Eltern und Großeltern noch leben oder nicht, ob er Geschwister hat oder weitere Verwandte.

Ich kann diesen Katalog beliebig ausbauen. Erstaunlicherweise liegen wir mit unseren Vermutungen oft gar nicht so daneben, wie wir meinen.

Als dritte Übung lassen wir jemanden aus einer Gruppe von Leuten sich hinter uns setzen, ohne zu wissen, wer das ist. Nun müssen wir möglichst viele Informationen über unseren Hintermann bzw. unsere Hinterfrau zusammentragen, nur indem wir sozusagen »hinter uns fühlen«. Dies ist eine Übung, die wir bei Bill Coller gemacht haben. Stellen Sie sich das Gelächter vor, wenn ich einen großen, schweren Mann als »zarte, elegant gekleidete Dame« spüre! Das schadet gar nichts. Es soll doch fröhlich und locker zugehen bei diesen Übungen, und wir müssen die Angst davor verlieren, etwas Falsches zu sagen.

Eine beliebte Übung ist auch die sogenannte »Psychometrie«. Dabei geht es darum, von einem Gegenstand die Schwingungen aufzunehmen und sich dazu etwas »einfallen« zu lassen. Es kann also z. B. jeder Teilnehmer einen persönlichen Gegenstand in einen Korb legen, aus dem dann jeder wieder einen ihm unbekannten Gegenstand herausnimmt. Daraufhin versuche ich herauszufinden, was für eine Person der Besitzer des betreffenden Gegenstandes ist, wie er in dessen Besitz gelangte und woher dieser ursprünglich stammt.

Natürlich habe ich nicht die Absicht, hier eine Lernanleitung für angehende Medien zu geben. Ich wollte nur zeigen, mit welch einfachen Übungen man beginnen kann, seine Sensitivität zu schulen. Dabei habe ich bewußt einen ganz wichtigen Faktor noch weggelassen: Wenn man wirklich eine mediale Schulung durchmachen will, kommt man nicht ohne Meditation aus. Regelmäßige individuelle und von geschulten Kennern geführte gemeinsame Meditationen sind wesentliche Schritte auf dem Weg zur Enwicklung der Medialität. Dabei können wir auch lernen, wie wir uns für die »Eingaben« aus der Geistigen Welt vorbereiten oder »öffnen«

sollen. Wir tun dies, indem wir uns auf Gott einstellen und um Hilfe und Schutz aus der Geistigen Welt bitten. Das eigentliche Öffnen – und am Schluß wieder Schließen! – kann individuell sehr unterschiedlich gehandhabt werden. Besonders wichtig ist es, alle diese Übungen in Gruppen und unter kundiger Leitung durchzuführen, weil sonst die Gefahr besteht, daß sich der einzelne in fehlgeleitete Bahnen verliert. Und das kann durchaus gefährlich sein, wie ich im folgenden Kapitel noch ausführen werde.

4.3.3. Werde ich ein Medium?

Wie kann ich feststellen, ob ich überhaupt zum Medium geeignet bin?

Sie können es nicht feststellen. Aber wenn Sie sich ernsthaft dafür interessieren, ist das schon ein Hinweis darauf, daß die Geistige Welt möglicherweise mit Ihnen etwas anfangen könnte. Wir müssen uns von Anbeginn darüber klarsein, daß die aktive Rolle in erster Linie von den Jenseitigen gespielt wird. Wir können uns nur entscheiden, ob wir mitspielen wollen oder nicht. Und wenn wir das wollen, besteht unsere Aufgabe darin, uns zu möglichst durchlässigen Vermittlern für die Geistige Welt auszubilden. Ob und wie diese uns dann verwenden will, liegt wiederum nicht in unserem Ermessen.

Es scheint so zu sein, daß die Geistige Welt mit denjenigen, die besonders dafür geeignet sind, schon von klein an in irgendeiner Form Kontakt aufzunehmen versucht. Es gibt aber auch Menschen, die erst in späteren Jahren entdecken, daß sie für die Geistige Welt brauchbare Instrumente werden können. Voraussetzung dafür ist, wie wir vermuten, die im Prinzip bei allen Menschen vorhandene Fähigkeit, die Verbindung von Geistseele und Körper etwas zu lockern. Bei extremen Materialisten ist diese Fähigkeit meist schon in der Jugend derart verdrängt worden, daß sie kaum mehr hervorzulocken ist. Bei anderen, sogenannten sensiblen oder labilen Menschen ist die Loslösung der Geistseele so selbstverständlich, daß umgekehrt die Kontrolle über diesen Vorgang erst erlangt werden muß. Außerdem scheint eine gewisse Begabung zur Medialität erblich zu sein. Bestimmt gibt es eine bestimmte Gruppe von

Menschen, die ideale Voraussetzungen zur Medialität besitzen, die also sensitiv begabt sind. Das allein aber genügt nicht. In England erfolgt bei den medial Begabten noch eine solide Ausbildung in langjährigen Übungsgruppen, eine Praxis, die im deutschsprachigen Raum erst im Entstehen ist.

Ich werde im nächsten Kapitel die verschiedenen Arten, wie man der Geistigen Welt als Instrument dienen kann, noch ausführlich darstellen. Hier mag es genügen, darauf hinzuweisen, daß es sehr viele solcher Möglichkeiten gibt und daß durchaus nicht jeder, der den spirituellen Weg gehen möchte, ein »Medium« im Sinne eines medialen Beraters und Vermittlers jenseitiger Botschaften werden muß.

In jedem Falle aber lohnt es sich, darüber nachzudenken, ob Sie damit beginnen wollen und sollten, Ihre Sensitivität zu schulen. Dabei spielen meiner Ansicht nach drei Dinge eine wesentliche Rolle:

1. Motivation:

Warum interessieren Sie sich für Spiritualismus, Medialität und Heilen? Haben Sie ein echtes Interesse an diesen Dingen? Dienen Ihnen Geistergeschichten und Okkultes als Nervenkitzel? Hoffen Sie, falls Sie selbst mediale Gaben entwickeln könnten, damit berühmt zu werden, sich mit bestimmten Verstorbenen in Verbindung setzen zu können, für andere Menschen eine Stütze und Hilfe zu werden? Möchten Sie reich werden, Macht erlangen, oder was sind sonst Ihre Gründe, sich für mediale Schulung zu interessieren?

Wenn Sie mindestens zwei Erklärungen angeben können, die Ihr echtes Interesse begründen, dann ist das schon recht günstig. Es macht dabei gar nichts aus, wenn Ihre Motive zu Anfang eigennützig zu sein scheinen. Sie werden nämlich sehr bald merken, daß Machtstreben, Gewinnsucht und Eigennutz Ihren Bemühungen ebenso hemmend im Wege stehen wie Übereifer, Leistungswille und Kritiklosigkeit. Der erste Schritt heißt immer: Erkenne dich selbst. Und diese Hürde kann nur in geduldigem, ehrlichem und hingebungsvollem Bemühen überwunden werden. Wenn Ihre Motivation dazu nicht ausreicht, ist sie kaum stark genug.

2. Begabung:

Wie gesagt gibt es, wenn auch selten, eine ganz besondere, außerordentliche Begabung auf medialem Gebiet. Diese Menschen können kaum daran gehindert werden, für die Geistige Welt zu arbeiten, sie brauchen keine spezielle Ermunterung. Viel häufiger ist das gute Mittelmaß. Und ob Sie zu diesem guten Mittelmaß gehören oder nicht, kann Ihnen entweder die Geistige Welt durch ein gutes Medium mitteilen, oder sie merken es selbst, wenn Sie einmal angefangen haben, regelmäßig zu meditieren, Übungszirkel und Lehrveranstaltungen zu besuchen und sich in die Philosophie des Spiritualismus zu vertiefen. Denn auch da kommen Sie nicht darum herum, ins Wasser zu steigen, um feststellen zu können, ob Sie ein guter Schwimmer werden könnten und möchten.

3. Zeit:

Wenn Sie sich schon etwas mit Spiritualismus, Medialität und Heilen befaßt haben und zu dem Schluß gekommen sind, daß Sie möglicherweise dazu geeignet wären, der Geistigen Welt zu dienen, dann müssen Sie sich ernsthaft überlegen, ob Sie auch bereit sind, sich ihr wirklich ganz zu widmen. Halbheiten lohnen sich nicht. Wenn Sie so beschäftigt sind, daß Sie über die Dauer von mindestens fünf Jahren den folgenden Minimal-Zeitaufwand nicht leisten können, nehmen Sie besser Abstand:

Täglich etwa 15 Minuten Meditation.

Wöchentlich einmal ca. 90 Minuten Übungsgruppe.

Jährlich sechsmal ca. 10 Stunden Seminar.

Dies unter der Voraussetzung, daß sich in Ihrer Nähe eine gute Schulungs- und Übungsgruppe befindet. Leider sind diese erst seit wenigen Jahren im Aufbau begriffen, und es ist nicht immer leicht, das Richtige zu finden. Das Psi-Zentrum in Basel hat damit begonnen, regelmäßig Seminare mit englischen Medien (mit Übersetzung) und Übungsgruppen mit fortgeschrittenen Kursteilnehmern (deutsch) durchzuführen. Falls Interesse dafür besteht, könnte dies auch an anderen Orten im deutschen Sprachraum organisiert werden.

5. Hellhöriges von Nelson Ross

5.1. Nelson Ross

5.1.1. Weltbürger Eric Hurworth

Eric Nelson Ross Hurworth kam am 19. März 1930 um etwa 05.30 Uhr morgens in der Grafschaft Durham im Norden Englands zur Welt. War Gaye während eines Gewitters zur Welt gekommen, so war es bei Nelson ein Schneesturm, der seine Ankunft begleitete. Schon vor seiner Geburt war seiner Mutter angekündigt worden, er werde mediale Gaben besitzen, was insofern nicht weiter erstaunlich ist, als schon sowohl die Großmutter mütterlicherseits als auch die Mutter selbst medial veranlagt waren.

Seine erste Vision hatte Nelson, als er etwa fünf oder sechs Jahre alt war. Er sah in seinem Zimmer einen Löwen und schrie das ganze Haus zusammen vor Angst. Die späteren Visionen waren dann zum Glück nicht mehr so furchterregend.

Nelson war sein ganzes Leben nie so recht gesund. Schon sehr früh plagten ihn rheumatische Schmerzen. In der Schule war er eher ein mittelmäßiger Schüler. Vor allem das Schreiben und Lesen bereiteten ihm einige Schwierigkeiten. Um so lieber und geschickter half er dann nach der Schule bei einem Damenfrisör aus. Als es ihm gesundheitlich besserging – er war damals etwa vierzehn Jahre alt –, wurde er Pfadfinder und trat in einen Boxclub ein. »Das war ein sehr, sehr guter Boxclub«, sagt Nelson. »Wir lernten einiges über die marsischen Künste. Diesen Teil meines Lebens habe ich eher für mich behalten, davon wissen nicht viele. Aber ich war tatsächlich sehr interessiert an sportlichen Betätigungen und ein sehr aktiver Mensch. Im Club lernte ich Entschlossenheit und Durchhaltewillen.«

Durch einen Freund im Boxclub kam er in Kontakt mit einer spiritualistischen Kirche, die er dann regelmäßig besuchte.

»Ich begann mit meiner spiritualistischen Entwicklung, als ich vierzehn Jahre alt war«, erzählt Nelson. »Das war in Ramsgate in

Kent, einem kleinen Ort an der Südostküste, wo ich die spiritualistische Kirche besuchte, die übrigens heute noch besteht. Über viele Jahre hin nahm ich gemeinsam mit einer sehr lieben Dame, die ein ganz ausgezeichnetes Medium war und Frau Reves oder so ähnlich hieß, an Sitzungen teil. Bei ihr hatte ich Privatunterricht für mediale Entwicklung und lernte alles über die Philosophie und Lebensweisheit des Spiritualismus.«

Schon in sehr jungen Jahren hatte Nelson Gelegenheit, viele und größere Reisen zu unternehmen. Sie wurden für ihn auch zu einer Suche nach der spirituellen Wahrheit. In allen Ländern, die er besuchte, interessierte er sich für die religiösen Bräuche und Anschauungen. »Dies half mir, noch klarer zum Spiritualismus zu kommen. Ich war mein Leben lang allem Religiösen gegenüber sehr offen eingestellt, obwohl ich im Denken noch immer irgendwie ein orthodoxer Mensch bin. Nein, ich gehe nicht viel in die orthodoxe Kirche, aber ich wurde im Glauben der anglikanischen Kirche erzogen und wurde konfirmiert. Ich freue mich darüber und bin stolz darauf, daß ich meinen Konfirmandenunterricht bestanden habe, während ich schon die spiritualistische Kirche besuchte. Aber ich hielt das säuberlich getrennt: Die anglikanische Kirche ließ ich nicht wissen, daß ich mich für die spiritualistische interessierte, und diese nicht, daß ich in Verbindung zu der anglikanischen war.«

In Indien lernte er den Hinduismus und Buddhismus kennen und dachte daran, selbst ein Mönch oder Priester zu werden. Eine kurze Zeit brachte er tatsächlich als Mönch in einem Kloster zu. »Aber wo wir auch hingehen, wir kehren immer wieder zum unendlichen Geist zurück«, meint Nelson. »Das bestärkte mich darin, meine Medialität weiterzuentwickeln.«

Es muß etwa 1951/52 gewesen sein, als Nelson begann, öffentlich als Medium aufzutreten. Er reiste mit heute sehr bekannten Medien in Yorkshire umher und arbeitete dort an verschiedenen Kirchen mit diesen zusammen. Er hielt Ansprachen oder gab Demonstrationen. In Bornemouth bildete er sich in einer sehr guten Übungsgruppe weiter.

1954 heuerte er bei der Handelsmarine an und erhielt tatsächlich einen Posten als Bibliothekar der Schiffsgesellschaft. »Wenn das mein Lehrer gewußt hätte«, meint Nelson. »Ausgerechnet ich mit meinen Lese- und Schreibproblemen als Bibliothekar!« Zahlreiche

Reisen führten ihn dabei mehrfach um die ganze Welt. Er knüpfte Kontakte zu vielen einflußreichen Leuten.

1957 schlug wieder Nelsons schwache Gesundheit zu. Zuerst wurde eine tuberkulöse Veränderung der Wirbelsäule vermutet, doch dann stellte sich heraus, daß er die Bechterewsche Krankheit hatte, eine rheumatische Entzündung der Zwischenwirbelscheiben in der Wirbelsäule, die zu einer allmählichen Versteifung führt. Nelson lag zwei Jahre im Krankenhaus auf dem Bauch in einem Gipsbett.

»Damals sagten die Ärzte, ich würde nie mehr gehen können. Ja, die Verformung und Versteifung in meiner Wirbelsäule ist eingetreten, aber heute kann ich gehen, kann meinen Rumpf beugen und bin schmerzfrei. Ich kann mich noch gut erinnern, was die Ärzte alles mit mir vorhatten. Zwei Monate bevor ich ins Spital kam, war mein Vater in die Geistige Welt weitergegangen. Jedesmal, wenn die Ärzte sagten: ›Wir würden dieses oder jenes vorschlagen (eine bestimmte Operation zum Beispiel)‹, hörte ich im Geiste meinen Vater mir raten: ›Geh nicht ein darauf; du hast das gar nicht gehört.‹ Ich gab also keine Antwort und bin heute noch auf den Beinen. Ich habe früher schon gerne behinderten Menschen geholfen und tue es heute um so mehr. Ich habe mich von meiner eigenen Behinderung nie beherrschen lassen.

Nach diesem Spitalaufenthalt absolvierte ich eine Frisörlehre, denn ich hatte mich ja schon in meiner Schulzeit für diese Tätigkeit interessiert. Als ich mich viel später einmal mit einem Kunden unterhielt, erzählte er mir, er habe ebenfalls einen ›Bechterew‹, und man habe ihm die gleiche Operation vorgeschlagen, die man auch bei mir durchführen wollte. Wieder sprach mein Vater: ›Sag ihm, er soll sich nicht operieren lassen, er wird nie mehr gehen können!‹ Dies riet ich ihm, aber er ließ dennoch die Operation durchführen. Als ich ihn später wiedersah, saß er im Rollstuhl, und darin sitzt er heute noch.«

Eine Zeitlang lebte Nelson dann in West-Australien, wo er jeden Montagabend an einem Zirkel teilnahm, im »Rostrum-Club« (Podiums-Klub). Dort lernte er von großartigen Rednern die Kunst des öffentlichen Vortrags. Auch wurden ebenda wundervolle spirituelle Weisheiten durchgegeben, die für ihn zur wahren Grundlage seiner spiritualistischen Anschauungen wurden. Nelson war nun erst wenig über dreißig und hatte schon die ganze Welt bereist, war quer durch Amerika und Kanada gekommen, in Nord- und Südafrika gewesen, hatte Indien und ganz Europa besucht und sich immer wieder in Neuseeland und Australien aufgehalten. Und ebenso vielfältig und interessant waren seine beruflichen und zwischenmenschlichen Erfahrungen, die er als Boxer, Mönch, Bibliothekar der Handelsmarine, Medium und zeitweilig sogar als Koch, Barmann und Frisör hatte machen können. Sein Weg führte ihn sowohl mit Maharadjas, Prinzen und Prinzessinnen zusammen als auch mit dem sprichwörtlichen »Mann von der Straße«. Und von allen konnte er etwas lernen.

5.1.2. Als Medium an der SAGB

1963 kam Nelson wieder einmal aus Australien zu Besuch nach England. Freunde brachten ihn zur Spiritualist Association in London und schenkten ihm eine Sitzung beim damals schon berühmten Auragramm-Medium Harold Sharp. Er bekam eine Auragramm-Deutung, und der Geistführer Harold Sharps, der Chinese Chan Shi, sagte Nelson voraus, er werde später selbst mit Auragrammen arbeiten.

»Chan Shi gab mehrere zukünftige Daten an und machte sehr genaue Angaben, die sich zu gegebener Zeit als zutreffend erwiesen. Offenbar können geistige Wesen gewisse Lebensmuster oder -pläne sehr klar voraussehen. Später lernte ich Harold noch besser kennen. Ich sah ihn gelegentlich immer wieder an der SAGB, wir sprachen oft zusammen, und er war es, der mich auf den Weg brachte, den ich jetzt bei meiner Arbeit gehe. Er erlaubte mir, seine eigenen Auragramme zu deuten, was für mich äußerst interessant war. Du hast ja selbst erlebt, Matthias, wie Gaye in Stansted meine Auragramme gedeutet hat. Ich finde, daß wir aus solchen Erfahrungen immer nur wieder lernen können.«

Von 1972 an arbeitete Nelson selbst als Medium an der SAGB. Aus dieser Zeit stammt eine Geschichte, die Nelson gerne zum besten gibt, weil sie damals unter den Medien viel Gelächter ausgelöst hatte:

»Ich hatte damals einen männlichen Kunden – was selten genug vorkam, meist waren unsere Klienten Damen – und gab ihm in einem der kleinen Medienräume im oberen Stockwerk eine Sitzung. Da ich etwas empfindliche Augen habe, saß ich mit dem Rücken zum Fenster, während mein Klient mir gegenüber Platz genommen hatte. Im Laufe der Sitzung nahm ich auf einmal sehr deutlich hinter mir eine Stimme wahr, die sagte: ›Kann ich durchkommen?‹ Ich freute mich über meine so klare Hellhörigkeit und erkundigte mich, wer sich melden wolle. Mir fiel der Name Henry ein, und ich fragte meinen Klienten, ob ihm ein Kommunikator namens Henry aus der Geistigen Welt etwas bedeuten könne. Er verneinte dies. Nochmals ließ sich die Stimme vernehmen: ›Kann ich durchkommen?‹ und eine zweite Männerstimme fügte hinzu: ›Hallo, könnt ihr uns nicht hereinlassen?‹ Ich wollte nun von meinem Klienten wissen, ob er nicht doch einen Henry kenne, der mit einem andern Mann zusammen, der wahrscheinlich Charles geheißen habe, melden wolle. Wieder wußte mein Klient damit nichts anzufangen. ›Aber ich höre ganz deutlich ihre Stimmen‹, beharrte ich. ›Ich auch‹, antwortete mein Klient, ›da stehen zwei Arbeiter auf der Feuerleiter und wollen herein.‹ Ihre Namen lauteten tatsächlich Charles und Henry, und sie waren mit Reparaturen auf dem Dach beschäftigt gewesen. Irgend jemand hatte das Fenster geschlossen, durch das sie aufs Dach gelangt waren, und so versuchten sie, über die Feuerleiter wieder ins Haus zu gelangen.«

Als in der Kantine der SAGB eine Hilfskraft ausfiel, bot sich Nelson an auszuhelfen. Und da nicht so bald Ersatz gefunden wurde, war Nelson eine Zeitlang in der Küche der SAGB angestellt. »Man kann immer alles, was man im Leben gelernt hat, irgendwie brauchen. Im Boxclub zum Beispiel habe ich die Disziplin gelernt, die ich als Medium so sehr benötige«, erklärt Nelson.

Auch während seiner Arbeit an der SAGB blieb Nelson nicht von Krankheiten verschont. Er bekam eine starke Bindehautentzündung, und sein Arzt hatte ihm Tabletten verschrieben, die den Augendruck vermindern sollten. Anstatt einer Besserung fühlte sich Nelson jedoch immer elender. Er saß wie ein Häuflein Elend im Medienzimmer, als Gaye Muir nach einem anstrengenden Nachmittag hereinkam. Sofort sagte sie zu ihm: »Was ist los mit dir? Komm, wir machen einen Spaziergang.« Obwohl es weder Gaye noch Nelson danach zumute war, schleppte sie ihn tatsächlich einmal um den ganzen Belgrave Square herum. Danach gab sie ihm Heilung und wies ihn an: »Man hat dir die falschen Tabletten gegeben. Nimm keine mehr davon. Geh morgen früh gleich ins Spital zu deinem Arzt und frage nach. Da stimmt etwas nicht.«

»Ihre Kollegin hat Ihnen das Leben gerettet«, beschied ihn am nächsten Morgen der Arzt. »Die Tabletten, die Sie erhalten haben, hätten für Sie lebensgefährlich sein können, wenn Sie mehr davon genommen hätten.«

1980, siebzehn Jahre nachdem es ihm Chan Shi vorausgesagt hatte, begann Nelson mit Hilfe zahlreicher Kolleginnen und Kollegen, die ihn dazu ermunterten, mit dem Zeichnen von Auragrammen. Coral Polge half ihm, das richtige Papier und die richtigen Farbkreiden zu finden. Harold Sharp war damals schon 89 Jahre alt. Nelson bekam von seinem geistigen Führer den Namen »CHING« mit roter Tinte und in Großbuchstaben geschrieben mitgeteilt, als er danach fragte. Unabhängig davon erkundigte er sich bei Harold Sharp, ob er ihm etwas über seinen geistigen Führer mitteilen könne. Und interessanterweise erhielt er einen mit blauer Tinte geschriebenen Brief von Harold, in dem der Name »CHING« in Großbuchstaben und mit roter Tinte hervorgehoben war als der Name seines Führers. Dies war eine sehr schöne Bestätigung.

1981 starb Harold Sharp neunzigjährig, und Nelson Ross führte seine Arbeit als Auragramm-Medium an der SAGB weiter. Er war noch nicht so geübt, als er seine ersten Auragramm-Sitzungen gab, und faßte sich beim Überlegen öfters an die Nase oder an die Stirn. Als er nach der Sitzung aus dem Zimmer kam, ging gerade eine Dame vorbei. Völlig entgeistert sah sie ihn an und ergriff dann mit einem Aufschrei die Flucht, als wäre ihr ein Geist begegnet. Nelson wunderte sich, denn er konnte nirgends irgend etwas Erschreckendes sehen, und begab sich ins Medienzimmer. Dort saß Kathleen St. George. Er erzählte ihr von der merkwürdigen Reaktion der Dame. »Das wundert mich nicht«, bemerkte Kathleen ruhig. »Wenn du nach Hause gehst, Nelson, dann schau doch mal im Waschraum in den Spiegel.« Nelson befolgte ihren Rat und stellte fest, daß er sich mit seinen Farben eine richtige Kriegsbemalung ins Gesicht geschmiert hatte. Peinlicherweise benützte er damals noch Farben, die sich nicht so leicht abwaschen ließen, so daß er unter den verwunderten bis amüsierten Blicken der andern Heimkehrer wie ein Indianer auf dem Kriegspfad in der Untergrundbahn nach Hause fahren mußte.

Ab 1981 arbeitet Nelson nicht mehr regelmäßig an der SAGB. Er reist wieder als Medium bei verschiedenen Kirchen und Gesellschaften in der ganzen Welt umher und befaßt sich mit den Auragrammen. Als er im Winter 1985 von Amerika zurückkehrte, mußte er sich erneut mit seinem geplagten Körper auseinandersetzen: die Diagnose lautete diesmal Leukämie. Aber auch jetzt läßt sich Nelson nicht unterkriegen. Wohl mußte er unter anderem auch den für März 86 geplanten Besuch in Basel absagen, aber er hofft zuversichtlich, im Herbst seine Tätigkeit wiederaufnehmen zu können. »Gott arbeitet auf vielerlei geheimnisvolle und wunderbare Art. Ich nehme diese erzwungene Pause hin, heile meinen Körper und empfange die Heilung, die mir geschickt wird, um mich auf den Weg der Genesung zurückzubringen und um zu der Arbeit zurückzukehren, die ich so gerne tue. Denn das ist im Grunde der Inhalt meines Lebens, daß ich andern helfen kann, sich selbst dazu zu verhelfen, in ihrer spirituellen Entwicklung weiterzukommen. Nicht mehr und nicht weniger.«

5.1.3. Die Auragramme

Nelson Ross bereitet seine Auragramme unter der Mithilfe seines geistigen Führers zu Hause vor. Er zeichnet einen Kreis, dessen Größe geheimnisvollerweise manchmal variiert. Einem Klienten gegenüber, der darin das Wirken höherer Mächte vermutete, lüftete Nelson das Geheimnis: Er benützt für seine Kreise einen Teller, dessen Umfang er mit einem Stift umkreist, und es steht ihm nicht immer der gleiche Teller zur Verfügung.

Im Innern des Kreises zeichnet er verschiedene Symbole, wobei er einfach vor sich hin kritzelt und sich intuitiv führen läßt. Es kommen da Muscheln und Schnecken vor, die entweder noch verborgene Möglichkeiten enthalten oder schon geöffnet sind, um sie zum Ausdruck zu bringen. Da bilden sich Pfeiler, die auf Studien hindeuten, Tore, die zum höheren Selbst führen, und Stufen, die eine Höherentwicklung zulassen. Blumen zeigen die spirituelle Fortbildung der Seele, Farnblätter sind Abbilder des sich entwickelnden

Wissens, Bäume deuten auf die Entwicklung des Lebens und der Erkenntnisse, ein Kreuz versinnbildlicht spirituelle Liebe. Überall verstreut finden sich kleine Perlen, die auf Gaben, Talente und Fähigkeiten hinweisen, die wir aus der Geistigen Welt mitgebracht haben, um sie in dieser Inkarnation zu verwenden, und kleine Samen, die zeigen, daß etwas weitergegeben wird, daß in der Zukunft noch Saat aufgehen kann, wenn die richtigen Bedingungen dafür gegeben sind. Irgendwo im oberen Teil schweben oft die drei blauen Vögel: Frieden, Ruhe und Verständnis. Drei merkwürdige grüne Haken sind Zeichen für Geistführer.

Nelson fängt einen Eindruck von den Aurafarben und ihrer Verteilung sozusagen mit einer Blitzaufnahme ein, wenn er mit seinen Händen über die Innenflächen der Hände seines Klienten streicht. Dann sucht er sich ein passendes Symbolmuster aus und trägt darin die Farben und zusätzlichen Symbole ein. Dabei deutet das Randmuster rund um den Kreis auf die Lebensgeschichte des Klienten. Es sind darin Diamanten zu finden, Hinweise auf besondere spirituelle Fähigkeiten, oder Herzen, die auf verstorbene Angehörige hindeuten. Andere blattartige Schnörkel und Ranken sind nicht immer klar in ihrer Bedeutung. Jedenfalls ist die linke Seite des Auragramms die weibliche Seite der Familie (Mutterseite), die rechte die männliche (Vaterseite). Die unteren Regionen beziehen sich mehr auf die materielle Seite der Persönlichkeitsentwicklung und die oberen mehr auf die spirituellen. Dazwischen zeigt sich das Wachstum der Geistseele.

Die verwendeten Farbkreiden mischt Nelson durch Ineinanderreiben der aufgetragenen Farben. Dabei haben die sieben Hauptfarben bei ihm grundsätzlich folgende Bedeutung: Violett: spirituelle Kraft; Indigo (Dunkelblau): Intuition; Blau: Inspiration; Grün: Energie, Wachstum; Gelb: Weisheit, Wissen; Orange: Gesundheit, Heilen; Rot: Leben, Liebe, Hingabe; »Mauve«: spirituelle Bemühungen.

Man sollte Nelsons Auragramm flach so halten, daß das Tageslicht darüberscheint, und schräg darüberschauen, damit man alle die Feinheiten der Farbschattierungen erkennen kann. Für die Zeichen des chinesischen Lebensrades an der Peripherie und fürs Ausmalen der Symbole benützt Nelson Filzstifte. Damit zeichnet er gelegentlich auch chinesische Symbole ins Auragramm, denn auch er wird, wie vor ihm sein Lehrer Harold Sharp, von einem chinesischen Geistführer geleitet. »CHING. DURCH. NELSON. ROSS.«, steht jeweils in roter Tinte unter dem Auragramm.

Nelson versucht, durch das, was er den Menschen kundtut, das Beste in ihnen wachzurufen. »Vielleicht darf das, was wir einem jungen Menschen mitteilen, dazu beitragen, daß er einen neuen Weg wählt, daß ein neues Wachstum in einer nächsten Generation möglich wird«, sagt Nelson Ross. »Wir sind für das Zeitalter geboren, in dem wir leben. Schaut, wie viele junge Leute heute auf der Suche sind nach dem spirituellen Weg.«

»Ich traf 1982 bei einer öffentlichen Demonstration in Brüssel einen jungen Mann. Er wollte in die Welt hinausziehen, aber die Geistige Welt sagte ihm, er werde nach China gehen. Drei Wochen später bekam er eine Stelle beim Roten Kreuz und wurde nach China geschickt. Und während er in China weilte, besuchte er ein Kloster und erhielt von den Mönchen dort eine Botschaft für mich. Er schrieb mir, um mir dies mitzuteilen, und später sah ich ihn in Belgien wieder. Noch einmal kehrte er nach China zurück, und 1984 war er in Irland, um ein Buch zu schreiben. Und wie kam das alles? Er wußte eines Abends nicht, was er tun sollte, sah zufällig ein Auragramm als Aushang und dachte: ›Das geh' ich mir mal ansehen.‹ Und so kam er zu der öffentlichen Demonstration und erhielt seine Botschaft. Deshalb rate ich immer: Versucht nicht, euch zu beeilen. Die Geistige Welt ist es, welche die Anweisungen gibt und euch den rechten Weg führt. Wenn ihr mit der geistigen Führung mitarbeitet, dann macht ihr den rechten Fortschritt zur rechten Zeit zur rechten Ebene der Vollkommenheit. Du bist nie zu früh geboren, du bist nie zu spät geboren, alles um dich herum ist zeitlich abgestimmt. Du brauchst nur Ausschau zu halten nach höheren Ebenen spiritueller Vollendung. Genieße, was dir vom Tag noch bleibt, hilf allen, denen du kannst, durch deine inneren Gebete und bitte in der Abenddämmerung für dich, denn wer bittet, dem wird gegeben werden. Und in der Morgendämmerung wirst du beim Erwachen wissen, was du tun sollst für das Wachstum am nächsten Tage.

Ich möchte gerne mit den Worten schließen, die ich sehr liebe: Unser mächtiger Geist, wir danken Dir für alles, was wir haben, für alles, das wir noch erhalten werden, und für alles, das wir andern weitergeben dürfen. Mögen wir Dich immer lieben und Dir freudig dienen als unserem Vater und unserem Gott. Amen.«

5.2. Das zweite Gehör

5.2.1. »Und ich hörte die Stimme eines, der da redete«

Im ersten Buch Samuel wird im dritten Kapitel die folgende Geschichte erzählt (zitiert nach der Zürcher Bibel):

»Der Knabe Samuel nun diente dem Herrn vor Eli. (Eli war ein alter Priester, und Samuel war von seiner Mutter Hanna zum Dank für ihre Schwangerschaft Gott zum Dienst geweiht worden.) In jenen Tagen aber waren Offenbarungen des Herrn selten; Gesichte waren nicht häufig. Zu jener Zeit begab sich folgendes: Während Eli an seinem Orte schlief und die Lampe Gottes noch nicht erloschen war – Elis Augen aber hatten angefangen schwach zu werden, so daß er nicht mehr sehen konnte – und während Samuel im Tempel des Herrn schlief, wo die Lade Gottes war, da rief der Herr: Samuel! Samuel! Er antwortete: Hier bin ich!, lief zu Eli und sprach: Hier bin ich! Du hast mich gerufen. Er aber sprach: Ich habe nicht gerufen. Lege dich wieder schlafen. Und er ging und legte sich schlafen. Der Herr aber rief abermal: Samuel! Und Samuel stand auf, ging zu Eli und sprach: Hier bin ich! Du hast mich gerufen. Er aber sprach: Ich habe nicht gerufen, mein Sohn. Lege dich wieder schlafen. Aber Samuel kannte den Herrn noch nicht, und eine Offenbarung des Herrn war ihm noch nicht zuteil geworden. Da rief der Herr den Samuel zum dritten Male; und er stand auf, ging zu Eli und sprach: Hier bin ich! Du hast mich gerufen. Nun merkte Eli, daß der Herr den Knaben rief. Und Eli sprach zu Samuel: Geh, lege dich schlafen; und wenn er dich ruft, so sprich: Rede, Herr, dein Knecht hört.«

Diese Geschichte ist das Gegenstück zu der komischen Geschichte von Nelson Ross: Hielt Nelson damals die Stimmen Lebender für medial wahrgenommene Stimmen Jenseitiger, so hält hier Samuel die hellhörend wahrgenommene Stimme für die seines

Lehrmeisters Eli. Da die Spiritualisten es für ausgeschlossen halten, daß der universelle Schöpfer-Gott so menschliche Eigenschaften wie Eifersucht und Rachedurst besitzen sollte, nehmen sie an, daß »Jahwe« oder »der Herr« ein sehr mächtiger jenseitiger Führer war, aber eben ein Geistwesen, nicht die höchste Quelle, Gott selbst. Samuel wurde von diesem Geistwesen angesprochen, da er offensichtlich schon vor seiner Geburt von der Geistigen Welt zu ihrem Medium bestimmt worden war. Wie die spätere Geschichte von Samuel zeigt, wurde er ein ganz ausgezeichnetes Medium, ein »Seher«, wie Medien damals genannt wurden.

Ähnlich wie dem Knaben Samuel erging es einmal einem meiner Schüler. Er war in den Bergen in den Ferien und hatte sich alleine auf einen Spaziergang begeben. Er hatte eine kleine Anhöhe erstiegen und genoß es, auf der andern Seite über die herrlich frische Bergwiese hinunterzurennen. Mitten im ausgelassenen Lauf hörte er ganz deutlich seinen Namen rufen. Erstaunt bremste er ab, blieb stehen und drehte sich um. Er vermochte aber weit und breit niemanden zu sehen, der ihn hätte gerufen haben können – und doch war ihm die Stimme so nah erschienen. Verblüfft wollte er sich wieder in Trab setzen, als er mit Schrecken bemerkte, daß er nur noch wenige Meter von einer steil abfallenden Felskante entfernt stand. Wäre er ungehindert weitergelaufen, hätte er fast mit Sicherheit nicht mehr rechtzeitig anhalten können. Hatte ihn da wohl auch ein Geistwesen gerufen? Sein Schutzengel vielleicht?

Die Frage muß offenbleiben. Es gab schon zu biblischen Zeiten und gibt bis heute so zahlreiche Menschen, die von paranormalen Stimmen berichten, die sie gehört haben, daß an der Tatsache des »Zweiten Gehörs«, wie man das Hellhören entsprechend dem »Zweiten Gesicht« auch nennen könnte, nicht gezweifelt werden kann.

5.2.2. *Wie funktioniert das dritte Ohr?*

Beim Hellhören lassen sich wie bei der Hellsichtigkeit objektive und subjektive Hellhörigkeit unterscheiden. Objektiv hellhörig ist jemand, der Stimmen hört, die im Tonfall, in der Stimmlage, in der Sprache und im Akzent genau der Sprechweise des Verstorbenen entsprechen und so klingen, als würden sie mit den physischen Ohren wahrgenommen.

Gaye berichtete z. B., daß sie einmal einem ausländischen Besucher an der SAGB das, was sie gesagt bekam und für fremdartige Namen hielt, genauso wiederzugeben versuchte, wie sie es gehört hatte. Weil der Mann auf keinen der vermeintlichen Namen reagierte, unterbrach sie sich und fragte, ob er mit diesen Namen etwas anfangen könne. »Nein«, erwiderte er, »sprechen Sie nur weiter. Sie sprechen arabische Sätze!«

Auch Ausdrücke in Schweizer Mundart gab Gaye in Sitzungen schon weiter. Sie hat meist mehr Mühe, das Gehörte möglichst genau wiederzugeben, als daß ihr das mediale Hören ein Problem wäre. Beim objektiven Hellhören ist es, als würde wirklich jemand zu einem sprechen. Meist werden die Sprechenden so wahrgenommen, als stünden sie leicht seitlich (oft links) hinter dem Medium. Ich habe schon erwähnt, daß Gaye die Geistwesen, die sie vor sich im Publikum sieht, meist seitlich hinter sich hört. Manchmal kann ein Medium das eine Geistwesen sehen und das andere hören. Da es ja die Stimmen der Geistwesen noch nicht kennt, kann dies leicht zu Verwechslungen führen. Da beschreibt z. B. ein Medium eine Dame und hört gleichzeitig das Wort »Mutter«. Natürlich nimmt es an, das beschriebene Geistwesen identifiziere sich als Mutter des Klienten. In Wirklichkeit ist es aber die Großmutter, und die ebenfalls verstorbene Mutter hat die gesehene Gestalt hörbar als ihre Mutter identifiziert. Manchmal werden mit den hellhörig wahrgenommenen Namen Verstorbene genannt, manchmal aber auch Lebende. Auch das ist nicht immer einfach auszusortieren. Bei der objektiven Hellhörigkeit jedenfalls müssen sich, so sagt Gordon Higginson, die Jenseitigen der Sprechwerkzeuge bzw. zumindest des Kehlkopfes des Mediums bedienen, um die Stimme zu erzeugen. Das dritte Ohr sitzt sozusagen im Hals, das Halszentrum hat deshalb auch etwas mit dem Hellhören zu tun.

Klingt das Gesprochene beim objektiven Hellhören wie eine wirkliche Stimme und so, als ob der Sprecher lokalisierbar wäre, so klingen die Worte beim subjektiven Hellhören wie »laute Gedanken«. Es ist, als würden Sie sich innerlich ein Gedicht aufsagen, das Sie einmal gelernt haben, oder wie wenn Sie innerlich Selbstgespräche führen. Auch dabei sind unter Umständen die Sprechwerkzeuge beteiligt, wie bei ungeübten Lesern, welche die gelesenen Worte mit dem Mund mitbilden – wenn auch nicht so deutlich erkennbar.

Ich stelle mir vor, daß die Übertragung von Informationen von körperlosen Geistwesen zu verkörperten Geistseelen als eine Art Resonanzvorgang verstanden werden kann. Das Geistwesen erinnert sich, wie es zu Lebzeiten gesprochen oder ausgesehen hat. Diese Erinnerungen lösen im Schwingungskörper des Geistwesens eine bestimmte Schwingung aus, die ihrerseits eine Resonanz im Schwingungskörper der im Körper lebenden Geistseele hervorruft. Und vom Schwingungskörper der diesseitigen Person überträgt sich die Information auf das Zentralnervensystem, das dann je nach Begabung eine entsprechende Wahrnehmung auslöst. Auf diese Art können natürlich nicht nur Worte und Sätze, sondern auch andere Geräusche und Klänge übertragen werden.

Ursula Roberts berichtet z. B., daß sie sich in die Wohnung ihrer verstorbenen alleinstehenden Freundin und Kollegin Brenda begab, weil sie ihr versprochen hatte, sich um ihre Angelegenheiten zu kümmern. Als sie den Flur zu Brendas Wohnung entlangging, hörte sie wundervolles Klavierspiel. Sie dachte, in einer der Wohnungen müsse ein Pianist am Üben sein, und wunderte sich bloß, daß ihr Brenda nie etwas von diesem begabten Hausbewohner erzählt hatte. Sie versuchte herauszufinden, woher die Klavierklänge kamen, aber bei keiner der Wohnungstüren wurden sie lauter. Erst als Ursula vor Brendas Wohnung stand, konnte sie das Spielen ganz deutlich hören. »Ach«, dachte sie, »sie muß ihren Radioapparat angestellt gelassen haben, und niemand hat ihn abgedreht, seit sie gestorben ist.« Nachdem Ursula die Tür geöffnet hatte, war aber kein Laut aus der Wohnung zu hören. Deshalb fragte sie den Hausmeister: »Wer spielt denn hier im Haus so wundervoll Klavier?« – »Niemand«, war die Antwort, »nur Fräulein Brenda und früher ihre Mutter hatten Klavier gespielt, aber seit Fräulein Brenda ihr Klavier kürzlich verkauft hat, besitzt niemand mehr eines im ganzen Block.« Ursula hatte also wohl Brendas Mutter gehört, die Berufspianistin gewesen war und die jetzt mit diesen Klängen ihre Tochter im Jenseits willkommen hieß.

5.2.3. *Andere »Stimmenphänomene«*

In den psychiatrischen Kliniken leben zahlreiche Patienten, die ebenfalls Stimmen hören. Meist werden sie mit dem Fachwort »schizophren« etikettiert und medikamentös behandelt. Nach allem, was ich über Spiritualismus und Psychologie weiß, wage ich zu vermuten, daß für einen Teil dieser Patienten sowohl Diagnose wie Behandlung falsch ist. Vermutlich sind einige von ihnen natürliche Sensitive, die von wenig weit entwickelten Geistwesen mißbraucht werden. Ein gut geschultes Medium wäre wahrscheinlich imstande, einigen dieser Patienten zu helfen, sofern sie nicht schon durch eine lange medikamentöse Behandlung zu sehr abgestumpft sind. Ich hoffe, daß ich mich mit diesem Problem in den nächsten Jahren einmal noch intensiver befassen kann.

Die Stimmen, die mit dem zweiten Gehör wahrgenommen werden, sind nur für den Sensitiven selbst hörbar. So wie es aber von hellsichtig sichtbaren »Geistererscheinungen« hie und da fotografische Aufnahmen gibt, so existieren von den Stimmen Verstorbener auch Tonbandaufnahmen. Über das Phänomen der Tonbandstimmen ist schon viel geschrieben worden, so daß ich mich darauf beschränken möchte, hier einfach meine persönlichen Eindrücke wiederzugeben.

Ich kam mit dem Phänomen der Tonbandstimmen hauptsächlich durch den verstorbenen Tonbandstimmenforscher Konstantin Raudive in Berührung. Er hat seinerzeit in unserer Gesellschaft Vorträge gehalten und seine Stimmen demonstriert. Einige Male habe ich ihn auch in seinem Heim in Bad Krotzingen besucht. Er war der festen Überzeugung, die Geistige Welt manifestiere sich auf seinen Tonbändern durch sprachähnliche Geräusche, die er als Worte aus den verschiedensten Sprachen deutete. Tatsächlich hatten er und verschiedene andere Stimmenforscher einige gut verständliche Sätze vorzuweisen. Die animistisch denkenden Parapsychologen ordneten das Phänomen unter den Begriff »Psychokinese« ein und stellten sich vor, es handle sich um eine unbewußte Beeinflussung der Magnetschicht bzw. des Tonkopfes beim Tonband. Eine Erklärung dafür, wie solche unbewußten Informationen sich in Form von Magnetschwingungen auf ein Band übertragen könnten, so daß beim Abspielen verständliche Worte entstehen, konnten allerdings auch die Parapsychologen nicht liefern. Ich halte es für durchaus möglich, daß die Jenseitigen versuchten und versuchen, uns auch über unsere technischen Kanäle (Medien) zu erreichen. Ich bin sicher, daß sich Raudive und manche andere Forscher bei ihren Deutungen oft getäuscht haben, was aber nicht gegen die Möglichkeit der Sache an sich spricht. Nur: Was ich bis jetzt an Tonbandstimmen-Übermittlungen gehört habe, ergibt eine so minimale Ausbeute bei einem doch sehr erheblichen Aufwand, daß mir die Methode mit menschlichen Medien vorerst viel effektiver und gezielter erscheint. Es ist jedoch durchaus möglich, daß die Geistige Welt gemeinsam mit inspirierten Technikern unserer Welt einmal Apparaturen aufbauen können wird, die eine viel bessere und unmittelbarere Verständigung ermöglichen. Ansätze dazu scheint es schon zu geben, wie z. B. das sogenannte »Spiricom« in Amerika, Computerprogramm-Veränderungen durch Einflüsse aus der Geistigen Welt in Deutschland oder Erscheinungen von Geistwesen auf dem Fernsehschirm in verschiedenen Ländern.

So faszinierend und staunenswert derartige neue technische Möglichkeiten auch sein mögen, bleiben sie doch alle nur egozentrische Spielereien, solange sie nicht dazu dienen, die Menschen einander näherzubringen und den Bemühungen der Geistigen Welt um mehr Verständnis und Liebe in dieser Welt zum Durchbruch zu verhelfen.

5.3. Das Medium und sein Auftrag

5.3.1. Beweise fürs Leben im Jenseits

Der Hauptauftrag eines spiritualistischen Mediums ist es, das Wissen weiterzuverbreiten, daß das Leben auch nach dem physischen Tod seinen Fortgang nimmt, und überzeugende Beweise dafür zu vermitteln. Charles Sherratt ist sogar der Ansicht, dies sei die einzige Aufgabe eines Mediums. Um diese Mission zu erfüllen, kann es alle medialen Gaben einsetzen, die es anzubieten hat. Es kann und muß sich dabei vollkommen auf die Geistige Welt verlassen. Es wird von dort alle Informationen bekommen, die es braucht. Dennoch muß das Medium immer die Kontrolle über alle Kommunikationen behalten.

Kein Medium ist unfehlbar. Auch mit den besten jenseitigen Kommunikatoren kann es zu Mißverständnissen und Fehlinterpretationen kommen. Weder sollten solche »Fehler« dazu führen, daß sich das Medium unsicher und minderwertig fühlt, noch sollten es »Treffer« selbstzufrieden und eingebildet machen. Das Medium ist immer nur Werkzeug und Repräsentant seiner Helfer in der Geistigen Welt.

Das Medium repräsentiert aber nicht nur sich selbst und die Geistige Welt, es steht auch für die Gesellschaft, von der es eingeladen wurde, und für alle jene, die sich schon vor ihm für die Anerkennung des Spiritualismus eingesetzt haben. Alle diese hat es würdig und freudig zu vertreten.

Da die meisten Medien keine wissenschaftliche Schulung absolviert haben, benützen sie das Wort »Beweis« ziemlich unbekümmert. Das ist von ihrem Standpunkt aus auch richtig. Wenn ein Medium hellsichtig die Wesenheiten aus der Geistigen Welt wahrnimmt, so braucht es keinen andern »Beweis« dafür, daß diese Geistwesen existieren. Was wir mit unseren Sinnen wahrnehmen können, akzeptieren wir ohne weiteres als »real«, »echt«, »wirklich«, ohne dafür »Beweise« zu verlangen. Beweise im wissenschaftlichen Sinne sind aber die medialen Wahrnehmungen nicht. Man könnte im besten Fall von Indizienbeweisen im juristischen Sinne sprechen.

Ich würde deshalb lieber sagen, daß es der Auftrag des Mediums ist, überzeugende Hinweise dafür zu erbringen, daß es die Geistige Welt gibt und daß unsere Lieben dort weiterleben, wenn sie ihren irdischen Körper abgelegt haben.

Oft sind gerade die Hinweise, die in einer Demonstration als »nicht richtig« eingestuft werden, besonders beweiskräftig. Sehr häufig geschieht es nämlich, daß sich nachträglich herausstellt, daß die Informationen, die das Medium gegeben hat, richtig waren, ohne daß der anwesende Empfänger der Informationen davon etwas gewußt hatte. Gelegentlich beziehen sich solche Informationen auch auf zukünftige Ereignisse, so daß sie im Augenblick der Durchgabe unverstanden bleiben müssen. Es ist deshalb sehr nützlich, jeweils Tonbandaufnahmen von diesen Informationen zu machen und diese einige Zeit später wieder anzuhören.

5.3.2. Stört ein Medium die Ruhe der Toten?

Im vorigen Unterkapitel habe ich die Geschichte von Samuel angesprochen, dessen Auftrag es offensichtlich war, ein Seher oder Medium für das Volk Israel zu sein. Er wurde »zufällig« von Saul konsultiert, als dieser mit einem Knecht nach verlorenen Eselinnen suchte. Das war der Beginn von Sauls Königtum. Und ganz am Ende seines Lebens konsultierte Saul den Samuel noch einmal, obwohl dieser da schon gestorben war. Er überredete die Totenbeschwörerin von Endor dazu, den verstorbenen Samuel erscheinen zu lassen. Sie beschrieb einen alten Mann, mit einem Mantel umhüllt: Samuel war gekommen. Er sprach zu Saul: Warum störst du meine Ruhe?

Diese Bibelstelle wird immer wieder zitiert, um mediale Betätigung als unerlaubte Ruhestörung der Toten abzustempeln. Der Vorwurf trifft aber die englischen Medien nicht, denn niemals versuchen sie, Tote zu beschwören, d. h., einen bestimmten Verstorbenen herbeizuzitieren. Gerade dies können und wollen sie nicht. Vielmehr stellen sie sich den Jenseitigen als Vermittler zur Verfügung, und es sind die Jenseitigen, welche die Ruhe des Mediums stören, wie Gaye gerne scherzhaft meint, und nicht umgekehrt.

Dies gilt ganz besonders für diejenigen Geistwesen, die – aus welchen Gründen auch immer – noch nicht zu ihren jenseitigen

Helfern gefunden haben. Solche Geistwesen, die sich noch in der irdischen Ebene aufhalten, versuchen manchmal sehr hartnäckig, sich an mediale Erdenbürger zu wenden. Es gibt Gruppen von Menschen mit guten medialen Erfahrungen, die sich solcher hilfesuchender Geistwesen annehmen. Man nennt sie »Rescue-Circles«, was wörtlich übersetzt »Rettungskreise« heißt, ich würde sie auf deutsch aber lieber Beistandszirkel nennen. Sie ermöglichen diesen Geistwesen, über ihr Medium durchzukommen, denn in normalen medialen Kommunikationen ist ihnen der Zugang verwehrt, weil dort nur Wesen aus einer höher entwickelten geistigen Ebene zugelassen werden, die in Freundschaft und Liebe Verbindung zu Verwandten oder Bekannten aufnehmen wollen.

Deshalb ist es auch nötig, daß die im Beistandszirkel arbeitenden Mitglieder viel mediale Erfahrung und ein unerschütterliches Vertrauen in die Geistige Welt mitbringen. Es zeigt sich, daß es da Geistwesen gibt, die gewaltsam und plötzlich umgekommen sind und so wenig auf eine Geistige Welt vorbereitet waren, daß sie nicht bereit sind, die Bemühungen der Geistigen Welt wahrzunehmen, sondern immer noch versuchen, bei der materiellen Welt Anschluß zu finden. Sie können gar nicht verstehen, was mit ihnen geschehen ist, und warum sie niemand zu beachten scheint.

Ursula Roberts berichtet von einem Erlebnis mit einer Ertrunkenen, die ihr bei einem abgelegenen See in Afrika erschienen war. Das Geistwesen sagte, sie fühle sich einsam, da niemand sie beachte. Und sie wolle Ursula umbringen, damit sie Gesellschaft bekomme. Als ihr dies dann auf dem Umweg über merkwürdige technische Defekte an dem Boot, mit dem die Reisegruppe zurückfahren sollte, auch beinahe gelang, bedauerte es Ursula sehr, daß sie sich nicht die Zeit genommen hatte, für dieses materiell orientierte Geistwesen eine Beistandssitzung zu halten.

5.3.3. *Schulung, Rat, Hilfe und Trost für Diesseitige*

Von einem Medium wird normalerweise sehr viel mehr erwartet als lediglich »Beweise« für ein Leben nach dem Tod. Diese zusätzlichen Aufgaben ergeben sich einerseits aus den Bedürfnissen, mit denen ein Medium von seiten seiner Mitmenschen konfrontiert wird, und andererseits aus der Einstellung, die es gegenüber der spiritualistischen Weltschau hat, und der Haltung, die es seinen Mitmenschen gegenüber einnimmt.

Die Medien betonen immer wieder, daß mediale Begabung allein noch nichts über Einstellung und Haltung eines Menschen aussagt. Es gibt »Hellseher«, die durchaus über paranormale Fähigkeiten verfügen, diese aber entweder ungeschickt so benützen, daß sie damit ihren Klienten Angst einjagen, oder sie gezielt dazu einsetzen, ihre Mitmenschen auszubeuten, oder gar beides. So ein »Medium«, das für eine Sitzung von etwa zwanzig Minuten Dauer, in denen es den Klienten vor finanziellem Verlust und einem schlimmen Unfall warnt und ihm einredet, er hätte einen geheimen Feind, an die zweihundert Schweizerfranken verlangt, schafft sich selbst denkbar ungünstige Voraussetzungen für eine spirituelle Entwicklung. Aber niemand kann einen Menschen, der solches tut, daran hindern, sich eine hochtrabende Berufsbezeichnung zuzulegen, sofern es sich nicht um einen geschützten Titel handelt. Aber selbst geschützte Berufsbezeichnungen sind keine Garantie für ethisch hochstehende Gesinnung und Handlungsweise.

Letztlich kommt es eben immer wieder nur darauf an, sich selbst zu erkennen und sich im Sinne der Liebe für Mitmensch, Umwelt und Schöpfung weiterzuentwickeln. Das Medium ist und bleibt für das, was es an Durchsagen weitergibt, selbst verantwortlich. Es kann sich nicht auf seine geistigen Kommunikatoren hinausreden und damit bösartige, verletzende oder lebensfeindliche Aussagen entschuldigen. Es gehört zu den Aufgaben des Mediums, das, was es aus der Geistigen Welt mitgeteilt bekommt, in einer Form weiterzugeben, die für den Klienten hilfreich, aufbauend und förderlich ist. Nelson Ross ist ein Musterbeispiel für ein solches Verhalten. Er sieht in jedem seiner Klienten den göttlichen Funken und versucht, diesen Anteil anzusprechen und zu fördern.

5.3.4. *Ausdrucksformen der Sensitivität und Medialität*

Sensitivität bedeutet, daß ein Mensch Wahrnehmungen machen kann, die über das hinausgehen, was wir »normalerweise« für möglich halten. Dabei steht noch offen, welche Reize diese Wahrnehmungen auslösen und auf welchem Wege sie zum Bewußtsein gelangen.

Wenn ich von »Medialität« spreche, meine ich in diesem Falle die »Mittlerfunktion«, die ein Sensitiver ausüben kann. Ich nehme also an, daß körperfreie Wesenheiten irgendwelche Reize auslösen, die zu Wahrnehmungen oder Handlungen führen.

Alle Menschen sind bis zu einem gewissen Grade sensitiv. »Instinktiv« oder »intuitiv« handeln wir in gewissen Situationen, sprechen wir gewisse Dinge aus oder spüren wir bestimmte Sympathien oder Antipathien. Gelegentlich ahnen wir etwas, unser Gefühl sagt uns dieses oder jenes, oder wir fühlen uns zu einer bestimmten Handlung gedrängt. Künstlerische, schöpferische Menschen haben »Eingebungen«, wir träumen Bilder, hören Klänge oder Stimmen, Worte, Sätze, ganze Gedichte »fallen« uns »ein«.

Es mag sein, daß schon sehr viele dieser ganz alltäglichen Begebenheiten eigentlich »medial« sind, ohne daß uns das bewußt ist.

Deutlicher medial sind Wahrnehmungen wie das Erscheinen eines Verstorbenen im Traum, die im Wachen unerwartet auftauchende Erinnerung an einen Verstorbenen, ein von andern nicht wahrnehmbarer Geruch wie z. B. das Parfum einer Verstorbenen, das Gefühl, ein bestimmter Verstorbener sei jetzt in der Nähe, das spontane sichtbare Erscheinen eines Verstorbenen und ähnliche Erfahrungen.

Auch dies sind Dinge, die jedermann zustoßen können, die man aber meist als »Einbildung« beiseite schiebt und nicht für »wahr nimmt«.

Die Geistige Welt benützt alle Möglichkeiten, die ihr zur Verfügung stehen, um sich bemerkbar zu machen. Deshalb ist es durchaus möglich, daß mediale Durchgaben bei allen möglichen Spielereien auftreten. Allerdings ist da die Gefahr äußerst groß, sich von eigenen Anteilen des Unbewußten oder von wenig weit entwickelten Geistwesen täuschen und irreführen zu lassen. Dazu gehören allerlei

Formen von sogenannten Automatismen und von Versuchen mit Aufzeichnungsgeräten. Ich komme darauf im letzten Kapitel noch zurück.

Bei der eigentlichen medialen Arbeit unterscheidet man Sensitivität, mentale und physikalische Medialität.

Sensitiv sind alle Medien, aber nicht alle Sensitiven sind medial. Über die Sensitivität können Informationen aus den Schwingungsfeldern von Gegenständen und Menschen aufgenommen und bewußtgemacht werden. Dazu gehört das Auralesen, Psychometrie und gewisse Aspekte des Handlesens und des Blumen-Hellspürens. Auch die paranormale Diagnose und Behandlung von Krankheiten kann so vor sich gehen.

Mentale Medien können Informationen aus der Geistigen Welt bewußt wahrnehmen und weitergeben. Dabei benutzen sie gelegentlich zusätzlich sensitiv im Diesseits erlangte Informationen. Man unterscheidet jeweils subjektive und objektive Hellspürigkeit (einschließlich -riechen und -schmecken), Hellhörigkeit und Hellsichtigkeit. Im subjektiven Bereich spielen Symbole im weitesten Sinne eine große Rolle.

Die so aufgenommenen Informationen werden im Bewußtsein verarbeitet und können dann entweder unterschlagen oder auf verschiedene Weise zum Ausdruck gebracht werden: Sie können ausgesprochen, aufgeschrieben, aufgezeichnet oder in Körperbewegung (Gebärden und Mimik) ausgedrückt werden. Beim Heilen wird anstelle der Information Energie weitergegeben.

Bei einer sogenannten Überschattung aus der Geistigen Welt ist es möglich, daß einzelne Gehirn- und damit Körperfunktionen von einem Geistwesen direkt beeinflußt werden. Dann entsteht (je nach Grad der Kontrolle durch das Geistwesen) inspiriertes, mediales oder kontrolliertes Sprechen, Schreiben, Malen, Bewegen, Heilen etc.

Geht die Überschattung so weit, daß die wachbewußte Kontrolle des Mediums ganz ausgeschaltet wird, spricht man von Trance.

Physikalische Medien bewirken auch ohne Trance gelegentlich poltergeistartige Erscheinungen. Eine vermutlich der physikalischen Medialität nahestehende Fähigkeit ist die sogenannte mediale Fotografie, bei der neben dem aufgenommenen Motiv oft schleier- oder wolkenartig umhüllte Abbilder von Verstorbenen sichtbar werden. Das gleiche mag für die Tonbandstimmen und andere derartige Phänomene gelten.

Normalerweise ist aber ein Trancezustand nötig, um die Phänomene des physikalischen Mediumismus zu produzieren.

Direktes Sprechen, Schreiben, Malen: Laute, Schriften und Bilder entstehen mit Hilfe der vorgegebenen Utensilien unter dem direkten Einfluß von Wesenheiten, ohne daß das Medium selbst spricht, schreibt oder malt. Synchrone Bewegungen beim Medium wurden allerdings gelegentlich beobachtet. Beim »unabhängigen Sprechen« ertönt die Stimme frei aus dem Raum, ohne einen Apparat wie Schalltrichter oder Mikrofon.

Levitation: Das Medium selbst oder Gegenstände im Raum werden entgegen der Schwerkraft hochgehoben und an andere Stellen getragen.

Materialisation/Dematerialisation: Material wird zeitweise anscheinend aufgelöst, wird unsichtbar oder durchlässig und wird zu einem späteren Zeitpunkt wieder sichtbar und fest. Dabei können Durchdringungsphänomene auftreten, das heißt, feste Gegenstände durchdringen anscheinend feste Wände oder andere feste Gegenstände. Möglicherweise werden sie aber auch an einem Ort dematerialisiert und am andern wieder materialisiert. Früher versuchte man solche Erscheinungen mit einer vierten Raumdimension zu erklären. Zu dieser Art Phänomenen gehört auch das »Ausziehen« eines zugenähten Kittels von einem an seinen Stuhl gefesselten Medium, wie ich es im 11. Kapitel beschreibe.

Apport: Das Heranbringen von Gegenständen in den Sitzungsraum, deren Herkunft nicht bekannt ist. Von Sai Baba und andern wird behauptet, daß sie auch ohne Trance Apporte materialisieren können. Ich spreche hier aber nur vom englischen Spiritualismus, wo mir solche Phänomene ohne Trance nicht bekannt sind.

Trance-Heilungen: Wenn das Medium sich in Trance befindet, können jenseitige Persönlichkeiten direkt am Patienten arbeiten. Dabei können sehr eindrückliche Heilerfolge zustande kommen. Auch sehr spektakuläre operationsähnliche Eingriffe, manchmal mit scheinbar untauglichen Gegenständen, sind beobachtet worden. Allerdings gibt es, soviel ich weiß, bei englischen Trance-Heilern keine blutigen Eingriffe wie in Brasilien und auf den Philippinen.

Transfiguration: Das Gesicht des Mediums verändert sich so

stark, daß ein völlig anderer Mensch dazusitzen scheint. Meist geschehen solche Transfigurationen mit Hilfe einer Ektoplasma-Schicht, mit der das Gesicht wie mit einer Maske überzogen wird.

Ektoplasma: Ein Stoff, der von den Geistwesen zu beliebigen Formen gestaltet und in verschiedene Konsistenzen umgewandelt werden kann. Ektoplasma kann als »Kabel« zum Bewegen von Gegenständen (z. B. »Trompeten«) verwendet werden oder als »Körpersubstanz« und als »Kleider« für sich materialisierende Verstorbene. In Kapitel 11 komme ich noch ausführlich auf solche physikalische Phänomene zurück.

6. Dorothy Patten und die Symbole

6.1. Verbinden, erkennen, mitteilen

6.1.1. Verbinden

»Link, Evidence, Message«, lehrt Dorothy Patten in ihren Seminaren, 1. Verbindung, 2. Erkennungsmerkmal und 3. Mitteilung, das sind die wesentlichen Teile einer Jenseits-Kommunikation, die ein Medium für seinen irdischen Gesprächspartner anzubieten hat.

Mit »Link« meint Dorothy die Verbindung, die das Medium einerseits mit dem diesseitigen und andererseits mit einem dazupassenden jenseitigen Gesprächspartner aufzunehmen bereit sein muß. Als Verbindungsmittel zwischen dem Jenseits und dem Diesseits kann alles mögliche dienen. Für Dorothy sind es oft Gegenstände wie Schmuckstücke, Einrichtungsgegenstände, Fahrzeuge oder auch Tiere.

»Haben Sie zu Hause ein Pferd?« fragt sie zum Beispiel auf einer Demonstration eine Dame. Zum Erstaunen des Publikums lautet die Antwort: »Ja. Es gehört allerdings meiner Tochter, aber wir haben ein Pferd.« Damit ist die Verbindung zum diesseitigen Gesprächspartner hergestellt, der Adressat ist gefunden.

»Gab es jemanden in Ihrer Familie, der jetzt gestorben ist, der ebenfalls Pferde besaß?« lautet die nächste Frage. »Ja, mein Großvater war Bauer.« Damit ist auch der Absender der Kommunikation, der jenseitige Kommunikator identifiziert. Die Verbindung ist vollständig.

6.1.2. *Erkennen*

Dieses eine Identifikationsmerkmal reicht aber nicht aus, um überzeugend »beweisen« oder besser »glaubhaft machen« zu können, daß es sich beim Kommunikator tatsächlich um den Großvater handelt. Es müssen also noch Merkmale gefunden werden, die seine Identität belegen. Meist sind das bei Dorothy Erinnerungsstücke, die noch vorhanden sind (z. B. eine Fotografie, die an einer bestimmten Stelle zu finden ist), körperliche Beschwerden, die der Verstorbene vor seinem Tod hatte (z. B. »er ging am Stock und zog das linke Bein etwas nach«), oder seltener eine Beschreibung (Haar- und Augenfarbe, Größe, Körperbau, Bart, Schnurrbart, Frisur etc.).

»Das muß Ihr Großvater mütterlicherseits gewesen sein. Er fährt jetzt mit einem zweirädrigen Karren vor und lädt Sie ein, neben sich Platz zu nehmen. Sie müssen als ganz kleines Mädchen mit ihm auf so einem Karren mitgefahren sein.«

»Ja, das stimmt. Ich war damals fünf Jahre alt. Als ich dann etwa sieben war, starb mein Großvater.«

6.1.3. *Mitteilen*

Nachdem nun der Kommunikator eindeutig erkannt ist, fragt es sich, warum er denn überhaupt kommunizieren will. Was hat er zu sagen? Bei Dorothy ist die Mitteilung sehr oft schon in den »Bildern« enthalten, die sie zur Identifikation erhalten hat. Diese Bilder brauchen dann nur noch als »Sinnbilder« gedeutet zu werden.

»Sie stehen im Augenblick in Ihrem Leben in einer Situation, in der Sie nicht so recht weiter wissen. Sie haben zwar schon gewisse Vorbereitungen getroffen – das Pferd ist schon vor den Wagen gespannt –, aber Sie zögern, ob Sie den nächsten Schritt wirklich wagen sollen.« – »Ja, so ist es genau.«

»Ihr Großvater lädt Sie nun ein mitzufahren. Er möchte Ihnen damit sagen, daß Sie gut weiterkommen werden und daß er Ihnen dabei auch helfen will von drüben. Allerdings: Einsteigen müssen Sie schon selbst. Das kann Ihnen niemand abnehmen.« – »Ja, ich verstehe sehr gut, was damit gemeint ist. Dankeschön.«

Manchmal hat Dorothy ihr Verbindungsbild, weiß aber nicht

genau, zu wem im Publikum es gehören soll. Da sie sehr tierliebend ist, sind es nicht selten Tiere, die eine Verbindung herstellen. Ich übersetzte bei einer Demonstration für sie, als sie plötzlich sagte: »Ich habe einen Elefanten hier. Zu wem gehört der Elefant?« Eine Dame meinte, dies könne sich auf sie beziehen, da sie kürzlich in Indien gewesen sei. »Haben Sie zu Hause auch Elefanten, die von Ihren Eltern stammen?« war die nächste Frage. Damit konnte die Dame nichts anfangen. Aber mir ging dafür ein Licht auf: ich selbst hatte ja nach der Reifeprüfung im zoologischen Garten unter anderem bei den Elefanten gearbeitet, zu denen ich mich sehr hingezogen fühlte. Und ich hatte von meinen Eltern einmal einen Stoßzahn mit lauter eingeschnitzten Elefanten bekommen. Leider besitze ich dieses wertvolle Stück heute nicht mehr. Meine Tochter aber hat eine ganze Menge Stoff-, Glas- und Holzelefanten, die wir und andere ihr geschenkt haben. Dorothys Elefant war also für mich. Deshalb konnte sie auch niemanden im Publikum finden. Er war Symbol für eine mächtige geistige Kraft, die mir den Rücken stärkt und mich mit sanfter Gewalt vorwärts drängt.

6.1.4. Und so funktioniert's

Wie gut dieses System mit Symbolen funktioniert, konnte ich in einem Seminar erleben, an dem wir uns für einen Partner eine ganze Reihe von Symbolen einfallen lassen sollten, um ihm diese dann zu deuten. Es ging also lediglich um die Symbole und gar nicht um Verbindung, Erkennungsmerkmale oder Botschaften.

Ich hatte als Partner einen ehemaligen Chemiker, der jetzt im Ruhestand angefangen hatte, sich mit dem Spiritualismus zu befassen. Ich schrieb mir für ihn folgende Reihe von Symbolen auf:

a) Eine Großvater-Taschenuhr
b) Ein Segelboot auf einem leicht gekräuselten See
c) Eine Reihe von hohen Bergen im Hintergrund
d) Eine Sonnenblume in einem kleinen Garten
e) Eine Schere
f) Eine dicke, weiße, brennende Kerze
g) Ein Fell von einem Tier als Teppich auf dem Fußboden.

Was würden Sie mit dieser Reihe anfangen? Mir fiel dazu folgendes ein:

a) Die altmodische Taschenuhr bedeutet: Laß dir Zeit! Es eilt nicht so, du hast genügend Zeit.
b) Das Segelboot ist das Lebensschiff. Ich hatte den Eindruck, vor noch nicht allzulanger Zeit, vor etwa zwei bis drei Jahren, sei der See noch bedeutend bewegter gewesen. Aber heute segelt das Schiff in ruhigeren Gewässern.
c) Die Berge im Hintergrund sind hochgesteckte Ziele, die noch erreicht werden sollen. Das ist zwar nicht ganz leicht und erfordert Anstrengung, aber es liegt durchaus im Bereich des Möglichen. Du wirst die meisten deiner Ziele erreichen können.
d) Eine Sonnenblume bedeutet für mich immer das Weitergeben von angesammelter Erfahrung und von Wissen, so wie die Sonnenblume ihre Kerne den Vögeln zur Nahrung anbietet. Du wirst das, was du auf deinem Weg erfahren hast und noch erfährst, anderen weitervermitteln können, lehren und unterrichten.
e) Die Schere schien mir in diesem Fall dazu dazusein, um einen alten Zopf abzuschneiden. Du hältst noch an alten Vorstellungen fest, die du jetzt aufgeben solltest.
f) Die dicke weiße Kerze ist ein Symbol für die spirituelle Kraft in dir. Sie ist stark und brennt.
g) Das Tierfell bedeutet für mich Gemütlichkeit, Geborgenheit. Es knüpft sozusagen nochmals an die Großvateruhr an: Nimm's gemächlich. Du hast wirklich genug Zeit.

Gleichzeitig hatte ich aber den Eindruck, daß diese Symbole irgend etwas miteinander und mit einer Verbindung zu tun hatten. Ich fragte also den Herrn, ob sein Großvater nicht eine solche Uhr gehabt habe.

»Doch«, erwiderte er. »Und ich besitze diese Uhr meines Großvaters noch.« So war die Uhr also Verbindungsmittel sowohl zum jenseitigen Kommunikator als auch zum diesseitigen Adressaten. Aber nicht genug damit: Hat der Großvater eventuell an einem See gewohnt, von dem aus man die Alpen im Hintergrund sehen konnte? »Ja, das stimmt. Er wohnte am Zürichsee.« Und hatte er eventuell hinter dem Haus einen kleinen Garten mit einer Sonnenblume? »Ja, ich war als Kind oft dort.« Und lag da in seiner Wohnung nicht auch ein Tierfell am Boden? »Doch. Die Großeltern hatten das Fell ihres verstorbenen Hundes präparieren lassen, und es lag im Wohnzimmer auf dem Fußboden.« Mein Eindruck war, daß der Großvater von der Geistigen Welt her helfen möchte und nochmals betont: Nimm dir Zeit, du hast Zeit! »Ja, ich kann das gut verstehen. Da ich erst jetzt im Pensionsalter angefangen habe, mich für Medialität und diese Dinge zu interessieren, befürchte ich, daß mir zuwenig Zeit bleibt, um all die Ziele zu erreichen, die ich mir gesetzt habe. Ich bin überrascht, wie diese Symbole lauter Dinge aus meinem Leben darstellen. Ich bin nämlich auch selbst gesegelt. Und tatsächlich war mein Leben vor etwa zweieinhalb Jahren noch recht bewegt, was mit meiner beruflichen Tätigkeit zu tun hatte. Nun, seit ich pensioniert bin, ist es viel ruhiger.«

Ich weiß nicht, wer von uns beiden verblüffter war, mein Übungspartner oder ich selbst. Die Geistige Welt hatte mir offenbar genau die richtigen Symbole eingegeben.

6.1.5. »Laßt Blumen sprechen«

Blumen eignen sich besonders gut als Symbole. Rote Rosen sind ein bekanntes Symbol für Liebe, Tulpen können Holland bedeuten oder Sinnbild für Stolz sein, Veilchen gelten als bescheiden und Lilien als rein. Außerdem kann jede Blume ein Symbol für die Jahreszeit darstellen, in der sie blüht. Aber Blumen haben noch ganz andere spirituelle Eigenschaften.

Sie sollen besonders dazu geeignet sein, die Aura oder Ausstrahlung eines Menschen ihrer eigenen zu überlagern. Deshalb ist es möglich, von einer Blume, die jemand mitgebracht hat, eine ganze Menge über deren Träger abzulesen.

Kathleen St. George, das erste englische Medium, das ich überhaupt kennenlernte, hatte sich auf das Hellspüren von Blumen (Flower-Clairsentience) spezialisiert. Aber auch andere Medien wie Gaye Muir, Betty Wakeling und Pat Campbell üben das »Blumenlesen« aus. Es handelt sich dabei um eine Mischung aus Psychometrie, Symboldeutung und Hellsichtigkeit. Die ganze Pflanze kann als Symbol für den Lebensweg des Überbringers gedeutet werden, ähnlich wie die Baumzeichnung beim bekannten Baumtest. Die Art, wie der Stengel abgerissen oder abgeschnitten wurde, seine

Färbung oder »Schwingung« am unteren Ende sagt etwas über Geburt und Elternhaus des Betreffenden aus. Die Art der Blattabzweigungen, die Form des Stengels, seine Färbung und Form, Farbe, Schwingung und Anzahl der Blätter lassen Rückschlüsse über Erlebnisse und Entwicklungen auf dem Lebensweg zu. Die Blüte oder Blüten schließlich geben Aufschluß über die spirituelle Entwicklung und den Lebenserfolg. In der Blüte entstehen gelegentlich auch hellsichtig wahrnehmbare Bilder von verstorbenen Angehörigen.

Einzelne Medien arbeiten mehr mit der Schwingung, der fühlbaren Aura, andere lassen sich mehr vom symbolischen Bild der Pflanze leiten, und für wieder andere ist die Blume nur Auslöser für hellsichtige Durchgaben. Meist aber, so ist jedenfalls mein Eindruck, ist es eine Kombination aller dieser Möglichkeiten, wobei sich das Medium im einzelnen gar nicht bewußt wird, woher jetzt die eine oder andere Information stammt.

Oft, wenn das Medium seine Aussagen auf Merkmale der Pflanze abstützt, wendet der Überbringer der Pflanze ein: »Ich hätte ja genausogut eine ganz andere Blume bringen können. Dann wäre die Deutung ganz anders ausgefallen.« Das scheint aber nicht zu stimmen. Dazu ein Beispiel aus einer Unterrichtsstunde von Gaye Muir:

Eine Teilnehmerin hatte anstelle der geforderten einen Pflanze gleich drei gebracht: ein Stück Ast mit einem Kiefernzapfen daran, ein Ästchen einer Eibe und einen Forsythienzweig. Gaye erklärte anhand des Kiefernast-Stückes, wie die Schüler vorgehen sollten.

Die Bruchstelle unten war glatt und die Rinde nicht verletzt: eine problemlose Geburt. Kurz darauf aber ist eine kleine Narbe in der Rinde zu erkennen. Da muß ganz zu Beginn des Lebens eine ziemlich schwere Erkrankung eingetreten sein, die aber gut ausheilte. Es folgt ein relativ langes, rauhes Stück Ast, das keinerlei Seitentriebe enthält: das Leben muß da einsam und schwierig (»rauh«) gewesen sein. Ein Vergleich mit den beiden anderen Pflanzenstücken der gleichen Teilnehmerin zeigte nun erstaunlicherweise, daß diese ebenfalls die Narbe ganz unten am Stengel aufwiesen und im Verhältnis entsprechend lange »einsame rauhe« Wegstücke symbolisierten. Auch die weitere Deutung der drei so verschiedenen Pflanzen ergab übereinstimmende Aussagen. Obwohl die Teilnehmerin die drei Ästchen ganz »zufällig« mitgenommen hatte, stimmten sie in den für die Deutung wesentlichen Eigenschaften überein.

Das Blumen-Hellfühlen ist eine sehr schöne und relativ einfach erlernbare Form der Sensitivität und wird deshalb gerne zu Unterrichtszwecken eingesetzt.

6.2. Dorothy Patten

6.2.1. Das Medium mit der rauchigen Stimme

»M . . m . ., Ma . . ma . . . Mama . . ., Mama – haben Sie eine Mutter in der Geistigen Welt?« fragt Dorothy Patten ihre Klientin Helene J. zu Beginn der Privatsitzung. Dorothy hat eine etwas rauchig und tief klingende, in meinen Ohren sehr wohltönende Stimme.

»Nein«, antwortet Helene, »meine Mutter lebt noch.«

»Haben Sie ein Kind verloren?«

»Ja.«

»Ah, das ist es. Ich konnte mir das ›Mama‹ nicht erklären. Und würde Ihr Kind Sie Mama rufen?«

»Mami eher.«

»Mami, Mama – ja, in England wäre es ›Mom‹ oder ›Mum‹, je nach Gegend. ›Mama‹ klingt für uns eher merkwürdig. Und – das ist ein Junge?«

»Ja.«

»Es geht so schnell, so schnell . . . em . . . hat er mit Sport etwas zu tun gehabt, war ein sehr energiegeladener Junge?«

»Ja.«

»Denn ich habe das Gefühl, ich spiele – ich weiß nicht, was es war – ich spiele irgendeine Sportart, jetzt – völlig gesund, völlig glücklich – und dann – bin ich in der Geistigen Welt. Aber es war kein Zusammenprall, kein Unfall.«

»Stimmt.«

»Keine Gewaltanwendung, keine äußere Verletzung – es ist Gewalt innerhalb des Körpers. Er ist an etwas gestorben, das . . . (Dorothy fährt sich mit den Händen über den Hinterkopf zum Nacken) . . . War er im Krankenhaus?«

»Ja.«

»Ja, es war ein plötzlicher Zusammenbruch. Es war kein Nierenversagen ... Ich weiß nicht ... Es war kein Nierenversagen?«

»Nein.«

»Und auch kein – nein, Krebs würde nicht so schnell wirken. Ich weiß nicht, was es war. Es war etwas wie – ich verlor das Bewußtsein. Er wurde ohnmächtig gegen Ende.«

»Ja, das stimmt.«

»Ich weiß nicht, was es war, – aber keine äußere Hirnverletzung.«

»Hirnhautentzündung.«

»Tut mir leid, ich muß ziemlich schwer von Begriff sein. Ich konnte einfach nicht draufkommen, was es war. Ich fühlte einen Schmerz im Rücken, aber ich wußte, daß es nicht die Nieren waren. Ah, jetzt verstehe ich auch, weshalb er im einen Augenblick noch Fußball spielte oder was es sonst war, und dann – weg. Er ist aber immer noch jung – im Jugendalter. Und seine Haare, war da irgend etwas mit seinen Haaren?«

»Ich wüßte nicht, was.«

»Es ist, als würde ich mich kämmen, meine Haare ordentlich zurechtbürsten, und zwei Minuten später sehe ich völlig verwildert aus. Er geht makellos frisiert aus dem Haus, und ehe er die nächste Ecke erreicht hat, sieht er aus, als sei er in einen Wirbelsturm geraten. Ich kann das jetzt sehen, weil er näher gekommen ist.«

»Es stimmt.«

»Er ist immer noch der gleiche Junge. Er sagt etwas von Stiefeln oder Schuhen. Bekam er neue Stiefel oder Schuhe, kurz bevor er starb?«

»Ja.«

»Sind das Stiefel, die er erst einmal oder so getragen hat?«

»Ja, ganz wenig.«

»Gut, denn er spricht von den neuen Schuhen. Und von dem Jackett auch, ein eleganter Kittel, wie ihn Erwachsene haben.«

»Ja.«

»Er macht sich mehr Gedanken darüber, daß er diese Dinge nicht mehr tragen konnte, als über irgend etwas anderes. Aber er kann sie natürlich drüben auch anhaben. Er stolziert jetzt damit herum. Gut. Wie er so kommt – Sie spüren diesen Knaben selbst auch, Sie wissen, wann er Ihnen sehr nahe ist?«

»Ja.«

»Ja, denn, wie er so kommt, nimmt er... Er war in dem Alter, in dem man im einen Augenblick den kleinen Jungen sieht und im nächsten den jungen Mann. Ein Teenager, so etwas.«

»Ja, zwölf.«

»Gerade in dem Alter, wenn sie sich verändern und anfangen, ein Mann zu sein. Das Kind kommt, schlingt seiner Mutter die Arme um den Hals und sagt: Mama, ich bin da. Aber der Erwachsene sagt: Ich bin da, Mama, und gibt der Mutter ein Küßchen auf die Wange. Er empfindet genau dasselbe, aber er fühlt sich erwachsen und möchte nicht handeln wie ein Kind. Er war so zwischen den Altern. Sie wußten nie, welcher von beiden gerade hereinkommen würde. Gut. Da gibt's eine Fotografie von ihm, ein Schulfoto, wo er in einem Team mit andern ist. Da sind zwei Reihen, und er ist in der vorderen Reihe.«

»Ja.«

»Haben sie da gerade einen Preis gewonnen?«

»Nein, das war einfach ein Klassenfoto. Aber – aha doch, es gibt noch eine, wo sie die Konkurrenz...«

»Ja, denn er zeigt mir das sehr stolz. Und er muß auch beim Schwimmen irgendeine Auszeichnung oder ein Diplom bekommen haben.«

»Ja, das Schwimmabzeichen.«

»Gut, er will sagen, schau, Mama, das hab' ich alles noch. Ich sehe ihn jetzt, als würde er sich als Rettungsschwimmer üben. Hat er das auch getan?«

»Möglicherweise, aber nicht als eigener Kurs.«

»Ja. Ist er jetzt drei Jahre drüben?«

»Vier.«

»Gut, es scheint, als bereite er sich vor, jetzt für andere nützlich zu sein, und irgendwie spielt dabei die Drei eine Rolle. Noch kann er kein selbstverantwortlicher Helfer sein, aber er übt dafür. Er steht jetzt hinter Ihnen, nimmt Ihre Brille ab und setzt Ihnen eine andere auf. Das heißt symbolisch, er wird Ihnen helfen, Ihre Hellsicht zu entwickeln. Haben Sie manchmal Visionen?«

»Ja, das kommt vor.«

»Gut. Er war ein intelligenter Junge.«

»Mittelmäßig, würde ich sagen.«

»Nun, auf keinen Fall minderbegabt. Sie haben noch Bücher und Hefte von ihm.«

»Ja, Bücher und Hefte, in die er geschrieben hat.«

»In die er geschrieben hat mit seiner gräßlichen Handschrift.«

»Ja, furchtbar.«

»Und seine Rechtschreibung war manchmal eher abwegig.«

»Das kann man wohl behaupten.«

»Er muß Musik gemocht haben. In seinem Zimmer hatte er Posters von Popmusikern in Discofarben, und Sie haben auch noch seine Platten und Kassetten.«

»Ja, das ist richtig.«

»Er amüsiert sich darüber. Jetzt sind Ihnen diese so wertvoll, weil es seine waren, aber als er noch lebte, hieß es: Stell diesen Lärm ab!«

»Genauso ist es.«

»Fahren Sie mit Ihrem Wagen zum Friedhof, zu seinem Grab?«

»Ja.«

»Dort bringen Sie Blumen hin und haben dann eine Träne im Auge.«

»Ja.«

»Das ist in Ordnung. Aber es wäre viel bequemer, die Blumen zu Hause neben seine Fotografie zu stellen. Es ist dort auf dem Friedhof oft sehr, sehr kalt.«

»Stimmt.«

»Und er möchte nicht, daß Sie sich erkälten. Auch er findet es gemütlicher bei Ihnen zu Hause. Aber er dankt für die Blumen. Sie haben an Weihnachten etwas von der Weihnachtsdekoration nicht so gemacht, wie er es gewohnt war.«

»Ich hatte keinen Baum.«

»Sie haben statt dessen Blumen aufgestellt in der Wohnung.«

»Ja.«

»Gut. Er ist oft bei Ihnen und kann Ihnen zusehen. Hat er eine Schwester auf der irdischen Ebene?«

»Ja.«

»Er sagt, er sei immer ermahnt worden, sich ordentlich anzuziehen, aber seine Schwester, die sehe jetzt manchmal aus wie ein

Unfall, der nach einem Ort sucht, um zu passieren. Er meint, sie könne immer noch ziemlich schwierig sein.«

»Manchmal schon, ja.«

»Aber er mag sie sehr gern. Sie hatten oft Auseinandersetzungen, und die würden auch jetzt noch weitergehen. Er möchte jetzt Ihnen und ihr von der Geistigen Welt her Schutz geben. Kannte er früher einmal einen Hund, der unterdessen auch gestorben ist?«

»Mein Bruder hatte einen, ja.«

»Den hat er jetzt bei sich. Auch an jene Familie denkt er mit viel Liebe. Machen Sie sich keine Sorgen, er ist nicht einsam. Stellen Sie sich ihn nicht, wie Sie es vielleicht früher taten, als den armen verlorenen kleinen Jungen vor, er ist nicht allein, Sie sind es jetzt, die einsam ist. Hin und wieder werden Sie die Liebe des kleinen Jungen spüren, aber immer mehr wird er zum geistigen Helfer und Lehrer heranwachsen, als der er Sie dann durch Ihr Leben begleiten wird. Gott segne Sie.«

6.2.2. Ein phantasievolles Kind

Dorothy kam am 29. März 1921 in Yorkshire als Tochter eines Grubenarbeiters zur Welt. Erst vor kurzer Zeit fand sie heraus, daß die Tante ihrer Mutter vor dem Ersten Weltkrieg ein bekanntes Medium gewesen war, das mit Tom Brooks, einem Pionier des Spiritualismus, zusammengearbeitet hatte. Tom Brooks gilt als der Vater des Gesetzes gegen betrügerische Medien, das 1951 angenommen wurde, aufgrund dessen es in England seither von Gesetzes wegen echte Medien geben muß, denn sonst könnte man ja auch gegen keine betrügerischen vorgehen.

Dorothys Mutter hütete und versorgte die Kinder eines Arztes, deshalb sprach Dorothy nie den ganz breiten Yorkshire-Dialekt. Schon damals sah und spürte Dorothy Dinge, die jedoch immer ihrer lebhaften Phantasie zugeschrieben wurden. Dank dem Kontakt zu der Familie des Arztes erhielt Dorothy viele Anregungen, wenn sie auch keine entsprechende Schulbildung genoß. Sie selbst stellt sich immer gern als ungebildet und unwissend hin. Dies trifft aber, falls überhaupt, höchstens in dem Sinn zu, daß für sie

Bücherwissen unwichtig ist. Ihre Weisheit basiert auf lebendiger Beobachtung und Erfahrung.

Noch im Krieg heiratete sie einen sehr begabten Musiker aus Somerset. Nach Ende des Krieges zogen sie nach Plymouth, wo ihr Mann als Musiklehrer und Dirigent tätig war. Dort wurde auch ihre Tochter Jean geboren. Durch den ersten Geiger des Orchesters, der sich mit Spiritualismus befaßte, fanden auch ihr Mann und sie Interesse, und beide wurden Mitglieder der spiritualistischen Kirche. Dorothy trat, ein Jahr nachdem sie Vollmitglied der Kirche geworden war, in die Übungsgruppe ein und machte eine rasante Entwicklung durch. Nur ein Jahr später stand sie bereits als Medium auf dem Podium. Allerdings konnte sie neben ihren Familienpflichten und ihrer Tätigkeit als Leiterin in einem Gästehaus nur nebenbei als Medium tätig sein. Ihr Mann unterstützte sie dabei, da auch er ein überzeugter Spiritualist war. Nach seinem frühen Tod 1957 arbeitete Dorothy ganz als Berufsmedium.

1967 erkrankte ihre Tochter, die damals dreiundzwanzig war, an Lymphkrebs. Obwohl die Krankheit schon ziemlich fortgeschritten war, gelang es, sie dank Radiumbehandlung und spirituellem Heilen innerhalb von vier Monaten so wiederherzustellen, daß sie seither ohne gesundheitliche Probleme als Lehrerin arbeiten kann. Sie ist glücklich mit einem Motorradsportfanatiker namens Ashley verheiratet, dem Dorothy ihre Kenntnisse auf dem Gebiet des Motorsports verdankt. Leider darf Jean der Radiumbehandlung wegen keine Kinder bekommen.

6.2.3. Der grüne Mann

Dorothy kann sich an eine der Gestalten, die ihr den Vorwurf der »lebhaften Phantasie« eingebracht hatten, sehr gut erinnern, weil diese sie ihr ganzes Leben hindurch immer wieder besucht hat. Beim ersten Mal war Dorothy erst zweieinhalb Jahre alt. Sie hatte damals eine ziemlich schlimme Lugenentzündung und lag im Doppelbett ihrer Eltern. Da die Mutter fortgegangen war, weil sie arbeiten mußte, wurde sie von der Großmutter betreut. Sie machte ihr heiße Umschläge und bemerkte dabei (im Spaß, aber die kleine »Dot« beeindruckte es tief): »Jetzt mußt du schnell brav sein und gesund werden, sonst verbrenne ich dich!«

Da kam aus dem eingebauten Kleiderschrank der grüne Mann. Er trat zum Bett, schaute Dorothy an und sagte: »Schlaf ein.« Er beruhigte sie und erzählte ihr eine Geschichte, so daß sie tatsächlich darüber in ruhigen Schlaf fiel.

Als sie am nächsten Morgen aufwachte, hatte sie einen Bärenhunger. Sie wünschte sich Eier mit »Soldatenfingern« (in Streifen geschnittenes geröstetes Toastbrot) und war offensichtlich wieder völlig gesund. Als sie von dem grünen Mann berichtete, der sie besucht habe, glaubte ihr jedoch niemand.

Seit jenem Erlebnis mit dem grünen Mann wollte Dorothy nie mehr in einem Zimmer schlafen, in dem sich ein eingebauter Kleiderschrank befand. Ihre übertriebene Einbildungskraft wurde dafür verantwortlich gemacht. Aber der grüne Mann kam wieder.

Als Dorothy nach ihrer Heirat ihr erstes Kind erwartete, verlief die Schwangerschaft nicht ganz so glatt, wie sie es sich erhofft hatte. Während einer kritischen Phase erschien der grüne Mann erneut. Es war einfach eine grün schimmernde Gestalt, die keine erkennbaren Gesichtszüge aufwies, aber offensichtlich einen Bart trug. Er strahlte viel Ruhe und Heilkraft aus, und Dorothy wußte, daß sie ihr Kind ohne weitere Schwierigkeiten bekommen würde.

Auch als sich Dorothy einer Blinddarmoperation unterziehen mußte, besuchte sie der grüne Mann und gab ihr die Sicherheit, daß alles gut verlaufen würde.

1957, während der Krankheit ihres Mannes, schaute Dorothy vergebens nach dem sanften »Glühwürmchen-Leuchten« des grünen Mannes aus. Die Zeit war abgelaufen, und es gab keine Heilung mehr.

Bei der schweren Erkrankung ihrer Tochter jedoch, als mit allen Mitteln gegen den heimtückischen Lymphkrebs gekämpft wurde, tauchte noch einmal der grüne Mann auf. Wieder brachte er Heilung und Genesung.

So hat diese Gestalt aus der Geistigen Welt Dorothys Leben begleitet und ist ihr immer wieder zum Sinnbild für Gesundung und Heilkraft geworden.

6.3. Symbole

6.3.1. Symbole als Jenseits-Kurzschrift

Warum verwendet die Geistige Welt gerne Symbole?

Dorothy erklärt es ganz einfach: Wenn wir neben der Autobahn Schrifttafeln aufstellten, auf denen geschrieben stünde: »Verlangsamen Sie hier Ihre Geschwindigkeit, denn nach wenigen hundert Metern fahren Sie auf eine Baustelle zu, bei der der Verkehr nur noch einspurig geführt werden kann und folglich mit reduziertem Tempo gefahren werden muß«, so wäre das wenig sinnvoll. Die deutschsprachigen Autofahrer müßten stehenbleiben, um den Text zu lesen, und fremdsprachige wüßten überhaupt nichts damit anzufangen. Die Signaltafeln »Höchstgeschwindigkeit 60«, »Baustelle« und »Verengte Fahrbahn« haben den gleichen Sinn, können aber im Vorbeifahren blitzschnell aufgefaßt werden und sind außerdem unabhängig von einer bestimmten Sprache.

Deshalb sind Symbole außerordentlich gut geeignet, Informationen rasch und sprachunabhängig zu vermitteln. Da die Kommunikation von der Geistigen Welt zur irdischen einen Vorgang darstellt, der oft nur in kurzen blitzartigen Durchgaben möglich ist, versuchen die Geistwesen, mit möglichst wenig Aufwand möglichst viel Information durchzugeben. Sie verlassen sich dabei auf die Fähigkeit des Vermittlers, des Mediums, die erhaltenen Eingebungen gemäß ihrem eigenen Gedächtnisschatz richtig auszudeuten.

6.3.2. Eine »Ein-Symbol-Durchsage«

Als Beispiel führe ich hier eine »Durchsage« an, die mir ihrer Konzentriertheit wegen sehr eindrücklich in Erinnerung geblieben ist. In bezug auf eine Zielperson fällt mir eine Kuhglocke ein, und das erinnert mich an meine Ferien auf einem Bauernhof. Ich sage: »Ich sehe eine große Kuhglocke an einem schwarzen Lederband und höre das Läuten von weiteren Kuhglocken. Bist du kürzlich an einem Ort in den Ferien gewesen, wo du Kuhglocken läuten gehört hast?« Die Zielperson bejaht, die erste Verbindung ist hergestellt.

Nun erinnere ich mich, daß der Besitzer dieses Bauernhofs der Generation meiner Eltern angehörte und gestorben ist. Daher meine Frage an die Zielperson: »Ist dein Vater Bauer gewesen, und ist er gestorben?« – »Ja, das stimmt.« Der Vater ist also der jenseitige Kommunikator. Ich entsinne mich, daß jener Bauer einen Stock benützte beim Gehen, weil er zuletzt sehr schwache Beine hatte. »Ging dein Vater am Stock, weil er Mühe hatte beim Gehen?« Auch das erweist sich als richtig. Nun denke ich daran, daß die Glocke ein schwarzes Lederband hatte und zwischen Glocke, Uhr (engl. »clock«) und Zeit (Stundenschlag) eine enge Verbindung besteht, und ich behaupte kühn: »Du besitzt noch eine Armbanduhr deines Vaters mit einem dunklen Lederband.« – »Stimmt.« Nun fallen mir zum Glockenläuten Hochzeitsglocken ein, und ich erinnere mich, daß jeweils die Leitkuh eine besonders schöne Glocke, die aber auch recht schwer ist, um den Hals trägt. »Du warst stolz, als für dich die Hochzeitsglocken läuteten, aber unterdessen ist dir die Pflicht, immer leiten zu müssen, zur Last geworden.« Auch diese Deutung stellt sich als richtig heraus. Und daraus ergibt sich mir auch die Botschaft, denn meine erste Assoziation zur Glocke war »Ferien«, also Muße, freie Zeit. »Dein Vater möchte, daß du dir mehr Zeit nimmst. Gönn dir öfter mal eine Pause.« – »Ja, ich weiß, ich sollte wirklich ausspannen. Mein Vater fand immer schon das Stadtleben viel zu hektisch. Diese Aussage ist sehr typisch für ihn.«

So kann eine einzige Eingebung, ein einzelnes Symbol eine ganze Kette von Aussagen hervorrufen, die für die Zielperson eine Bedeutung haben. Wichtig dabei ist aber, daß ich mich auf meine persönlichen Einfälle zu diesem Symbol beziehe, denn es wurde ja mir eingegeben, zusammen mit einer ganz spezifischen Anzahl von damit verbundenen Erinnerungen.

6.3.3. Die Schlange als Symbol

Dorothy betont dies immer wieder und hat auch ein sehr überzeugendes Beispiel dafür. Sie fragt ihre Zuhörer, wie sie das deuten würden, wenn als Symbol im Zusammenhang mit einer Zielperson plötzlich eine Schlange auftauchte. Hier ein paar Anworten:

a) Vorsicht, in deiner Umgebung ist jemand, der falsch ist.

b) Achtung, du schwebst in Gefahr.

c) Du hast etwas mit Medizin zu tun.

d) Im Augenblick hast du das Gefühl, gefesselt zu sein, aber du kannst dich durchschlängeln.

e) In deiner Nähe ist ein Mann, der dich fasziniert. Laß dich nicht einwickeln.

f) Du hast einen weisen geistigen Führer, laß dich von deiner Intuition leiten.

g) Du brauchst keine Angst zu haben, es wird dir nichts geschehen.

Antwort g) stammt von Dorothy selbst. Sie hatte als Kind mit der Schlange, die eine Tante von ihr besaß, Freundschaft geschlossen. Für sie bedeuten Schlangen Schutz und Sicherheit, denn ein solches Haustier vertreibt unliebsame Eindringlinge. Die Schlange ist aber auch ein altes Symbol für die Weisheit (f) und für die ärztliche Kunst (c). Freud sah in ihr ein männliches Symbol (e), und es wird behauptet, Schlangen könnten mit ihrem Blick »Kaninchen hypnotisieren«, sie seien falsch und verführerisch (die Schlange im Paradies, a). Menschen, die vor Schlangen Angst haben, werden sie eher als Gefahrensymbol ansehen (Nelson Ross zum Beispiel, der in seiner Jugend in Australien immer achtgeben mußte, nicht auf eine Schlange zu treten, b), jemand, der davon ausgeht, daß Schlangen weder Arme noch Beine haben, könnte eher aufs »Durchschlängeln« (d) kommen.

Wenn ich als Verstorbener meine Zielperson vor einer Gefahr warnen möchte, so kann ich zwar Nelson Ross (Medium b) eine Schlange zeigen, für Dorothy (Medium g) aber muß ich ein anderes Symbol wählen, das sie als Gefahrensymbol erkennt. Verläßt sich Medium b nicht auf seine persönlichen Einfälle zum Symbol Schlange, sondern fragt z. B. f um Rat, so kann eine völlig verfälschte Botschaft dabei herauskommen.

6.3.4. Allgemeines zur Symbolik

Das Wort »Symbol« stammt aus dem Griechischen: »syn« = zusammen und »ballein« = werfen und bedeutet eigentlich etwas Zusammengeworfenes, Konzentriertes. Ein einziges Bild, ein einziger Begriff kann sehr viel enthalten, wenn es bzw. er richtig auseinandergenommen, ausgelegt oder gedeutet wird.

Es gibt Symbole, über deren Bedeutung internationale Abmachungen bestehen, wie z. B. die schon erwähnten Verkehrszeichen. Dann gibt es Symbole, die je nach dem Zusammenhang, in dem sie stehen, ganz Verschiedenes aussagen sollen. Was in der Biologie z. B. die Zeichen für »männlich« und »weiblich« sind, gilt in der Astronomie für die Planeten Mars und Venus, während damit in der Alchemie die Metalle Eisen und Kupfer gemeint sind, und ein astrologisch geschulter Deuter wird darin Sinnbilder für Krieg, Aktivität und Hitze einerseits und für Schönheit, Harmonie und Feuchtigkeit andererseits erkennen. Noch individueller auszulegen ist alles, zu dem ich als Deuter einen persönlichen Bezug habe, wie im obigen Beispiel Dorothy zu der Schlange. Allmählich entwickelt jedes Medium eine Art eigenen »Symbol-Code«, durch den es Botschaften aus dem Jenseits sehr rasch zu verstehen imstande ist.

Wenn Gaye Muir z. B. ein Bügeleisen sieht, so bedeutet das für sie, daß da noch etwas »auszubügeln« ist, d. h., im Leben des betreffenden Klienten ging nicht alles ganz glatt, und jetzt ist er dabei, das in Ordnung zu bringen. Ein in der Mitte gespaltener Baum oder ein zerbrochener Ring zeigt für Gaye an, daß eine Beziehung in die Brüche gegangen ist, usw.

Wenn Dorothy das Gefühl hat, hinter dem Steuerrad eines Autos zu sitzen, so heißt das, nimm das Steuer selbst in die Hand, laß dir nicht dreinreden. Wenn sie ein gezähmtes und gesatteltes Pferd sieht, sagt sie ihrem Klienten, daß alles für ihn bereit ist, um etwas Neues zu unternehmen. Aber die Entscheidung und den ersten Schritt (das Aufsteigen aufs Pferd) kann ihm niemand abnehmen.

So kann praktisch alles zum Sinnbild werden, und gelegentlich scheint es, als sei die Deutung recht willkürlich und wenig spezifisch. Gerade das aber ist auch ein Vorteil, sagt Dorothy. Wenn ein Medium in einer öffentlichen Demonstration einem Teilnehmer etwas in Symbolen weitergibt, versteht nur der Betroffene selbst, wovon die Rede ist und was ihm seine jenseitigen Angehörigen mitteilen wollen. Alle andern Zuhörer und oft sogar das Medium selbst tappen dabei im dunkeln.

Manchmal ist es dem Medium auch nicht klar, ob ein Bild, das es bekommt, symbolisch gemeint ist oder nicht. So fragte zum Beispiel Bill einen Klienten, ob er kürzlich in seiner Wohnung etwas frisch gestrichen habe. Als der Klient verneinte, fährt er fort: »Dann ist das symbolisch gemeint. Ich sehe in Ihrer Wohnung eine Leiter. Sie werden Erfolg haben und höher steigen können.«

Eine ganz eigene Symbolik verwendet Nelson Ross in seinen Auragrammen. Die Zeichen seines chinesischen Geistführers sind schon beinahe eine Symbolschrift, die sich allerdings im Laufe der Zeit auch gewandelt hat. Natürlich haben auch Farben symbolische Bedeutung, aber auf die Aurafarben und ihre Deutung werde ich im folgenden Kapitel noch gesondert eingehen.

6.3.5. Der Faktor »Zeit« im Symbol

Nachdem die Geistige Welt an sich zeitlos ist, erweisen sich Zeitangaben als besonders schwierig. Dennoch gibt es immer wieder Zeitangaben – oder werden die Medien nach solchen gefragt. Es gibt anscheinend gewisse Anzeichen und Symbole, an denen der Faktor Zeit zumindest abgeschätzt werden kann.

Wenn sich ein Geistwesen zeigt, das heißt dem Medium ein Erinnerungsbild von sich selbst zu übermitteln versucht, dann meist in dem Alter, in dem es sich am liebsten an sich erinnert. Manchmal muß es sich auch jünger oder älter präsentieren, damit es vom Adressaten erkannt werden kann. Und dann zeigt sich das Geistwesen gelegentlich auch so, wie es kurz vor seinem Übergang in die Geistige Welt ausgesehen hat. Aus alldem kann das Medium dann ungefähr ein Gefühl für das Alter bekommen, in dem das Geistwesen gestorben ist. Manchmal vermag auch ein Gefühl für die Altersgruppe von eigenen Bekannten und Verwandten einen Hinweis zu geben. Die Kleidung und der Haarschnitt, sofern diese wahrgenommen werden können, geben Hinweise auf das Jahrzehnt, in dem der Verstorbene gelebt hat. Gewisse Medien sehen am Licht der Aura des Geistwesens, ob es schon längere oder erst kürzere Zeit in der

Geistigen Welt weilt. Das Geistwesen kann zeitliche Abstände aber auch durch räumliche Entfernungen symbolisieren. Je länger etwas her ist, desto weiter weg erscheint es und umgekehrt.

Natürlich ist es möglich, eine Uhr als Symbol für Zeit zu verwenden. Aber da kann es merkwürdige Verschiebungen geben. Coral erzählt zum Beispiel, daß sie das Bild von einer Uhr, auf der es zehn nach zehn war, von dem ihr eine Freundin geschrieben hatte, erst verstehen konnte, als sie und ihr Mann sich am zehnten Zehnten getrennt hatten. Die Menge Sand, die in einer Sanduhr noch im oberen Teil verblieben ist, kann einen Hinweis bedeuten, wie lange noch Zeit ist.

Dorothy sah Rennläuferschuhe, die ihr sagten: Beeil dich, es bleibt nicht mehr viel Zeit. Umgekehrt kann Wasser, das unter einer Brücke durchfließt, ausdrücken: Das dauert nocht lange.

Daß bestimmte Blumen für die Jahreszeit, in der sie blühen, als Symbol dienen können, habe ich schon erwähnt. Ebenso können natürlich kahle Bäume, bunte Blätter, blühende Wiesen, knospende Sträucher usw. die Jahreszeit angeben, auf die sich das Symbol bezieht. Manchmal spüren Medien, wie viele Finger sie hochhalten sollen, oder sie sehen oder hören eine Zahl. Das kann dann je nachdem eine Jahreszahl, eine Altersangabe, eine Anzahl Tage, Wochen, Monate oder Jahre bedeuten.

Alle diese Angaben sind aber sehr vorsichtig aufzunehmen, da die Geistwesen selbst über keinen genauen Zeitbegriff mehr verfügen.

7. Aura, Farben und Bill Coller

7.1. Aura, was ist das?

7.1.1. Haben Sie eine schöne Aura?

»Oh, Sie haben eine wundervolle Aura«, ruft begeistert die nette Dame aus. »Diese strahlenden Farben: Um den Kopf sehe ich eine sanfte Blautönung, die nach außen in Weiß und schließlich leuchtendes Goldgelb übergeht. Und um Ihre Schultern spielt ein weiches Hellgrün, während der übrige Körper von einem leicht orange getönten, silbrig glänzenden Strahlenkranz umgeben ist.«

Wären Sie nicht auch stolz, eine solche phantastische Aura zu haben? Sie dürfen sie sich ruhig zulegen, denn sie ist wirklich phantastisch: reine Phantasie.

»Die Aura«, wie sich das der spiritualistische Anfänger vorstellt, gibt es überhaupt nicht. Wenn Ihnen jemand im obigen Sinne Ihre Aura beschreibt, eventuell gar noch behauptet, sie habe Löcher oder müsse gereinigt werden, als ob es sich dabei um ein altes Kleidungsstück handelte, dann dürfen Sie ruhig annehmen, daß der- oder diejenige nicht allzuviel spirituelle Kenntnisse besitzt, und brauchen sich über diese Aussagen keine Gedanken zu machen. Leider nützen viele »Möchtegern-Medien« das Halbwissen ihrer Mitmenschen aus, um ihnen mit »phantastischen« Beschreibungen zu schmeicheln oder Eindruck zu machen. Jemand, der sich davon beeindrucken läßt, ist dann gerne bereit, für eine offenbar notwendige »Aurabehandlung« (sei es stopfen oder reinigen!) einen ebenso »phantastischen« Preis zu bezahlen.

Was aber hat es dann mit der Aura wirklich auf sich? Ich will versuchen, einen – bestimmt unvollständigen – Überblick zu geben.

Mit dem Begriff »Aura« wird eine Art »feinstoffliches Energiefeld« bezeichnet, wobei gleich hinzuzufügen ist, daß es mehrere solcher Energiefelder gibt. Sie entstehen aus dem Zusammenwirken der Geistseele mit dem physischen Körper.

Jede Zelle des Körpers hat vermutlich ein ihr entsprechendes kleines Energiefeld, das sich mit den Energiefeldern ihrer Nachbarzellen zu einer größeren Einheit, einem Organ-Energiefeld, zusammenschließt. Die verschiedenen Organ-Energiefelder wiederum überlagern und mischen sich zu Körper-Energiefeldern. Mit jeder körperlichen Störung, sei es eine Krankheit oder Verletzung, ist eine entsprechende Störung der Energiefelder verbunden.

Die Geistseele selbst verfügt über den »Schwingungskörper«, der ebenfalls eine Art Energiefeld darstellt, das anscheinend in erster Linie vom Gemütszustand der Geistseele beeinfluß wird.

Schließlich dienen die feinstofflichen Energie-Zentren, die »Chakras«, als Schaltstellen und Verbindungsglieder zwischen den Energien des Schwingungskörpers mit jenen des physischen Leibes. Auch diese Energiezentren sind von entsprechenden Energiefeldern umgeben.

Alle diese Energiefelder und ihre Störungen können von sensitiven, d. h. auf der feinstofflichen Ebene empfindsamen Menschen wahrgenommen werden. Die Wahrnehmung kann über Körper-Hellspüren erfolgen, meist durch Empfindungen wie Druck, Wärme oder Prickeln an der Hand bei der Annäherung an die Energiefelder, oder durch hellsichtige Wahrnehmungen, meist in Form von Farbeindrücken. Wiederum ist die »objektive« Wahrnehmung solcher Energien relativ selten, sehr häufig aber die subjektive.

Dazu ein Beispiel: Angenommen, wir haben eine Versuchsperson A mit einer sehr starken Ausstrahlung vom Herz-Zentrum aus, also jemanden, der seine Liebe zu Umwelt und Mitmenschen intensiv verströmt. Nehmen wir weiter an, wir lassen mehrere Versuchspersonen B, C, D usw. sich mit einer Hand der Herzgegend von A nähern. Bei der Beschreibung ihrer Wahrnehmungen werden wir etwa folgende Aussagen erhalten:

B: Ich spüre einen starken Energiestrom, wie einen Druck gegen meine Hand.

C: Ich spüre ein Kribbeln in der Handfläche, fast wie Elektrisieren.

D: Ich spüre eine intensive Wärme, die aus der Herzgegend von A kommt.

E: Ich fühle einen angenehm kühlen Luftzug vom Herzzentrum ausgehen.

F: Ich sehe einen leuchtend grünen Energiestrahl vom Herzzentrum aus.

G: Ich sehe eine blaß orangerote Lichtkugel, die sich um den ganzen Brustkorb ausdehnt und ausstrahlt.

H: Mein Aurameter schlägt auf der Höhe des Herzens schon in einer Entfernung von zwei Metern aus.

Und so weiter. Alle haben die gleiche Ursache für ihre Wahrnehmung, aber die Wahrnehmungen sind individuell verschieden, eben subjektiv. Wenn jeder lernt, seine subjektiven Eindrücke richtig zu deuten, dann werden alle Versuchspersonen von B bis H zum gleichen Schluß kommen: Versuchsperson A strahlt sehr viel Liebe aus ihrem Herzzentrum.

7.1.2. Lassen sich diese Energiefelder messen?

Es hat zahlreiche Versuche gegeben, die Aura-Felder sichtbar zu machen und zu messen. So gibt es z. B. sogenannte Aurabrillen, mit deren Hilfe möglicherweise zwar die physischen Energiefelder optisch wahrnehmbar werden können, sicher jedoch nicht die Felder der Geistseele, weil diese nur mit dem inneren Auge wahrgenommen werden können.

Sodann gibt es zahlreiche Aurameter, die von komplizierten elektronischen Apparaturen über Spiralfeder-Pendel bis zu einfachen Drahtruten reichen. Vermutlich funktionieren sie alle, zumindest die rein mechanischen Instrumente, ebenfalls nach dem Prinzip des subjektiven Hellspürens, nur daß sich die Wahrnehmung in Ausschlägen des Instruments äußert. Das eigentliche Wahrnehmungsorgan für solche Energiefelder ist möglicherweise das Energiezentrum auf der Höhe des Sonnengeflechts, etwa eine Handbreit über dem Bauchnabel. Die Information wird dann vom Unbewußten entweder in Empfindungen oder in feine Bewegungen der Hand umgesetzt, die ihrerseits wiederum das »Meßinstrument« beeinflussen.

Die so vorgenommenen »Messungen« ergeben also ebenfalls wieder subjektive Werte, die ihre Bedeutung erst durch den Vergleich mit der übrigen persönlichen Erfahrung des Messenden erhalten. Wenn im obigen Beispiel für H »zwei Meter« einen im Vergleich zu anderen Messungen sehr weiten Abstand darstellen, dann läßt er den Schluß auf eine starke Energie zu. Wären aber »zwei Meter« für H der allgemein übliche Abstand für einen Ausschlag, dann ließe sich daraus nicht auf eine besonders starke Energie schließen.

»Die Aura kann man aber doch fotografieren!« wird mir immer wieder entgegengehalten. Auch englische Medien behaupten gelegentlich diesen Unsinn. Die Falschmeldung beruht wieder einmal auf einer Begriffsverwirrung. Es gibt die sogenannte »Kirlian-Fotografie«, ein fotografisches Verfahren (von Semionov Kirlian entwikkelt), das elektrische Gas-Entladungen in einem hochfrequenten Feld aufnimmt. Zwischen einem Gegenstand, z. B. einem Finger, und einer Fotoschicht wird ein starkes elektrisches Feld angelegt, das mit sehr hoher Frequenz schwingt. Dadurch wird die umgebende Luft, das »Gas«, angeregt, elektrische Funken vom Finger zur Fotoplatte überspringen zu lassen. Diese Funkenbahnen bilden sich auf der Fotoplatte ab. Das entwickelte Bild zeigt die Fingerkuppe als weißen Fleck und die Funkenbahnen als schwarzen Strahlenkranz ringsherum. Dieser Strahlenkranz wird unglückseligerweise oft ebenfalls als Aura bezeichnet. Es mag zwar sein, daß auf diese Weise gewisse energetische Vorgänge im Körper sichtbar gemacht werden können und daß deshalb der Kirlian-Strahlenkranz ähnliche Rückschlüsse zuläßt wie die Aurawahrnehmung von Medien. Aber es ist keinesfalls »die Aura«, die da fotografiert wird.

7.1.3. Aura gut, alles gut

Nach diesen eher technisch theoretischen Erörterungen möchte ich wieder zum praktischen Alltag zurückkehren. Wenn Sie einen schönen, ungestörten Morgen vor sich haben, an dem sie tun und lassen können, was Ihnen gefällt, dann werden Sie wahrscheinlich fühlen, wie Sie sich schon in der Vorfreude weit und gelöst fühlen. Niemand hetzt Sie, niemand erwartet etwas von Ihnen, Sie können einen erfrischenden Spaziergang unternehmen oder sich gemütlich hinsetzen und Musik hören oder etwas lesen. Wärme, Freude, Weite, Heiterkeit, Gelöstheit – das werden vermutlich Empfindungen sein, die Ihr Glücksgefühl ausmachen. Sie spüren, wie sich Ihre

Aura ausdehnt. Mit Aura meine ich hier jetzt die Gesamtheit aller beteiligten Energiefelder.

Eben sind Sie dabei, das zu tun, worauf Sie sich so gefreut haben, da läutet es an Ihrer Wohnungstür. Sie spüren, wie sich Ihre Aura ein Stückchen zusammenzieht. Aber noch immer überwiegt die Vorfreude, und Sie gehen nachsehen, wer da wohl läuten mag. Vielleicht kommt irgendein netter Besuch? Oder jemand braucht Hilfe? In Ihrer guten Stimmung beziehen Sie den Mitmenschen vor der Tür bereits in Ihre ausgedehnte Aura mit ein. Mit einem freundlichen Lächeln öffnen Sie die Tür.

Der Mann betritt Ihre Wohnung und hat die Türe hinter sich geschlossen, ehe Sie wissen, was Ihnen geschieht. Er richtet eine Waffe auf Sie und zischt: »Das Geld her!«

Sie fühlen etwas wie einen Schlag in die Magengrube. Es ist, als ob die ganze Weite und Leichtigkeit plötzlich zusammenfällt und Ihnen auf den Magen schlägt, Sie spüren die Angst, die Enge, die Aura, die sich ganz zusammengezogen hat, um Sie zu schützen. Was zuvor noch rosig und freudevoll ausgesehen hat, wirkt jetzt fahl und grau. Zitternd vor Angst angeln Sie Ihr Portemonnaie hervor.

Doch lassen wir jetzt den Mini-Krimi. Worauf es mir ankommt, ist, daß Sie die Empfindungen nachvollziehen können. Sie sehen daran zweierlei:

Erstens: Die Energiefelder um uns sind nicht etwas Feststehendes, sondern so, wie die Energien fließen und sich verändern, verändern sich auch die Energiefelder. Eine Aurazeichnung ist also immer nur eine Momentaufnahme. Natürlich wechselt der Grundcharakter nicht so schnell und stark, aber das, was wir Aura nennen, ist dennoch einem dauernden Wechselspiel unterworfen.

Zweitens: Diese Energiefelder, oder zumindest ihre Wirkung auf uns, nehmen wir sehr oft auch im Alltag wahr, ohne uns dessen bewußt zu sein. Wir reden etwa von einem strahlenden Sieger und können Stolz und Freude dieses Menschen beinahe als Energiewellen zu uns hinüberbranden fühlen.

Oder wir befinden uns in einem Geschäft und warten, bis wir an der Reihe sind. Plötzlich haben wir das Gefühl, als müßten wir einen Schritt zur Seite ausweichen. Dabei ist niemand in unserer unmittelbaren Nähe, aber zwei, drei Schritte hinter uns steht jemand, der uns spontan ausgesprochen unangenehm ist. Wir haben dafür überhaupt keine vernünftige Begründung, weder kennen wir die Person, noch sieht sie besonders häßlich oder bösartig aus, noch können wir sonst einen Anhaltspunkt für unser eigenartiges Gefühl erkennen. Aber es ist deutlich spürbar da. Das ist meist ein Zeichen dafür, daß unsere Aura mit derjenigen der andern Person eine Abstoßungsreaktion bewirkt.

Natürlich gibt es auch das Umgekehrte: Wir fühlen uns in der Gesellschaft von jemandem spontan außerordentlich wohl, obgleich wir keine Gründe für dieses Gefühl nennen könnten.

Solche Wahrnehmungen haben auch die Medien, nur daß sie diese noch etwas genauer differenzieren können. Gaye nimmt z. B. die sogenannte physische Aura als eine etwa fünf Zentimeter dicke, der Körperoberfläche folgende Schicht wahr. Verfärbungen in dieser Schicht lassen auf vergangene, gegenwärtige oder gar unmittelbar bevorstehende Störungen im Körper schließen. Um den Kopf herum, etwa auf der Höhe der Stirn, sieht Gaye die mentale Aura. Wenn jemand intensiv denkt, sieht Gaye dort die Funken sprühen. Die emotionale Aura sieht sie wie eine Art Pumphose um den Beckenbereich herum. Bei Wut z. B. ballen sich in diesem Bereich rote Wolken zusammen.

Andere Medien sehen das wieder anders. Und wenn man verschiedene Darstellungen der Aura vergleicht, etwa diejenigen von Nelson Ross, Bill Coller und Karl Francis, so erkennt man völlig verschiedene subjektive Auffassungen.

Wie kann ich jetzt herausfinden, ob das, was ich wahrnehme, die mentale, emotionale, physische, ätherische oder spirituelle Aura ist? Ganz einfach: indem ich mich innerlich darauf einstelle. Im sogenannten »mentalen Pendeln« wird die gleiche Technik angewandt: Ich raste sozusagen meine innere Schaltung auf »physische Aura« ein, und meine Wahrnehmung liefert mir Daten über die physische Aura.

Nun denke ich z. B. an die inneren Organe meines Gegenübers und lasse auf meinem inneren Bildschirm die entsprechenden Farben aufleuchten. Es scheint mir, als wäre da ein dunkler Strich über der rechten unteren Rumpfseite. »Sind Sie am Blinddarm operiert worden?« frage ich. »Ja.« Es ist also eine alte Narbe, die ich wahrgenommen habe.

Gaye besuchte einmal mit mir zusammen eine Gymnasialklasse, deren Lehrer dem Paranormalen gegenüber sehr offen war und der für eine Projektunterrichts-Woche das Thema Parapsychologie vorgeschlagen hatte. Eine Schülerfrage betraf natürlich auch die Aura. Gaye sagte: »Wenn ich euch anschaue, dann kann ich mich darauf einstellen, eure physische Aura zu sehen. Und dann nehme ich so etwas wie einen sehr feinen, leicht farbigen Nebel um euern Körperumriß herum wahr. Und bei einigen von euch ein paar graue Stellen um den Kopf, und das heißt für mich, daß ein paar von euch Erfahrungen mit Drogen gemacht haben. Drogen, auch ganz leichte, wie z. B. Haschisch, wirken stark auf die feinstoffliche Energie und verursachen Störfelder in der Aura.« Die betreffenden Mädchen waren ziemlich erschrocken und fragten, ob das denn ein dauernder Schaden sei. Gaye meinte: »Nein, wenn ihr damit nicht weitermacht, verliert sich das Grau allmählich wieder aus der Aura. Aber das braucht seine Zeit.«

Lassen sich denn solche Störungen im Energiefeld der Aura, die oft fälschlich als »Löcher« bezeichnet werden, nicht durch geistiges Heilen oder ähnliches beheben? Doch, geistiges Heilen oder andere Versuche, das Aura-Energiefeld durch andere Energie zu beeinflussen, können schon eine ausgleichende Wirkung haben. Insofern läßt sich schon von einem »Reinigen« der Aura sprechen. Nur ist die Vorstellung falsch, daß meine Aura schmutzig sei und daß sie mir jemand anderer wieder saubermachen könne. Was der andere tun kann, ist nur, mir zu helfen, bei mir selbst wieder mehr Gleichgewicht herzustellen. Wenn ich dazu nicht selbst beitrage, wird meine Aura meinen unharmonischen Zustand eben weiter widerspiegeln. Wenn Sie einen Hautausschlag haben, weil Sie sich falsch ernähren, nützt es auch nichts, wenn Sie den Spiegel putzen, in dem Sie Ihr Gesicht anschauen, oder wenn Sie sich so schminken, daß der Ausschlag momentan nicht mehr sichtbar ist. Sie müssen Ihre Ernährung ändern.

Die Aura ist der Spiegel unseres inneren Zustands. Wenn wir uns ärgern, aufregen oder in sonstige unangenehme Gefühle hineinsteigern, reagieren unsere Energiefelder entsprechend. Wir können – zumindest bis zu einem gewissen Grad – unsere Aura durch unsere innere Einstellung und unsere Gedanken beeinflussen. Das macht die »Kraft des positiven Denkens« aus. Wenn innen alles stimmt, dann strahlen wir das nach außen aus, und andere Menschen spüren unsere Ausstrahlung.

Wenn jemand eine solche stark positive Ausstrahlung besitzt, sagen wir von ihm, er habe »Charisma«. Bill formuliert so: »Charisma ist das, was nur ganz wenige haben, den meisten fehlt und alle gern hätten.« Er ergänzt aber gleich: »Diese Ausstrahlung entsteht dadurch, daß derjenige das, was er tut, mit Liebe und Hingabe tut.« Die offene Herzensqualität, mit der solch ein Mensch im Leben steht, strahlt aus und wirkt auf andere anziehend.

7.1.4. Imprägnations-Theorie

Der in Amerika lebende tschechische Naturwissenschaftler, Hypnotiseur und Parapsychologe Milan Rjzl hat aufgrund parapsychologischer Versuchsreihen mit seiner Versuchsperson Pavel Stepanek die Theorie aufgestellt, daß Gegenstände, mit denen wir uns beschäftigen, von unseren Gedanken, seien sie bewußt oder unbewußt, »imprägniert« werden.

Die englischen Medien behaupten, daß persönliche Gegenstände einen Eindruck unserer »Aura« tragen und daß deshalb anhand eines Gegenstandes Aussagen über dessen Besitzer gemacht werden können. Dieses Ablesen der eingeprägten »Auraschwingungen« nennt man Psychometrie. Sie spielt auch beim sogenannten Blumen-Hellspüren eine Rolle.

Es würde zu weit führen, hier die ganze Diskussion um das Für und Wider der Imprägnations-Theorie anzuführen. Ich möchte nur noch auf eine weitere Form des medialen Hellspürens hinweisen, die wahrscheinlich auch mit Imprägnation etwas zu tun hat: das Sandlesen. Gaye und einige wenige andere Medien praktizieren diese recht interessante Technik. Auf einem Tablett wird eine etwa einen Zentimeter dicke Schicht aus feinem Sand aufgetragen. Mit einem Kamm wird der Sand glatt»gerecht«. Dann drückt die Versuchsperson, die dem Medium nicht bekannt ist, ihre Hände leicht in die Sandschicht, so daß die beiden Handabdrücke deutlich sichtbar sind. Das Medium bekommt die Abdrücke im Sand zu sehen, ohne zu wissen, von wem sie stammen, und gibt daraufhin seine Eindrücke wieder.

Gaye behauptet, die Aura der Versuchsperson beeinflusse die feine Sandstruktur dergestalt, daß sie daraus Hinweise auf die Persönlichkeit ablesen könne. Gelegentlich sieht sie im Sand dann auch Bilder verstorbener Angehöriger auftauchen. In einem Fall war dieses Bild so deutlich, daß auch die Versuchsperson selbst es nachher noch wahrnehmen konnte.

Aus dem Alltag kennen wir die Auswirkung der Imprägnation aus dem unwillkürlichen Eindruck, den uns ein Zimmer machen kann, ohne daß wir genau wüßten, weshalb. Es gibt Räume, in denen wir uns spontan wohl und behaglich, und andere, in denen wir uns unbehaglich und abgestoßen fühlen. Natürlich kann dies ebenfalls mit der Möblierung, Farbe und Form des Raumes zusammenhängen. Aber manchmal sind es eben auch Eindrücke vom Bewohner des Raumes, die sich uns auf diese Art übermitteln. Wir spüren etwas von der »Atmosphäre«, von der Aura des Raumes, die von der Ausstrahlung seiner Bewohner geprägt ist.

Energieschwingungen unserer Aura haften anscheinend allem an, mit dem wir in Kontakt stehen. Bill empfiehlt deshalb bei Festen, die Mäntel der Gäste nicht – wie das manchmal üblich ist – auf den Betten im Schlafzimmer zu deponieren. So werden nämlich alle die verschiedenen Auraschwingungen, die den Mänteln anhaften, auf die Betten übertragen, ausgerechnet dorthin, wo wir sie – im Schlaf – am leichtesten aufnehmen können.

7.2. Bill Coller

7.2.1. Das Erbe der Großmutter

»Als junger Mensch war ich nur an einer steilen Karriere interessiert«, erzählt Bill. »Ich hatte mich zum Industrieingenieur ausgebildet und wollte möglichst viel Geld verdienen und möglichst hoch hinaus. Ich hatte einen guten Beruf, besaß eine Frau, ein Auto, ein Haus und war noch sehr jung. Ich dachte weder ans Sterben noch an andere Leute, nur an die Nummer eins, und das war ich.«

»Obwohl ich also auf dem besten Weg war, meine Wünsche zu

verwirklichen, war ich innerlich nicht zufrieden. An meinem Egoismus zerbrach meine Ehe. Ich war kaum über zwanzig, allein und lebte in einer kleinen Wohnung. Ich fühlte mich nicht ausgefüllt und trank zuviel. Abends nach der Arbeit setzte ich mich dann jeweils hin und ließ meinen Gedanken freien Lauf. Da erschien plötzlich ein Mann in meinem Zimmer. Ich erschrak zutiefst. Nie mehr trinkst du soviel! sagte ich mir. Ich hörte auf zu trinken, aber der Mann kam wieder – und es war kein gewöhnlicher Mann, es war ein Indianer!«

Während dreier Monate tauchte diese Erscheinung immer dann wieder auf, wenn Bill sich ausruhte. Um festzustellen, ob da seine Phantasie mit ihm durchging, machte sich Bill über das alles Notizen: wann die Erscheinung auftrat, was er dabei dachte usw. Er verließ sein Zimmer, beschäftigte sich für eine halbe Stunde mit etwas anderem und setzte sich dann nach seiner Rückkehr nochmals hin, um zu sehen, ob sie sich erneut zeigte: Sogleich war sie abermals da. Bill fuhr eines Morgens um drei Uhr aus dem Schlaf, weil schon wieder sein Indianer an seinem Bett stand. Und das tat er daraufhin jede Nacht pünktlich um drei Uhr morgens. Bill hatte fürchterliche Angst, schlief nur noch bei Licht – aber das nützte auch nichts. Schließlich fürchtete er, er könnte überschnappen – oder sei es bereits –, und beschloß, mit seinen Eltern darüber zu sprechen.

»Meine Eltern hörten sich meine Geschichte ruhig an. Dann sagten sie: ›Wir können dir da nicht helfen, aber geh doch zu deiner Großmutter, die ist ein Medium.‹ – ›Was ist ein Medium?‹ wollte ich wissen. ›Auch das kann sie dir am besten selbst erklären‹, meinten meine Eltern. Und so ging ich zu meiner Großmutter, die schon seit sechzig Jahren als Medium gearbeitet hatte. Von ihr erfuhr ich, daß dieser Indianer ein Geistwesen sei, und ich sollte ihn, falls er wiederkommen würde, fragen, was er wolle. Wiederkommen? Ich wollte ihn loswerden, nicht ihn fragen!«

Prompt erschien am nächsten Abend der Indianer erneut. Bill schluckte trocken, atmete einmal tief durch und fragte, wie es ihm von der Großmutter empfohlen worden war. Da er damals noch keine Ahnung von Medialität hatte, achtete er nicht darauf, wie er die Antwort bekam. Jedenfalls wußte er, daß ihm der Indianer mitteilte, er habe vor sechs Wochen angefangen, seine paranormale Wahrnehmung zu öffnen, und er habe da eine Türe aufgestoßen, durch die einfach jedermann hätte eindringen können, sowohl freundliche wie unfreundliche Geistwesen. Er habe jetzt die Wahl, entweder sich der Geistigen Welt entgegenzustellen oder sein Schicksal zu erfüllen und mit der Geistigen Welt zusammen daran zu arbeiten, sein mediales Potential zu entwickeln.

»Besser einen Teufel, den du kennst, als einen, den du nicht kennst!« dachte Bill. Er wollte lieber diese unheimliche Begabung unter Kontrolle bringen als ihr ausgeliefert sein. Sieben Jahre gab ihm sein Indianer als Lehrzeit an – er täuschte sich um vierzehn Tage.

»Ich erzählte Großmutter, was ich erfahren hatte. ›Gut‹, sagte diese, ›ich will dir helfen und dich unterrichten.‹ Damit meinte sie, daß sie mir alle spiritualistischen Kirchen und Gruppen in Schottland zeigte, mir erklärte, was die spiritualistische Bewegung bedeute, mich auf Täuschung und Betrug aufmerksam machte – denn auch das gibt's in unserer Bewegung, seien wir ehrlich – und mir beibrachte, wie ich echte Medialität erkennen konnte.

Dann ließ sie mich entscheiden, in welcher Kirche ich meine Fähigkeiten entwickeln wollte. Und ich wählte prompt die falsche, d. h. eine, in der sehr viel auf Lug und Trug basierte. Aber rückblickend gesehen, war es vielleicht doch die richtige, denn ich lernte dort, wie es nicht sein sollte. Es war eine harte und gute Schule für mich.«

Bill war dadurch, daß er einen spiritalistischen Zirkel besuchte, natürlich kein Heiliger geworden. Er suchte öfters mal einen Pub auf und mischte das Spirituelle mit dem Spirituosen. Bei einer solchen Gelegenheit lernte er eine junge Dame kennen, mit der er sich in der Folgezeit noch öfter traf. Er vermied aber bei ihren Begegnungen, über seine spiritualistischen Interessen zu sprechen. Man wußte ja nie. Eines Abends fragte seine neue Bekannte, ob sie ihm mal ein Bild ihres Vaters zeigen dürfe. »O Gott«, dachte Bill, »jetzt sind wir gleich beim Familienalbum!« Als er aber das Bild ansah, entdeckte er darauf seine Großmutter. »Das ist meine Großmutter«, rief er erstaunt aus. »Das ist Frau Cook«, entgegnete seine Bekannte. »Mein Vater ist ein Medium, und er besuchte mit ihr zusammen den gleichen Zirkel. Sie hat mich in der spiritualistischen Kirche getauft und mir meinen spirituellen Namen gegeben.«

Übrigens war Helen Cook, Bills Großmutter, mit dem später noch zu erwähnenden Materialisationsmedium Helen Duncan und zwei ebenfalls bekannt gewordenen Medien, Nelly und Jean Thompson, im Zirkel gesessen, um ihre medialen Fähigkeiten zu entwickeln.

7.2.2. ». . . Medium sein dagegen sehr!«

Für Bill war das Mediumwerden gar nicht schwer – die Geistige Welt hatte ihn sozusagen beinahe dazu gezwungen, das Erbe seiner Großmutter anzutreten. Aber damit er wirklich ein Medium sein konnte, hatte er noch viele Lektionen zu lernen.

Die erste war, daß Sensibilität etwas mit Spüren, mit Wahrnehmen zu tun hat. Bisher hatte er immer nur für sich und sein Ich gelebt. Was andere Leute dachten oder fühlten, nahm er gar nicht zur Kenntnis. Jetzt erlebte er, was es heißt, anderer Menschen, jenseitiger und diesseitiger, gewahr zu werden.

Als zweites hatte er ausgesprochene Angst davor, einen Toten, eine Leiche sehen zu müssen. Er gab zwar im Zirkel brav Botschaften von Verstorbenen weiter, aber das waren nur Worte, die er vom Jenseits empfing. Mit dem Diesseits des Todes wollte er nichts zu tun haben. Aber auch diese Lektion lehrte ihn die Geistige Welt auf völlig unerwartete Weise.

Bill hatte unterdessen May, die junge Dame, deren Vater mit seiner Großmutter befreundet war, geheiratet. Und ebendieser Vater hatte einen Herzinfarkt erlitten. Er mußte einige Zeit im Krankenhaus bleiben. Als er entlassen werden sollte, stellte sich das Problem, daß er bei sich zu Hause hätte viele Treppen steigen müssen, was er auf keinen Fall durfte. Also beschlossen Bill und May, den Schwiegervater zu sich zu holen. Bill arrangierte es also, daß sie Vater abholten. Tags darauf ging Bill wie gewohnt zur Arbeit. Er war aber den ganzen Tag unruhig, und nach Dienstschluß fuhr er direkt nach Hause, ohne, wie er es sonst jeweils tat, May an ihrer Arbeitsstelle abzuholen.

»Ich ging ins Haus«, berichtet Bill, »und sah im Vorbeigehen meinen Schwiegervater vor dem Fernseher sitzen. Ich rief ›Hallo‹ und begab mich in die Küche, um Teewasser aufzusetzen. Als ich das Wasser einfüllte, spürte ich, daß mein Schwiegervater als Geistwesen bei mir in der Küche war. Oha, dachte ich, da ist was passiert.

Ich rannte ins Wohnzimmer und fand ihn tot im Lehnsessel sitzen. Er war während der Übertragung eines Fußballspiels gestorben. Das Ansehen von Sportsendungen war seine Lieblingsbeschäftigung gewesen – so hatte er gewiß einen schönen Tod gehabt. Ich dachte überhaupt nicht an meine Angst vor toten Menschen. Ich dachte nur daran, daß May bald heimkehren würde und daß sie nicht gleich als erstes ihren toten Vater sehen sollte. Und so trug ich ihn in sein Schlafzimmer.

Und von diesem Augenblick an veränderte sich etwas in meiner Medialität. Die Menschen, die aus dem Jenseits Botschaften schickten, wurden plötzlich lebendig für mich. Ich nahm nicht nur einfach ihre Worte auf, sondern ich konnte die Leute spüren, ihre Gefühle und Motivationen wahrnehmen. Ich empfand und realisierte jetzt, was es wirklich bedeutet, ein Medium zu sein. Ohne die dahinter stehenden Gefühle sind Worte leer. Das gilt für das Diesseits so gut wie für das Jenseits.«

Noch etwas hatte Bill zu lernen. »Wir denken immer, wenn wir jemanden gut kennen, wir wüßten alles von ihm«, sagte er später einmal. »Das stimmt aber überhaupt nicht. Ob Medium oder nicht: Wir müssen immer bereit sein, noch dazuzulernen.« Das erfuhr Bill, als er bereits hie und da bei einem Gottesdienst eine Demonstration gab.

Er hatte als Kind sehr viel bei seinen Großeltern väterlicherseits gelebt und hatte ein besonders gutes Verhältnis zu seinem Großvater gehabt. Der Tod seines Großvaters bekümmerte ihn vor allem deshalb sehr, weil er ihn immer noch einmal hatte besuchen wollen, dies aber während über drei Monaten immer wieder verschoben hatte – bis es zu spät war.

Er war also dabei, in einer kleinen Kirche Botschaften an die Gemeinde weiterzugeben, als er plötzlich seinen Großvater hereinkommen sah. »Was machst denn du hier, Großvater?« gab er ihm innerlich zu verstehen. »Ich habe jetzt keine Zeit für dich, ich arbeite hier für die Leute.« – »Ich komm' auch gar nicht zu dir«, vernahm er die geistige Stimme seines Großvaters. Bill sah sich um, ob er irgendein vertrautes Gesicht in der Gemeinde sehen könnte, aber da war niemand, den er kannte. »Zu wem willst du denn? Da ist doch gar niemand, den du kennst«, fuhr Bill in seiner inneren Unterhaltung fort. »Meinst du, du kennst alle, die ich kenne?« fragte der

Großvater. »Ich komme zu der Dame in Blau in der zweitvordersten Reihe.«

»Entschuldigen Sie«, wandte sich Bill an die Dame. »Entschuldigen Sie bitte, aber ich habe gerade mit meinem Großvater Kontakt, und er sagt, er wolle sich Ihnen in Erinnerung rufen.« – »O ja«, rief die Dame erfreut. »Ich kannte ihn sehr gut. Übrigens habe ich erst gestern abend mit einer Bekannten von ihm gesprochen.«

»Wir können immer nur dazulernen«, sagt Bill. »Es gibt keine ausgelernten oder ausgebildeten Medien, höchstens solche, die sich selbst dafür halten.«

7.2.3. Alles Gute kommt von Norden

Bill gehört zu den zahlreichen Medien, die aus dem Norden kommen, aus Schottland oder aus dem Norden von England. Charles Sherratt, selbst ein sehr kritisches und skeptisches Medium (aus dem Norden) und Manager des Arthur Findlay College, behauptet gerne, die Medien aus dem Norden seien die besten – besonders wenn gerade einige gute Medien aus dem Süden im College tätig sind.

Aber Spaß beiseite, es ist wirklich auffällig, wieviel sehr bekannte und hervorragende Medien aus Schottland oder aus dem Norden Englands stammen. Auch Parapsychologen haben schon die Hypothese vertreten, daß in nordischen Gegenden Europas paranormale Begabungen häufiger seien als in südlichen. Ob das wirklich so ist und wenn ja, warum, darüber liegen meines Wissens noch keine Untersuchungen vor.

Bill jedenfalls behauptet, daß die wirklich guten Medien – unabhängig davon, aus welcher Gegend sie stammen – am Aussterben seien. Weshalb? Weil es damals, als diese sich in den Übungsgruppen ausbildeten, noch keine andern Vergnügungen gab – kein Kino, kein Fernsehen, keine Glücksspiele. Seine Großmutter war während voller zwölf Jahre an sechs Tagen in der Woche im Übungszirkel gesessen, ehe ihr erlaubt wurde, bei einem Gottesdienst eine einzige Botschaft zu geben. Zuvor war sie noch von drei erfahrenen Medien geprüft worden, und danach mußte sie sich nochmals vier Jahre in dem Zirkel weiterbilden, bis sie wieder bei einer Demonstration zwei, drei Durchgaben versuchen durfte. Im ganzen hatte sie über etwa zwanzig Jahre hin in Übungsgruppen gesessen. Heute treten Leute als Medien vor die Öffentlichkeit, die glauben, wenn sie nur irgendwelche Eingebungen hätten, dann genüge das völlig.

»Sie«, ruft Bill eindringlich, »Sie sind mitverantwortlich dafür! Sie sind das Publikum, das sich minderwertige Medialität vorsetzen läßt. Geben Sie sich nicht so leicht zufrieden – Sie bekommen die Medien, die Sie verdienen!«

Bill selbst ist auch nach relativ kurzer Lehrzeit bereits öffentlich aufgetreten. Aber er arbeitet ebenso streng und zielbewußt an der Verbesserung seiner Medialität, wie er sich in seiner Jugend für seine berufliche Karriere eingesetzt hat. Es ist nicht leicht, neben Familie und Beruf als Medium zu fungieren. Und als Vollzeitmedium zu arbeiten, können sich eigentlich fast nur Pensionisten leisten.

7.2.4. Die Geistige Welt hilft mit

Während etwa acht bis neun Jahren war Bill als Teilzeit-Medium tätig. Er hatte einen Posten als Planungsingenieur in einer Firma und versah einmal während der Woche und vor allem Samstag/Sonntag in einer spiritualistischen Kirche den Gottesdienst. Das bedeutete, daß er fast dauernd von zu Hause weg war. Aber die Geistige Welt half ihm. Er hatte sich für die Aufgabe eingesetzt, die ihm die Geistige Welt gestellt hatte, nun setzte sie sich für ihn ein. Als er sich bei einer andern Firma um die Stelle eines Produktionsingenieurs bewarb, beschied man ihn, für diese Stelle sei er zu jung, aber ob er Interesse daran hätte, als Industrieingenieur die Firma etwas zu reorganisieren. Er übernahm den Posten und machte sich nach sechs Monaten überflüssig, da nach ein paar Umstellungen alles reibungslos verlief. Obwohl er jetzt fast nichts mehr zu tun hatte, behielt ihn die Firma, die seine Tüchtigkeit zu schätzen wußte. So hatte er mehr Zeit für seine Familie, ohne dabei weniger zu verdienen. Dennoch plante er während zweier Jahre, sich als Vollzeit-Medium selbständig zu machen. Als er schließlich seiner Firma den Entschluß mitteilte, gaben sie ihm noch eine Gratifikation, um ihm den Start zu erleichtern, und sagten ihm, er könne jederzeit auf seinen Posten zurückkehren. Diese Absicht hatte er allerdings nicht.

Während der zweieinhalb Jahre, die er vollzeit als Medium arbeitete, verdiente er aber nicht besonders viel. Und als er wiederholt Angebote seiner ehemaligen Firma erhielt, doch wieder zurückzukehren, fand sich eine für ihn ideale Lösung. Die Firma schlug ihm vor, als freier Mitarbeiter jeweils dann, wenn er gerade ein paar Tage Zeit hatte, für sie zu arbeiten. So hatte ihm die Geistige Welt eine Möglichkeit eingeräumt, voll als Medium zu arbeiten und dennoch genügend zu verdienen.

Bill hat zwei Kinder aus erster und zwei aus zweiter Ehe. Er interessiert sich sehr für Astrologie, besitzt auch ein kompliziertes Computerprogramm zum Errechnen astrologischer Daten. Er gibt Workshops über die Kombination von Medialität und Astrologie. Schon 1981 gründete er das »Arbroath Psychic Centre« und 1985 ein entsprechendes Zentrum in Dundee, an dem Kurse für Astrologie, Medialität, Heilen, Yoga, Reflexzonenmassage durchgeführt werden. Es nennt sich »Spiritual and Psychic Togetherness«, was man als Gemeinsamkeit von Spiritualismus und Parapsychologie übersetzen könnte.

Im April 1986 starb Bills mediale Großmutter 86jährig an den Folgen einer Operation. Er mußte deshalb seinen derzeitigen Aufenthalt in unserem Zentrum in Basel abbrechen und nach Dundee zurückreisen, denn er hatte seiner Großmutter versprochen, ihren Begräbnisgottesdienst zu leiten. In der spiritualistischen Kirche kann jedes Medium die Funktion eines Pfarrers oder Priesters ausüben.

7.3. Farben – Aura – Farben

7.3.1. »Rot sehen«

Wenn wir von jemandem sagen, er sehe rot, dann meinen wir, daß er wie ein wilder Stier mit blutunterlaufenen Augen auf einen vermeintlichen Gegner losgeht. Unkontrollierte Wut und Aggression verbinden wir mit der Farbe Rot. Eine rote Laterne winkt zu fleischlichen Genüssen – eine »scharlachrote Frau« (a scarlet woman) ist der englische Ausdruck für eine Dirne, und Bill behauptet, Frauen dieses Gewerbes trügen das Scharlachrot in ihrer physischen Aura, vor allem um die Hüften und im Brustbereich. Rote Rosen und rote Herzen sind Ausdruck für brennende Liebe, mit Rot verbinden wir Vorstellungen wie Feuer und Blut. Im Verkehr leuchtet uns Rot entgegen, um darauf hinzuweisen: Paß auf, halt an, Gefahr!

Nelson Ross ist der Meinung, wir könnten über 120 verschiedene Rotschattierungen unterscheiden. Für ihn ist Rot ganz allgemein Ausdruck der Lebensenergie. Auch Ramadahn, der geistige Lehrer, der durch Ursula Roberts spricht, bezeichnet Rot als die magnetische Lebenskraft, die von der grünen Natur absorbiert wird und die Mensch und Tier über ihre Füße aus dem natürlichen Boden wieder aufnehmen können. Dieser natürliche Energieaustausch ist in den großen Städten für Menschen, die nie in die freie Natur kommen, gestört. Das macht sie dann blaß, krank und schwächt ihre Widerstandskraft.

Rot entspricht der aggressiven, emotional aktiven und feurigen Kraft, die astrologisch durch Mars ausgedrückt wird. Wegen ihrer gewalttätigen Komponente wird Rot gelegentlich als dem Spirituellen abträglich angesehen. Spirituell eingestellte Menschen sollten kein Rot tragen, wird behauptet, weil dadurch die niederen Instinkte angeregt würden. Es ist auch die Farbe mit den längsten Wellen und der tiefsten Frequenz des uns sichtbaren Spektrums, also der physischen Ebene näher. Blau dagegen, diese himmlische Farbe, ist mit ihrem kurzwelligen Licht und der hohen Frequenz der spirituellen Ebene viel näher. Deshalb, Spiritualisten, tragt Blau!

Merkwürdigerweise aber ist unsere Farbwahrnehmung – entgegen den physikalischen Gegebenheiten – so eingerichtet, daß wir die Farbschwingungen nicht als eine Farbleiter wie bei den Tonschwingungen wahrnehmen, sondern als einen Farbkreis, bei dem die Farbe mit der höchsten Schwingungszahl, das Violett, wieder zu der mit der niedrigsten, zu Rot, zurückführt.

Die feurige Kraft des Rot ist der spirituellen Offenbarung des Violett kein bißchen ferner als die fließende Hingabe des Blau. Ramadahn sagt, die Aura eines jeden Heilers müsse viel vom roten Strahl enthalten, weil er die magnetische Energie der Erde braucht, um andern Kraft zu geben, und weil es der Ansporn des roten Strahls ist, der ihn treibt, andern Hilfe zu bringen.

Wenn wir verliebt sind, sehen wir alles »durch eine rosa Brille«, wenn es uns schlechtgeht hingegen, ist alles »grau in grau«. Solche Redensarten zeigen, daß uns im Grunde die Farben der Aura sehr geläufig sind.

7.3.2. »Es ist nicht alles Gold, was glänzt«

Gold gilt als das reinste Metall, das Gold der Sonne ist Ausdruck des höchsten Bewußtseins. Ramadahn nennt den goldenen Strahl den Strahl der spirituellen Weisheit, Heiterkeit und Freude. Das Gold des reifen Getreides bedeutet die fröhliche Zeit der Ernte. Aus Gold sind auch die Münzen, aber jede hat zwei Seiten, und nicht jede Münze, die glänzt, ist aus Gold.

Astrologisch wird Merkur, dem Gott des Handels und der Diebe, die Farbe Gelb (oder auch Orange) zugeordnet. Viel Gelb in der mentalen Aura deutet auf ein rasches, sprunghaftes Denken. Täuschung, Trug und Zweifel, Unsicherheit, Angst, Neid, Eifersucht und Geiz können genauso zu Gelb gehören wie scharfe Beobachtung, kluge Entscheidung und weise Verarbeitung. Für Bill Coller haben alle Gelbschattierungen etwas mit spiritueller Heilkraft zu tun, während Nelson Ross dem Heilen den orangefarbenen Strahl zuordnet. Gaye wiederum spricht vom Blau als der Heilerfarbe.

Wer hat nun recht?

Farben sind im Prinzip ebenso vieldeutig wie alle Symbole. Es dürfte deshalb richtig sein, wenn Gaye ihren Schülern empfiehlt, sich ihren eigenen Farbencode aufzubauen. Je nach Zusammenhang kann auch die gleiche Farbe sehr Verschiedenes bedeuten: Könnte Gelb im Bauchbereich der physischen Aura vielleicht auf eine Disharmonie in der Leber hindeuten, würde das gleiche Gelb in der emotionalen Aura eifersüchtige Gefühle andeuten und in der mentalen Aura wissenschaftliches Denken. Deshalb behauptet Bill Coller, die Abweichungen in den Farbinterpretationen verschiedener Medien kämen nur daher, daß diese Medien nicht angeben, auf welche Aura sich ihre Aussage bezieht. Er plädiert dafür, daß es eine objektive Farbzuordnung gibt, die allerdings für jede Auraebene wieder anders ist.

Ich selber neige dazu, anzunehmen, daß wohl ein kollektiv gültiges, sozusagen archetypisches Farbverständnis besteht, daß diesem überlagert aber individuelle Auffassungen zu finden sind. Ich glaube deshalb, daß es gut ist, sich von dem, was andere für richtig halten, anregen zu lassen, sich dann aber auf das eigene Gutdünken zu besinnen.

7.3.3. Die blaue Blume der Phantasie

Im französischen Sprachbereich wird Blau mit Märchen und Phantasie in Zusammenhang gebracht. Für die Deutschsprachigen ist die Treue blau, und im englischen Sprachgebiet wird Blau mit Traurigkeit verbunden. Und obwohl man unter Blau eine eher kalte Farbe versteht, ist es doch die Farbe der Seele, die so dem Wasser gleicht. Das Tierkreiszeichen Fische mit den Planeten Neptun und Jupiter entspricht dieser Farbe. Friede, Intuition und Inspiration bedeutet Blau bei Nelson Ross, Ramadahn spricht vom blauen Mantel der Mutter Maria, die friedvolle, zärtliche Liebe ausstrahlt, welche die kranke Seele heilt. Für Bill Coller bedeutet Blau Einkehr, die Suche nach innerer Wahrheit durch inneres Gewahrsein. Je nach Ebene und Blauschattierung kann Blau bei Bill auch verborgene mediale Fähigkeiten, Passivität oder Einsamkeit bedeuten.

Mögen die Medien die Aurafarben oft recht unterschiedlich interpretieren, in einem Punkt sind sie sich alle einig: Je heller, leuchtender, durchscheinender, klarer und zarter eine Farbe ist, je näher sie dem alle Farben umfassenden strahlenden Weiß des reinen Geistes ist, um so spiritueller und heiterer darf man sie ansehen. Je dunkler, matter, schmutziger und dichter sie ist, je näher sie dem lichtlosen Schwarz stärkster materieller Konzentration kommt, desto eher deutet sie auf Disharmonie, irdische Probleme oder Prüfungen und Angelegenheiten der materiellen Welt hin.

7.3.4. Misch- und Komplementärfarben

Farben, die sich gegenseitig zu Weiß ergänzen, nennt man Komplementärfarben. Man kann diese Farben auf den Negativen von Farbfilmen sehen: Was eigentlich rot ist, ist auf dem Negativ grün, was eigentlich gelb ist, sieht violett aus, und was eigentlich blau sein sollte, wird orange abgebildet. Die eben genannten Farben sind aber auch Mischfarben aus den »reinen« Farben Rot, Gelb und Blau: Blau und Rot ergibt Violett, Blau und Gelb ergibt Grün, und Rot und Gelb ergibt Orange.

Orange ist also eine Mischung aus Rot und Gelb und die Ergänzung zu Blau. Vielleicht hängt es damit zusammen, daß die genannten Mischfarben besonders harmonisierend und beruhigend wirken sollen. Orange ist zwar eine sehr aktive Farbe, aber für Nelson Ross gehört sie zum Heilen (Gelb: spirituelles Heilen plus Rot: magnetische Energie). Bill Coller sieht im mittleren Orange den Wunsch nach Ausgleich, das Beschreiten des Mittelweges, um größere Stabilität zu gewinnen. Das zarte lachsfarbene Orange spräche für spirituelle Harmonie und Ausstrahlungskraft, während die Mischung mit Schwarz zu Brauntönen führt, die auf Suche nach irdischer Stabilität und nach tieferen Erkenntnissen hinweisen, also auf Schulung, Studien und Interesse für okkulte oder paranormale Zusammenhänge. (Auf englisch betreibt jemand, der sich schweren Grübeleien hingibt, »a brown study«, er »studiert sich braun«.)

Grün ist die Mischung aus Gelb und Blau und die Ergänzung zu Rot. Entspricht Rot dem Blut des tierischen Lebensbereichs, so entspricht Grün dem Chlorophyll des Pflanzenreichs. Bedeutet Rot die Beweglichkeit und Aktivität des Tierreichs, so bedeutet Grün das ruhige und unaufdringliche Wachstum der Pflanzen. Ramadahn bezeichnet Grün als die Farbe der harmonischen und friedlichen Vereinigung. Für Gaye ist Grün die Farbe der Liebe; und da die sieben Regenbogenfarben oft den sieben Energiezentren zugeordnet werden, ist Grün, die vierte und mittlere Farbe, diejenige des Herzzentrums, der Liebe. Die Liebesgöttin Venus entspricht dem grünen Kupferoxyd, wie ihr Gegenspieler, der Kriegsgott Mars, dem roten Eisenoxyd.

Violett schließlich setzt sich aus Rot und Blau zusammen und ist die Ergänzung zu Gelb. Wie das Gold der Sonne zum gelben Strahl gehört, so gehört zum violetten das Silber des Mondes. Violett ist die Farbe der Religiosität, des Glaubens, der spirituellen Offenbarung, Erkenntnis und Geborgenheit. Es symbolisiert die Umwandlung vom irdischen Rot zum himmlischen Blau, den direkten Weg zwischen Himmel und Erde und somit göttliche Gnade. Das Violett von Indigo bis Mauve und Purpur bedeutet bei Bill das Erleben einer Offenbarung, spirituelles Interesse und Freunde oder Verwandte im Jenseits. Religiöse Aspekte sind oft mit dieser Farbe verbunden.

7.3.5. Die Anwendung der Farben

Es gibt mehrere Möglichkeiten der Arbeit mit Farben im spirituellen Bereich. Ich werde hier nur einige Beispiele anführen, die ich bei verschiedenen Medien beobachten konnte.

»Ich brauche einen Freiwilligen«, ruft Bill vom erhöhten Podium in der Bibliothek des Arthur Findlay College. Er unterrichtet die etwa sechzig Teilnehmer der »Schweizer Woche« und will uns zeigen, wie er mit den Aurafarben arbeitet. Zaghaft meldet sich eine Teilnehmerin. Bill bittet sie, zu ihm zu kommen. »Suchen Sie sich jemand im Publikum aus, den Sie noch nicht besonders gut kennen«, bittet Bill. »Und dann nennen Sie mir drei Farben, die Ihnen im Zusammenhang mit der Person einfallen, die Sie sich ausgesucht haben.«

»Dunkelblau, Rosa und Violett«, sagt die Dame nach kurzem Nachdenken. »Gut«, erklärt Bill. »Sie haben da die physische Aura Ihrer Zielperson gelesen. In der physischen Aura bedeutet Dunkelblau, daß diese Person eine Zeit durchgemacht hat, die sich kalt und einsam anfühlte. Ich würde sagen, das war vor etwa zwei Jahren, da fühlte sich diese Person ziemlich verlassen. Und dann kam ein Kind in ihr Denken. Das Rosa bedeutet liebevolle Gedanken für ein Kind. Vielleicht hat die Zielperson ein Enkelkind bekommen, oder sie konnte sich um das Kind einer Nachbarin kümmern. Jedenfalls erfuhr sie durch dieses Erlebnis so etwas wie eine Offenbarung (Violett). Ihr Leben gewann wieder einen neuen Inhalt und Sinn. Nennen Sie jetzt Ihre Zielperson, und wir fragen sie, ob sie mit dieser Deutung etwas anfangen kann.«

Die genannte Teilnehmerin ist völlig verblüfft. Bills Aussagen treffen ganz genau auf sie zu. Aber ebenso überrascht ist die Teilnehmerin, die ihm die Farben genannt hat. »Ich hab' doch bloß einfach die Farben genannt, die mir gerade eingefallen sind! Wie kann ich denn herausfinden, zu welcher Aura sie gehören und welche Rolle sie für die bestimmte Person spielen?«

Bill erklärt, daß er von der geistigen Welt intuitiv eingegeben bekommt, auf welcher Ebene er die Farben zu deuten hat und was im jeweils besonderen Fall ihre Bedeutung ist. Auf der physischen Ebene heißt für ihn Dunkelblau jedenfalls immer eine kalte Lebensperiode, Rosa Gedanken an ein Kind und Violett eine Art Offenbarung. Die Kunst liegt in der intuitiven zusammenhängenden Deutung.

In seinen Privatsitzungen trägt Bill in ein mit einer Schablone skizziertes Schema, das einen Menschen in einem Oval darstellt, verschiedene Farben ein, die er intuitiv auswählt. Er deutet dann am Schluß der Sitzung die Farben dieses Aurabildes gemäß seinem Farbencode.

Karl Francis zeichnet in seinen Beratungssitzungen mit farbigen Wandtafelkreiden auf ein schwarzes Papier. Bei ihm bedeuten die Farben verschiedene Ebenen der Persönlichkeit: Weiß den körperlichen Zustand (physische Ebene), Grün den energetischen Zustand (ätherische Ebene), Rot den emotionalen Zustand (astrale Ebene), Gelb den intellektuellen Zustand (mentale Ebene), Orange den sensitiven Zustand (spirituelle Ebene) und Violett den inkarnativen Zustand (karmische Ebene). Die Form und die Stellung der ausgeführten Farbstriche zeigen, in welchem Alter welche Funktion stark entwickelt war, welche Körperseite sie betrifft und ob sie nach außen wirksam wurde oder nicht. Die untere oder linke Bildseite weist auf die rechte Körperseite, das Geben, hin, die obere oder rechte Bildseite auf die linke Körperseite, das Empfangen. Das erste Drittel bezieht sich auf den Zeitraum von ca. 0–11 Jahren, das zweite von 12–23 Jahren und das dritte mehr oder weniger auf den Zeitpunkt der Konsultation. Eine durchgezogene Linie bedeutet »kräftig«, eine gewellte »schwach«. Liegt die Linie weiter außen, kommt die Eigenschaft eher mehr im äußeren Bereich zum Tragen, liegt sie weiter innen, wirkt sie mehr im verborgenen.

Ein kräftiger gelber Halbbogen nach links und rechts im mittleren Drittel läßt z. B. auf ein starkes Hervortreten der intellektuellen Aktivität, sowohl im aufnehmenden (lernen) als auch im gebenden (sich mitteilen) Sinne, während der Adoleszenz schließen.

Über die Auragramme von Nelson Ross habe ich schon im Abschnitt über seine Medialität berichtet.

Daß Farben der Aura von Sensitiven zur Diagnose von Krankheiten verwendet werden, habe ich auch schon erwähnt. Gegebenheiten im spirituellen, emotionalen und gesundheitlichen Bereich können Medien wie Gaye Muir, Ursula und Eileen Roberts und andere von der Aura ablesen.

Farben lassen sich aber auch zum Heilen einsetzen. Man kann mit entsprechendem farbigem Licht sowohl auf der materiellen Ebene als auf der Vorstellungsebene ausgleichend auf Störungen einwirken. Ich möchte allerdings ausdrücklich auf meine unter »Gefahren« in Kapitel 12 bezüglich »Einwirkung« geäußerten Gedanken hinweisen.

8. Der Heiler Karl A. Francis

8.1. Karl A. Francis

8.1.1. Zu Hause in Guayana

Als ich zum ersten Mal das liebe dunkelhäutige Gesicht von Karl mit dem leicht grau melierten Kraushaar sah, spürte ich sofort Wärme und Zutrauen. So geht es wohl den meisten Menschen, die Karl aufsuchen, um von ihm Heilung zu bekommen. Obwohl uns dunkelhäutige Menschen oft fremdartig und vielleicht nicht so leicht zugänglich erscheinen – bei Karl fühlen sich die meisten spontan wohl.

Carlos Anthony Francis kam am 10. Juli 1918 in Georgetown in Guayana (Südamerika) zur Welt. Obwohl er katholisch erzogen wurde, beeinflußten ihn spiritualistische Ansichten und andere Religionen von klein auf, denn seine Mutter war eine natürliche Sensitive.

Das rechte Auge des kleinen Karl machte seiner Mutter große Sorgen. Es trat stark aus der Augenhöhle hervor, und alle Ärzte, die sie aufsuchte, wußten nur einen Rat: operative Entfernung des rechten Auges. Selbst Kapazitäten der Augenheilkunde hielten damals Karls Erkrankung für unheilbar. Nicht so dessen Mutter. Sie wollte nichts unversucht lassen und bat eine ungebildete Holländerin, die als Geistheilerin schon einige Erfolge zu verzeichnen hatte, um Hilfe. Diese Dame konnte keinerlei Englisch. Der damals sechsjährige Karl verstand ein paar Worte Holländisch. Wie erstaunt war er deshalb, als diese Frau, von der er wußte, daß sie nicht Englisch sprechen konnte, während der ganzen Behandlung in fehler- und akzentfreiem Englisch mit ihm, den anwesenden beiden Ärzten, seiner Mutter und anderen Zuschauern sprach. Der jenseitige Arzt, der durch die Trance-Heilerin sprach, nannte sich Dr. Parkinson. Er schrieb für Karl ein Rezept aus, das die beiden Ärzte als fachgerecht anerkannten. Das so verschriebene Heilmittel und vor allem der Verband aus Kräutern bewirkten tatsächlich eine rasche

Besserung. Die erfolgreiche Heilung beeindruckte Karl ganz außerordentlich. Schon damals wurde sein Interesse für das geistige Heilen geweckt.

Bis er etwa acht oder neun Jahre alt war, sah er jeweils um alle Leute herum Farben, die ihm zeigten, wer nicht ganz gesund oder wer ihm besonders sympathisch war. Später verlor sich diese natürliche Gabe. Er interessierte sich schon damals für alles Okkulte und las bis zum Beginn seiner Berufslaufbahn zahlreiche Bücher über esoterische Themen. Nach der Schule trat er in die Polizeitruppe ein und diente dort zuerst als Bürokraft und später als Polizist. Sein Hobby waren schon damals das Schlagzeug und die Jazzmusik, denen er sich später hauptberuflich widmete.

Die verschiedenen religiösen Praktiken, die in seinem Heimatland von den Angehörigen der verschiedensten Denominationen ausgeübt wurden und an denen er häufig teilnahm, gaben ihm einen weitgespannten religiösen Rückhalt. Seine Mutter hielt gelegentlich mediale Beratungen ab und hatte zahlreiche Vorahnungen. Das spiritualistische Gedankengut war ihm deshalb bereits vertraut, als er im Zweiten Weltkrieg 1943 zur Royal Air Force nach England kam.

»Ich konnte das Leben von einer festen Grundlage aus betrachten«, berichtet Karl. »Sie gab mir eine Religion, einen Glauben und ein Vertrauen in die Macht und die Kraft der Geistigen Welt. In ihr manifestiert sich meiner Ansicht nach Gott. Schon als Kind und bis heute weiß ich in meinem Innersten und für meinen künftigen Weg ins Licht, daß das Leben ewig ist.«

8.1.2. Als Heiler tätig

Nach dem Krieg arbeitete er als Dreher in einer mechanischen Werkstätte. Da aber sein dortiger Verdienst keineswegs ausreichte, mußte er sich nach einem andern Lebensunterhalt umsehen. Neben seinem Interesse für die Metaphysik liebte er in erster Linie Musik. So verdiente er sich als ausgezeichneter Schlagzeuger und »Bandleader« sein Brot. Er hatte seine eigene Jazzgruppe, mit der er recht erfolgreich auftrat. Als eines der Mitglieder der »Band« wegen einer Erkrankung ganz auszufallen drohte, legte ihm Karl seine Hände auf

– und der Kollege wurde ungewöhnlich rasch gesund. So fand Karl immer mehr den Weg zum Heilen.

1954 bis 1956 bot sich Karl die Gelegenheit, in Indien zahlreiche Erfahrungen zu sammeln. Nach England zurückgekehrt, heiratete er 1956. Von diesem Zeitpunkt an besuchte er regelmäßig Zirkel und entwickelte seine Fähigkeiten als Medium und Heiler.

Er begnügte sich aber nicht damit, einfach als spiritueller Heiler die Hände aufzulegen, er studierte einschlägige Fachliteratur und bildete sich auf den verschiedensten Gebieten der Heilkunde weiter. Heute ist er »Licenced Tutor in Physiatrics« (Konzessionierter Heilbehandlungslehrer) und Mitglied der englischen Physiologengesellschaft (London & Counties Society of Physiologists). Er befaßte sich mit den verschiedenen Aspekten der Esoterik und ganz besonders mit der Aura und der Kabbalah. Schwedische Heilmassage und Aromatherapie gehören ebenfalls zu seinen vielseitigen Kenntnissen.

Ausgerüstet mit diesen Grundlagen, gründete er 1967 gemeinsam mit seiner Frau Betty die »Acacia Health Clinic« (Akazien-Gesundheits-Klinik) und das »Acacia House Centre«, eine gemeinnützige Organisation für Gesundheit, Erziehung und Yoga. Als die Betreuung dieser Organisation zuviel wurde für sie, überließen sie die Klinik ihren Mitarbeitern. Heute heißt diese Organisation »Body Harmonics Foundation« und wird von Kate Beeching geleitet.

Tom Johanson, der mit Betty und Karl befreundet war und durch sie seine zukünftige Frau Coral Polge kennengelernt hat, hatte an Pfingsten 1963 die erste öffentliche Heiler-Demonstration am Trafalgar Square durchgeführt, 1964 gelang es ihm, Harry Edwards für diese Demonstration zu gewinnen, und in den nächsten Jahren wiederholte sich der Anlaß, wobei Karl Francis anstelle von Harry mitarbeitete, weil dieser zu viele eigene Verpflichtungen hatte. Bis 1969 stellten sich Tom und Karl für die öffentlichen Heilungsdemonstrationen zur Verfügung.

Seit seiner Scheidung 1983 arbeitet Karl allein als Heiler, Medium und Lehrer für esoterische und alternative Heilmethoden. Seine profunden Kenntnisse und seine liebenswürdige Bescheidenheit werden von seinen Freunden, Schülern und Patienten auf der ganzen Welt geschätzt.

Karl sagte: »Es gibt die verschiedensten Motive, weshalb jemand ein Medium oder ein Heiler werden möchte. Das wichtigste dabei ist, daß man sich voll für die Sache einzusetzen bereit ist. Ich selbst wollte ursprünglich weder ein Medium noch ein Heiler werden. Ich wehrte mich fünf Jahre lang und prüfte die Geistwesen, die mich in ihren Dienst nehmen wollten. Aber dann ließ ich mich überzeugen. Ich wollte andern Menschen dienen, und ich verstehe meine Arbeit als einen Dienst für die Geistige Welt, deren Werkzeug ich bin, und als einen Dienst für die Menschen unserer materiellen Welt, denen ich als Vermittler der geistigen Energie zur Verfügung stehe.«

8.1.3. Die Aufgabe des Heilers

Ich glaube, ich kann die Aufgabe eines Heilers, wie sie Karl versteht, nicht schöner beschreiben als durch eine Geschichte, die mir eine Heilerin, die ich Elisabeth nenne, erzählt hat. Karl selbst ist viel zu bescheiden, um solche ihn betreffende Begebenheiten publik zu machen. Elisabeth berichtete mir ihr Erlebnis auch nicht, um sich hervorzutun, sondern einfach, weil sie dieses Geschehen so ergriffen hatte, daß sie es mit andern teilen wollte.

Elisabeth hat einen anstrengenden Tag hinter sich. Sie ist gerade beim Abendbrot und freut sich darauf, danach gemütlich ausspannen zu können. Da läutet das Telefon. Am Apparat ist ein Mann, der sehr verzweifelt klingt: »Meine Tochter Julia wird in drei Monaten sterben. Das haben die Ärzte gesagt. Sie sind doch eine Heilerin. Bitte helfen Sie ihr. Sie wohnt...«, und er gibt ihr die Adresse.

Wie stets bereit, jedem Hilferuf Folge zu leisten, macht sich Elisabeth auf den Weg. Erst unterwegs kommen ihr Zweifel: Wieso hat die Frau nicht selbst angerufen? Weiß sie überhaupt, daß ihr Vater mich zu ihr schickt? Was soll ich sagen? Hätte ich nicht lieber zu Hause bleiben und abwarten sollen? Wie soll ich mich verhalten?

Unterdessen ist sie bei der genannten Adresse angekommen. Auf ihr Läuten öffnet ihr ein freundlicher Mann die Türe. Es ist Albert, Julias Mann. Er bittet Elisabeth, einzutreten und Platz zu nehmen. Julia und Albert haben Elisabeth erwartet. Sie erhoffen sich von ihr Hilfe, denn Julia ist schwer krank und wird nach Meinung der

Ärzte nur noch drei Monate zu leben haben. Sie sprechen darüber, auch über das Sterben allgemein, und Elisabeth kehrt tief bewegt nach Hause zurück. Sie weiß nicht, was sie tun soll.

Aber Elisabeth spürt, daß sie Kraft bekommt von der Geistigen Welt. Sie besucht regelmäßig Julia und pflegt sie. Während sie bei ihrer eigenen Familie es nie fertigbrachte, Erbrochenes wegzuwischen, weil ihr dabei selbst immer schlecht wurde, hält sie jetzt bei der todkranken Julia aus, obwohl sie furchtbar übelriechenden Auswurf hat. Sie kann den Anblick der langsam dahinsiechenden jungen Frau kaum ertragen. Besonders schlimm ist es an Tagen, an denen es Julia bessergeht. Dann spricht sie davon, daß es ihr nicht vergönnt ist, ihren erst zwei Jahre alten Sohn Martin aufwachsen zu sehen. Elisabeth bricht es fast das Herz. Sie selbst würde zu Hause dringend gebraucht, denn ihre jüngste Tochter steht kurz vor ihrer Heirat, und da gäbe es noch so vieles vorzubereiten. Trotz allem pflegt sie Julia und sorgt für sie bis zu ihrem Tod. Elisabeth spricht am Begräbnis allen Trost zu und darf vielen eine Hilfe sein. Sogar als der leidgeprüfte Vater sarkastisch ausruft: »Freut euch, es ist doch ein Festtag, weil Julia hinübergegangen ist!«, findet sie die richtigen Worte. Elisabeth erklärt, daß es ihr unendlich leid tut für Albert, Julia und Martin, die junge Familie, aber daß es tatsächlich drüben ein Geburtstag ist für Julia. Nur wir, wir leben ja noch hier, wir bleiben mit einem Verlust zurück – und können nicht drüben mitfeiern!

Der Pfarrer drückt ihr sein Erstaunen aus über ihre Fähigkeit, mit alldem so umsichtig fertig zu werden. Elisabeth aber entgegnet: »Ich habe Hilfe von drüben. Die lassen mich nicht im Stich.«

Dies ist nicht die Geschichte eines Heilerfolgs, gewiß nicht. Aber sie zeigt, meiner Ansicht nach, worauf es ankommt: Was zählt, ist nicht das, was wir in unserem materiellen Denken als Erfolg einstufen würden, sondern der selbstlose Einsatz im Vertrauen auf die Hilfe von drüben.

»Wenn ich benennen sollte, was den wahren Heiler ausmacht«, erklärt Karl, »würde ich sagen: 1. der Verzicht auf den Wunsch nach persönlichem Erfolg und 2. die Bereitschaft zum Dienst am Nächsten. Wenn ich in Harmonie mit dem kosmischen Ganzen das annehmen kann, was auf mich zukommt, und in Liebe meiner Umwelt dienen kann, bin ich glücklich.«

8.1.4. *Heiler in England*

Es gibt in England eine außerordentlich hohe Zahl von Heilern und Heiler-Organisationen. Soweit mir bekannt ist, existieren drei große Heilergesellschaften, nämlich die »National Federation of Spiritual Healers«, zu der die »International Fellowship of Spiritual Healers« gehört, »The British Alliance of Healing Associations«, eine Vereinigung britischer Heilergesellschaften und Heilerorganisationen, der z. B. auch das Heilerzentrum der SAGB und die Body Harmonics Foundation angeschlossen sind, und die »Guild of Spiritualist Healers«, die eine Organisation der SNU ist.

Entstanden sind alle diese Vereinigungen aus einfachen Anfängen. Im November 1948 gab in einer kleinen Spiritualistenkirche in London John Britnell seine erste Heilungsdemonstration. Innerhalb eines Jahres versammelte er um sich eine kleine Gruppe von Heilern und gründete die »Essex Healers' Association« (Gesellschaft der Heiler von Essex), die sich bald zu einer der großen Heilergruppen entwickelte, wie sie in vielen andern Grafschaften auch entstanden. Der gleiche John Britnell war es auch, der mit drei anderen Heilern im Juni 1954 die National Federation ins Leben rief. Mitglied Nummer eins und späterer Präsident war Harry Edwards. Mitglied Nummer zehn wurde Ursula Roberts, die noch heute stolz darauf ist, schon so früh Mitglied dieser heute Tausende von Mitgliedern zählenden Gemeinschaft gewesen zu sein. Rasch wurden Heilergruppen aus verschiedenen Grafschaften Mitglieder der NFSH. 1976 jedoch wurde an der Mitgliederversammlung beschlossen, nur Einzelmitglieder in der NFSH zuzulassen, so daß die Gruppenmitgliedschaft der einzelnen Grafschaften aufgelöst wurde. Deshalb wurde am 6. November 1977 die British Alliance of Healing Associations (BAHA) gegründet, die nur Gruppen oder Organisationen mit mindestens zehn Heilern als Kollektivmitglieder aufnimmt. Einzelmitgliedschaft ist bei einer der Untergruppen möglich.

Sowohl die NFSH als die BAHA wie auch die Guild der SNU sind vom Gesundheitsministerium anerkannt. Die BAHA hat mit andern Organisationen zusammen die »Confederation of Healing Organisations« (CHO) gegründet, um gegenüber staatlichen Stellen und der Öffentlichkeit Anliegen, die das Heilen betreffen, koordiniert vertreten zu können.

Im Frühjahr 1986 hatte ich Gelegenheit, auf die Empfehlung von Karl Francis hin zwei Heilerzentren zu besuchen, »The Seekers Trust« in Addington Park, einem kleinen Nest in der Nähe von Maidstone (Kent), und »The Harry Edwards Spiritual Healing Sanctuary« in Shere bei Guildford (Surrey).

Der »Seekers Trust« (Vertrauen der Suchenden) geht auf den Industriellen und Erfinder Charles Adam Simpson zurück, der um die Jahrhundertwende lebte. Ohne sich je zuvor für spiritualistische Dinge interessiert zu haben, verfiel er angesichts einer schweren Erkrankung seiner Frau in einen Trancezustand. Ein jenseitiger Arzt, der sich Dr. Lascelles nannte, gab an, wie die Krankheit behandelt werden müsse. Zum großen Erstaunen der Ärzte verlief die Therapie erfolgreich. Dr. Lascelles wünschte, daß C. A. Simpson weiterhin als Heiler arbeiten sollte. Dieser wollte sich aber nicht von seiner Karriere als Erfinder abbringen lassen. Erst als ein von ihm angemeldetes Patent nicht angenommen werden konnte, weil wenige Minuten vor ihm ein anderer für eine praktisch gleiche Erfindung einen Antrag gestellt hatte, ließ er sich von der Geistigen Welt davon überzeugen, daß seiner eine andere Aufgabe harrte. Dr. Lascelles lehrte ihn eine besondere Art des Handauflegens, die noch heute zur Anwendung kommt. Als seine wunderbare Heilergabe bekannt wurde, erhielt er aus der ganzen Welt Anfragen und Bitten um Heilung. Zu diesem Zweck wurde auf Empfehlung von Dr. Lascelles die Gebetsheilung eingeführt. Die »Harmony Prayer Circles« (Harmonie-Gebets-Gruppen) basieren auf dem Jesuswort: »Wo zwei oder drei in meinem Namen versammelt sind, da bin ich mitten unter ihnen« (Mat. 18,20). Zwei bis sechs Teilnehmer vereinigen sich um einen Tisch, beten bestimmte Gebete (beginnend mit dem »Vater Unser«) und nennen die Namen derer, denen Heilung zuteil werden soll. Gleichzeitig beten die Bittsteller bei sich zu Hause ebenfalls die gleichen Gebete. Tausende von Dankschreiben zeugen für den Erfolg dieser Methode. Das Zentrum liegt an einer Stelle, wo Überreste eines mesolithischen Heiligtums gefunden wurden. Eine wunderschöne Anlage lädt zum Ausruhen und Meditieren ein.

Ebenfalls eine landschaftlich ganz prachtvolle Umgebung hat das Harry-Edwards-Zentrum aufzuweisen. Joan und Ray Branch, die früheren Mitarbeiter von Harry Edwards, der von 1893 bis 1976 lebte, führen es in seinem Namen weiter. Auch hier wird für zahlreiche Heilungssuchende Fernheilung gegeben. Harry Edwards führte im Mai 1954 die »Heilungsminute« ein. Jeden Abend um 10 Uhr vereinigen sich alle, die im Geiste an dieser Gedenkminute teilnehmen, in einem stillen Gebet für alle Kranken und für den Frieden in der Welt. Da sich jedoch jeder nach der Zeitrechnung seines eigenen Landes richtet, findet weltweit praktisch jede volle Stunde eine »Heilungsminute« statt.

Den Vertreter einer weiteren Organisation, des »Mercian Hospice and Healing Programme«, Anthony Ellis, lernte ich in Stansted kennen. Diese noch sehr junge Organisation hat aus der Geistigen Welt gesagt bekommen, sie werde mit materialisierten Geistwesen heilen können. Solche Heilungen könnten auch mit Video aufgenommen werden. Tony Ellis verschickt allen seinen Helfern wöchentlich Listen und Namen von Heilungssuchenden und Angaben über ihre Fortschritte.

Diese und viele andere Organisationen haben riesige Karteien mit Adressen von Heilungssuchenden, denen Fernheilung geschickt wird. Es wird erwartet, daß jede Woche schriftlich über den Gesundheitszustand des Kranken berichtet wird. Da für Heilungsbemühungen nie Honorar verlangt wird, arbeiten diese Organisationen alle auf Spendenbasis – anscheinend mit gutem Erfolg sowohl für die Kranken als für die Organisation.

8.2. Heilen und Heiler

8.2.1. Der größte Heiler

»Der größte Heiler war selbstverständlich Harry Edwards.« – »Und jetzt ist es Tom Johanson.« – »Ja, der allergrößte war natürlich Jesus von Nazareth.« – »Können Sie mir den besten Heiler nennen?« »Meine Krankheit ist unheilbar, ich brauche den allerbesten Heiler.« – »Die Ärzte haben mich aufgegeben, soll ich auf die Philippinen fliegen, um mich von einem Logurgen (Geistoperateur) operieren zu lassen?« – »Eine indianische Heilungszeremonie heilt unfehlbar jede Krankheit.« – »Ein Meister des chinesischen QI GONG kann sogar Gelähmte wieder auf die Beine bringen.« – »Der japanische REIKEE-Meister kann die Kraft zum Heilen seinen Schülern durch Einweihung weitergeben.«

Diese Sätze zeigen die Gefahren, denen wir ausgesetzt sind, weil wir Menschen sind und menschlich denken. Schon die Jünger Jesu stritten sich darüber, wer wohl der Größte sei. Und der Streit darüber, welcher Heiler oder welche Heilmethode am wirksamsten helfen könne, wird wohl nicht so bald beigelegt werden können. Das hängt zum Teil – aber nur zum Teil – mit unserer Konsumeinstellung zusammen.

Wir haben uns daran gewöhnt, unsern Körper als eine Art »Auto« anzusehen. Wenn er nicht mehr einwandfrei funktioniert, bringen wir ihn zur Kontrolle und zum Überholen. Wir erwarten vom Arzt oder vom Heiler, daß er (genau wie der Mechaniker in der Werkstätte) feststellen wird, wo der Schaden liegt, und dann entweder den schadhaften Körperteil reparieren oder auswechseln kann oder das gestörte Gleichgewicht der Treibstoffe durch Zugabe entsprechender Medikamente wieder in Ordnung bringt. Sind wir mit dem Ergebnis unzufrieden, versuchen wir es bei der nächsten Garage, die vielleicht einen besseren Mechaniker hat. Der beste Arzt oder Heiler ist der, bei dem sich unser Körper nach der Behandlung möglichst neuwertig präsentiert. Schließlich bezahlen wir (oder unsere Versicherung) ja auch dafür, und so haben wir ein Recht darauf, gesund gemacht zu werden. Wer das nicht kann, ist ein Stümper. Für uns ist nur der Beste gut genug.

Viele Menschen vergessen dabei ganz, daß sie selbst wohl auch noch ein Wörtchen mitzureden hätten bei der Sache. Es ist ja letztendlich mein Körper, um den es sich handelt. Es kommt darauf an, wie ich zu ihm eingestellt bin, was ich für sein Wohlbefinden tue, wie ich mit ihm umgehe. Es gibt viele Menschen, die für ihr Auto bedeutend besser sorgen als für ihren Körper. Und dieser Körper ist eben auch nicht unabhängig von dem, was wir Psyche nennen. Nur mechanistisch Denkende sehen nicht ein, daß praktisch alle gesundheitlichen Störungen psychosomatischer Natur sind, das heißt sich von der geistig-seelischen auf die körperliche Ebene verlagert haben.

Und – so paradox das zunächst klingen mag – gerade die mechanistisch Denkenden glauben am ehesten an Wunder und hoffen auf ein solches, wenn die Normalmedizin versagt. Da ein Materialist ja nicht für möglich hält, daß psychische Faktoren den Körper beeinflussen können, muß eben ein mächtiger Zauberer her, der das Unmögliche vollbringt.

Und der mächtigste Zauberer ist der bekannteste und erfolgreichste. Da fliege ich lieber um die halbe Welt, denn was teuer ist, muß auch gut sein, anstatt daß ich zum bescheidenen Heiler gleich um die Ecke gehe, der für ein paar aufmunternde Worte und ein schlichtes Handauflegen kaum ein Trinkgeld anzunehmen bereit ist. Wer kennt den schon, und was hat er schon geleistet?

Bekanntheit, Leistung, Macht, Käuflichkeit – das sind Kriterien, nach denen heute Ärzte und Heiler beurteilt werden, zumindest von den materialistischen Konsumenten.

Diese Kriterien halten einer genaueren Untersuchung ebensowenig stand wie die meisten anderen. Prof. Walter Hollenweger, ein Basler Theologe, der an der Universität von Birmingham in England lehrt, hat sich intensiv mit dem geistigen Heilen befaßt. Weder der Glaube des Heilers an Christus oder sonst eine höhere Macht noch der Glaube des Patienten an die Fähigkeiten des Heilers oder an sonst etwas scheinen für den Heilerfolg ausschlaggebend zu sein. Einzig das Vertrauensverhältnis zwischen Heiler und Patient, das Gefühl des Patienten, vom Heiler verstanden und angenommen zu sein, scheint einen gewissen Einfluß auf den Heilerfolg zu haben. Derjenige Heiler also, der die meiste Hingabe und Liebe in seine Arbeit legt, der ist der größte. Wie sagte Jesus damals? »Wenn jemand der Erste sein will, sei er der Letzte von allen und der Diener von allen!« (Markus 9,35).

Unter anderen auch solche Überlegungen haben dazu geführt, daß wir in unserem Zentrum das Wort »Heilung«, das falsche Hoffnungen und Vorstellungen erwecken könnte, durch das Wort »Genesungshilfe« ersetzt haben. Der Ausdruck »Genesungshelfer« klingt zwar schwerfälliger, trifft aber die Tätigkeit des sonst »Heiler« Genannten genauer.

8.2.2. *Der Heilungsvorgang*

Karl Francis stellt den Heilungsvorgang gerne als ein Dreieck dar. Die Grundlinie dieses Dreiecks bilden der Heilungssuchende auf der einen und der Genesungshelfer auf der andern Seite. Kommt nun der Heilungssuchende selbst oder ein Vermittler zum Genesungshelfer und bittet ihn um Hilfe, so stellt sich dieser einerseits (der Grundlinie des Dreiecks folgend) auf den Patienten ein und andererseits auf die Quelle aller Genesungskräfte, auf Gott. Diese Quelle wird symbolisch von der Spitze des Dreiecks dargestellt. Damit kann jetzt heilende Energie über den Genesungshelfer zum Patienten fließen. Gleichzeitig wird aber auch die Verbindung von der Heilquelle zum Patienten direkt (der dritte Schenkel des Dreiecks) wieder funktionstüchtig gemacht.

»Die Heilung ist ein immerwährender Vorgang, in den wir uns jederzeit einschalten können«, sagt Karl. Das kann so geschehen, daß der Genesungshelfer für einen Kranken, der sich an einem andern Ort befindet, um Genesung bittet. Man spricht dann von Fernheilung oder Gebetsheilung. Oder der Genesungshelfer legt dem persönlich anwesenden Kranken die Hände auf und läßt die Energie so durchfließen. Diese Form wird Kontaktheilung oder Handauflegen genannt. Dabei ist es natürlich theoretisch gar nicht nötig, daß der Heiler seine Hände direkt auf den Körper des Kranken legt, da die Gesundungskraft unabhängig von materiellen Gegebenheiten wirkt. Das Auflegen der Hände ist aber, wie Leslie Harvey (ein in der Schweiz recht bekannter englischer Heiler) einmal sehr treffend formulierte, der symbolische Ausdruck für die Liebe Gottes für diesen Kranken.

Die spiritualistischen Genesungshelfer aus England betonen immer wieder, daß sie nur Instrumente für die heilende Kraft sind, die durch sie wirkt. Weder sie selbst noch die Patienten müssen sich dazu besonderen Ritualen unterziehen. Ein einfaches Gebet, das die Bitte um Heilung für den Hilfesuchenden enthält, ist genug. Das Auflegen der Hände kann an jeder beliebigen Körperstelle geschehen, unabhängig vom erkrankten Organ. Die Energie fließt von selbst dorthin, wo sie gebraucht wird. Es ist also völlig unsinnig, wenn gewisse Heiler behaupten, sie selbst oder der Patient müßten bestimmte Schmuck- oder gar Kleidungsstücke ausziehen zum Heilen. Ebensowenig sind aufwendige Handlungen, bestimmte Bewegungen oder besondere Hilfsmittel notwendig. Auch das häufig praktizierte »Abschütteln« imaginärer Krankheitsenergien dient nur der Einbildung des Heilers und ist völlig überflüssig.

Allerdings gibt es andere Formen des paranormalen Heilens, für die andere Regeln gelten. Ich werde im Abschnitt über die Energien noch kurz auf einige solcher Möglichkeiten zurückkommen. Um das spiritualistische Heilungskonzept besser verstehen zu können, ist es notwendig, die spiritualistische Auffassung des Krankseins zu kennen.

8.2.3. Die Bedeutung von Krankheit

Das spiritualistische Menschenbild geht, wie ich im 2. Kapitel schon ausgeführt habe, davon aus, daß eine Geistseele in und mit einem physischen Körper lebt. Dabei spielen sich zahlreiche energetische Vorgänge ab, die zum einwandfreien Funktionieren des Organismus notwendig sind. Durch den göttlichen Funken, der in jeder Geistseele glimmt, sind wir alle mit der höchsten Quelle verbunden, so daß die Gesundungskraft von Natur aus in jedem Organismus wirksam ist. Verschiedene Ursachen können offenbar dazu führen, daß dieses natürliche Kräftegleichgewicht gestört wird. Sobald eine solche Störung eintritt, wirkt sie sich zuerst auf der energetischen Ebene aus, das heißt, sie wird in der Aura erkennbar. Erst in zweiter Linie überträgt sie sich dann auf den physischen Körper. Je länger eine energetische Störung bestehenbleibt, desto stärker wird der physische Körper geschädigt, und desto schwieriger gestaltet sich dann eine Heilung, obwohl sie auch in den extremsten Fällen nie ganz ausgeschlossen ist.

Ich bin der Ansicht, daß dieses Konzept auch dann gültig ist, wenn es uns schwerfällt, daran zu glauben, wie z. B. bei Unglücksfällen, mit deren Ursache die Verunglückten offensichtlich nichts zu tun haben. Wenn wir annehmen, daß ein universelles Energienetz in unserer Welt wirksam ist, dann sind auch die Ursachen für ein Ereignis, einen Flugzeugabsturz etwa, auf der energetischen Ebene bereits vor dem Eintritt des Unfalls vorhanden. Es scheint mir nun denkbar, daß Menschen, deren Energiehaushalt in einer bestimmten

Weise aus dem Gleichgewicht geraten ist, unbewußt dazu neigen, Flüge zu wählen, deren Harmonie in ähnlicher Weise gestört ist. Ich könnte mir vorstellen, daß eine solche Ansammlung gleichartig disharmonischer Energiefelder sogar zum Auslöser des energetisch vorhandenen Ungleichgewichts auf der materiellen Ebene werden könnte.

Wenn diese Behauptung stimmt, könnten wir uns vor allen Erkrankungen und Unfällen schützen, indem wir einfach unsere Energiefelder harmonisch erhalten. Woher kommen denn die Störungen, und wie können wir uns vor ihnen schützen?

Die Störungen hängen mit der Art zusammen, wie unsere materielle Welt strukturiert ist. Warum sie Gott gerade so geschaffen hat, können wir nur ahnen. Es scheint, als sei der Abstieg in den dunklen Gegenpol nötig, um bewußt und befreit ins Licht gelangen zu können. Da wir Menschen also so beschaffen sind, daß wir frei zu entscheiden imstande sind, ob wir selbstsüchtig, bösartig und uneinsichtig sein wollen oder gütig, verständnisvoll und hilfsbereit, sind wir dauernd sowohl negativen wie positiven Schwingungen ausgesetzt. Zeitweise brauchen wir die negativen Erfahrungen, um uns dessen bewußt zu werden, was für uns das Positive wäre. Anscheinend ist es sogar so, daß wir uns eine Existenz in einem geschädigten oder gestörten Körper wählen, weil diese Erfahrung für unsere spirituelle Entwicklung notwendig ist. Solche disharmonische Bedingungen, die wir uns gewählt oder durch eigenes »falsches« Handeln verursacht haben, nennt man oft »karmisch« (von Sanskrit »kar« = tun, handeln), und sie können nur durch eigene Arbeit an sich selbst verändert werden. Ein Heiler wird in solchen Fällen nur diesen Prozeß der eigenen Verarbeitung unterstützen können, nicht aber in der Lage sein, die Disharmonie selbst aufzulösen.

Vor weiteren Störungen können wir uns dadurch schützen, daß wir möglichst bewußt so leben, wie es für uns »richtig« ist. Ich habe die Worte »falsch« und »richtig« in Gänsefüßchen gesetzt, weil wir darunter meist absolute Werte verstehen. Das Ergebnis einer Rechnung ist entweder falsch oder richtig, unabhängig davon, ob es sich um meine oder die Rechnung eines anderen handelt. Im Leben ist das jedoch anders. Was für mich in meinem Dasein falsch sein mag, kann für den anderen richtig sein und umgekehrt.

Es gilt also herauszufinden, wie ich das für mich persönlich richtige Energiegleichgewicht aufrecht erhalte. Dies gelingt am besten, wenn ich mich der geistigen Führung überlassen kann, und wird desto schwieriger, je mehr ich aus eigensüchtigen Motiven handle. Doch Vorsicht: Auch ein scheinbar völlig altruistischer starker Helferwille kann unbewußt das Motiv enthalten, sich selbst unentbehrlich zu machen, also eine Art Machtstreben.

In spiritualistischer Sicht ist Krankheit also ein Faktor, mit dem wir leben müssen, solange wir Erfahrungen auf dieser materiellen Ebene machen. Krankheit kann ein gewählter Zustand sein, der eine Aufgabe bedeutet. Krankheit kann die Folge einer für diesen Menschen falschen Einstellung oder Handlung sein. Und Krankheit kann ein Signal sein, ein Symptom für eine energetische Disharmonie, an der es zu arbeiten gilt.

8.2.4. Der Auftrag des Heilers

Wenn sich jemand im Zustand der Krankheit befindet, ist es für ihn fast unmöglich, sich selbständig an die Energie des göttlichen Gesundungsvorgangs anzuschließen. Deshalb braucht er die Fürbitte oder die Genesungshilfe eines Menschen, der gelernt hat, als Kanal oder Instrument für diese Kräfte zur Verfügung zu stehen. Nach dem vorher Gesagten dürfte klarsein, daß der Genesungshelfer den Hilfesuchenden nicht gesund machen kann, sondern ihm durch seine liebende Zuwendung ermöglicht, selbst wieder den Anschluß an die ausgleichende Kraft zu finden. Ist der Patient dann bereit, selbst den notwendigen Schritt zur inneren Veränderung zu tun (oder hat er ihn im Laufe seines Krankseins schon getan), dann wird der Einsatz des Genesungshelfers von einem dauernden Heilungserfolg gekrönt sein. Andernfalls ist höchstens eine vorübergehende Besserung zu erwarten. Bei sogenannt »karmischen« Erkrankungen ist eine Heilung nur durch eine tiefgreifende Veränderung der ganzen Lebenshaltung und entsprechend ausgleichende Handlungen zu erwarten. Bei Patienten, deren physischer Körper so geschädigt ist, daß sie bereit sind, in die nächste Welt hinüberzuwechseln, kann der Genesungshelfer Linderung der Schmerzen bringen und dazu beitragen, daß die Ablösung und der Übergang ohne Angst und mit heiterem Gemüt vollzogen werden können.

Um dieser Aufgabe gerecht zu werden, muß der Genesungshelfer fortwährend an sich selbst arbeiten. Tom Johanson hat schon recht, wenn er sagt, daß jeder, der für seine Mitmenschen Liebe und Mitgefühl empfindet, bereits ein Heiler ist. Aber wir können uns zu immer durchlässigeren und brauchbareren Instrumenten entwikkeln, wenn wir unsern Auftrag ernst nehmen.

Natürlich reicht ein schlichtes Gebet zur Fernhilfe; eine gute Meditation bringt möglicherweise zusätzliche Informationen. Natürlich reicht eine gütig auf die Schulter gelegte Hand; wenn wir uns der Geistigen Welt zuvor öffnen, kann diese uns noch weitere Hinweise durchgeben. Natürlich reicht es, wenn wir ein paar mitfühlende Bemerkungen machen; ein auf die wahren Gefühle des Patienten eingehendes Gespräch trägt zur Lockerung und zum Geborgenheitsgefühl des Leidenden bei. Natürlich brauchen wir uns weder anders anzuziehen noch eine besondere Stellung einzunehmen, um gute Genesungshelfer zu sein. Saubere Kleidung und Reinlichkeit zeugen aber von Respekt für den Patienten und die geistigen Helfer. Wenn wir entspannt und innerlich richtig eingestellt unsere Aufgabe angehen, können unsere eigenen Energien besser fließen, wir werden weniger schnell müde und können länger unsere Dienste anbieten.

Die natürlich vorhandene Gesundungskraft können wir nicht verbessern, wir können in diesem Sinne weder besser noch schlechter heilen. Aber wir können uns sorgfältiger vorbereiten, können uns zu immer wirksameren Instrumenten entwickeln, damit uns die Geistige Welt gemäß ihren Bedürfnissen einsetzen kann. Und wir werden feststellen, daß die Aufgaben, die auf uns zukommen, immer gerade ein bißchen mehr von uns verlangen, als wir uns zugetraut hätten, aber nie mehr, als wir zu leisten fähig sind. Der beste Heiler ist, wer in Liebe und Demut seinen Auftrag und seinen Dienst annimmt.

8.3. Energiezentren und Lebensbaum

8.3.1. Das Räderwerk der Seele

Ich habe diesen machanisch klingenden Titel gewählt, weil die »Räder« (Chakra bedeutet in Sanskrit Rad) der Energiezentren wahrscheinlich die Verbindungsstellen der Geistseele mit dem physischen Leib darstellen. Als Räder oder Blüten werden diese Zentren deshalb bezeichnet, weil sie von hellsichtigen Menschen in Form von Rosetten wahrgenommen werden.

Bei den Chakras handelt es sich wie gesagt um Energiezentren, von denen wir eine ganze Menge in unserem Körper vorfinden. Meist ist von den sieben Hauptzentren die Rede, die ihren physischen Sitz im Zentralnervensystem (Gehirn und Rückenmark) haben und mit verschiedenen Körperorganen und Seelenfunktionen in Zusammenhang stehen. Allerdings sind sich die verschiedenen Überlieferungen in bezug auf die drei untersten Zentren nicht ganz einig.

Ich halte mich hier an die klassische indische Überlieferung, obwohl einige englische Spiritualisten für andere Zuordnungen plädieren.

1. Muladhara: das Wurzel- oder Basiszentrum. Es liegt am untersten Ende der Wirbelsäule und steht mit den Geschlechts- und Ausscheidungsorganen in Beziehung. Es ist die Eingangspforte für die Lebensenergie und wird dem Erdelement und der Farbe Rot zugeordnet. Die vier Speichen seines Rades (bzw. die vier Blätter seiner Blüte) entsprechen den vier Phasen des Mondes. In diesem Zentrum ist die Lebenskraft in Form der Schlange »Kundalini« aufgerollt, um im Laufe der spirituellen Entwicklung von Zentrum zu Zentrum aufzusteigen.

2. Svadhisthana: das Kreuzbein-Zentrum. Es liegt zwischen Kreuz- und Steißbein und steht mit den Nebennieren, den Eingeweiden des Beckens und eventuell der Milz in Verbindung. (Nach englischer Überlieferung hat die Milz ein eigenes Zentrum.) Es wird dem Element Wasser und der Farbe Orange zugeordnet. Seine sechs Speichen oder Blütenblätter entsprechen zweimal drei Fixpunkten im Umlauf des Planeten Merkur. Seine Funktion wird mit dem

Unterbewußtsein, dem Traumerlebnis und Astralreisen in Verbindung gebracht.

3. Manipura: das Nabel- oder Sonnengeflecht-Zentrum. Es ist auf der Höhe des dritten Lendenwirbels lokalisiert und steht mit den Baucheingeweiden und dem »plexus solaris« (Sonnengeflecht, ein Zentrum des vegetativen Nervensystems) in Verbindung. Es wird dem Element Feuer und der Farbe Gelb zugeordnet. Seine zehn Speichen oder Blütenblätter entsprechen zweimal fünf Fixpunkten im Umlauf des Planeten Venus (ein Pentagramm als Morgenstern und eines als Abendstern). Dieses Zentrum funktioniert als Energiezentrale. Von da aus strömen die Energien beim Heilen und bei den physikalischen Phänomenen. Es ist das Zentrum des Hellspürens und aller Empfindungen.

4. Anahata: das Herzzentrum. Es liegt auf der Höhe des siebten Brustwirbels und steht mit den Organen des Brustkorbs in Verbindung. Es wird dem Luftelement und der Farbe Grün zugeordnet. Seine zwölf Speichen oder Blütenblätter entsprechen den 12 Sonnenbahnabschnitten. Seine Funktion ist das Schwingen mit liebevollen Gefühlen, das verständnisvolle Mitfühlen und Anteilnehmen.

5. Visuddha: das Kehlkopf- oder Halszentrum. Es liegt auf der Höhe des siebten Halswirbels und steht mit dem Kehlkopf und der Schilddrüse in Verbindung. Es wird dem Äther und der Farbe Blau zugeordnet. Seine 16 Speichen entsprechen zweimal acht Fixpunkten im Umlauf des Planeten Mars. Im medialen Bereich ist seine Funktion das Äußern, also mediales Sprechen und Lehren, aber auch das Hellhören.

6. Ajna: das Hirnzentrum oder dritte Auge. Es liegt in der Mitte des Schädels (Thalamus und Hypothalamus) und steht mit der Hypophyse (Gehirnanhangdrüse) und der Epiphyse (Zirbeldrüse) in Verbindung. Es wird der Fabe Violettblau zugeordnet, hat zwei Blütenblätter und gehört zum Planeten Jupiter. Seine Funktion hat mit Intuition und Hellsichtigkeit zu tun.

7. Sahasrara: Scheitel- oder Kronenzentrum. Es liegt auf dem Scheitel und steht mit der Scheitelfontanelle des Kleinkindes und der Epiphyse in Verbindung. Es wird der Farbe Violett zugeordnet, wird der »Tausendblättrige Lotos« genannt und gehört zum Planeten Saturn. Das Scheitelchakra bildet das Eingangstor für die spirituellen Energien.

8.3.2. *Die Energiekörper des Menschen*

»Das Ganze des Alls ist angefüllt mit Energie«, erklärt Karl Francis. »Ein Medium hat deshalb die Aufgabe, Energie zu empfangen und weiterzugeben, also ein vermittelnder Energieleiter zu sein.«

Wie schon gesagt, leitet der spirituelle Genesungshelfer die göttliche Genesungsenergie des Alls zu den Genesungssuchenden weiter. Es gibt jedoch noch andere Energien, von den rein physischen Kräften über die verschiedenen elektrischen und magnetischen Energien bis zu den bioenergetischen und psychokinetischen Kräften, von denen nochmals ein ganzes Spektrum bis hin zu den spirituellen reicht. Wir sind weit entfernt davon, alle diese Energien auch nur annähernd beschreiben, einordnen oder gar beherrschen zu können. Einzelne Heiler stützen sich jedoch mehr oder weniger bewußt auf derartige Energien. Die sogenannten »Magnetopathen« z. B. arbeiten vornehmlich mit ihrer eigenen »magnetischen« (im Sinne des »animalen Magnetismus« von F. A. Mesmer) Energie, wodurch bei ihnen eine raschere Ermüdung eintritt, die ein mehrmaliges »Auftanken« notwendig macht, was bei der Arbeit mit rein spiritueller Energie nicht notwendig ist. Im allgemeinen lassen sich diese Energien und ihre Verwendung ohnehin nicht ganz sauber trennen, die meisten Heiler mischen diese Energien. Auch bei den sogenannten »Logurgen«, den »Geistoperateuren« auf den Philippinen, scheinen neben spiritueller Energie magnetische und psychokinetische Energien am Werk zu sein. Deshalb spielen bei ihnen auch physische Umstände eine Rolle. Sie arbeiten auf der bloßen Haut und verwenden Hilfsmittel wie Wasser, Watte usw.

Entsprechend dem Energiespektrum von der materiellen bis zur spirituellen Kraftschwingung spricht man auch von einem Spektrum von Schwingungskörpern des Menschen, das entsprechend den sieben Regenbogenfarben in sieben Teilbereiche unterteilt wird. Karl Fancis beschreibt dies so:

»Jeder Mensch besteht aus mehreren ›Körpern‹«, meist werden sieben verschiedene Teilbereiche genannt:

1. Der physische Leib. Er ermöglicht uns die Existenz auf der materiellen Ebene und den Energieaustausch mit den materiellen Bereichen der Mineralien, Pflanzen, Tiere und Menschen. Er funktioniert innerhalb der vier Elemente Feuer, Erde, Luft und Wasser.

2. Der ätherische Leib. Er ist verantwortlich für das Einwirken der kosmischen Energie auf den Körper. Das Äther-Element ist die alles verbindende Schwingung.

3. Der astrale Leib. Dieser Körper enthält die Schwingungen der Emotionen, der Begierden, der Wunschgedanken. Die astrale Ebene besteht aus den Gedankenformen, die durch Emotionen entstehen.

4. Der erste Mentalkörper. Er entspricht dem Bewußtsein, dem bewußten Denken. Diese vier Körper lösen sich im Laufe des Sterbevorgangs auf. Drei Tage nach dem Tod des physischen Leibes löst sich der Ätherkörper auf. Das Wesen erwacht jetzt in der Astralwelt und stellt fest, daß es keinen physischen Leib mehr besitzt. Das Bewußtsein funktioniert jetzt im Astralkörper. Auf dieser Ebene kann die Persönlichkeit viele Jahrzehnte bis Jahrhunderte bleiben, bis in einem zweiten Sterbevorgang Astral- und erster Mentalkörper absterben. Was dann übrigbleibt, das eigentliche Wesen der Persönlichkeit, geht dann in die spirituelle Ebene ein und kann sich, sofern es das wünscht, wieder inkarnieren. Dieses eigentliche Wesen, das »Ego«, besteht aus den drei höheren Körpern, dem zweiten Mental-Körper, dem intuitiven und dem spirituellen Leib. Dieses Ego erhält, wenn es auf der materiellen Ebene geboren werden soll, den göttlichen Funken, das höhere Selbst, das man auch als den Schutzengel bezeichnet, und wird damit auf die Reise in den physischen Leib geschickt. Diese Weisheit wurde von vielen Kulturen auf ähnliche Weise dargestellt. Aber nicht alle verwenden die gleichen Ausdrücke. Das hat leider oft zu Verständnisschwierigkeiten geführt, indem entweder der gleiche Ausdruck für verschiedene Dinge oder verschiedene Begriffe für den gleichen Inhalt verwendet wurden. Versuchen Sie also mehr den Sinn dessen zu begreifen, was ich sagen will, und klammern Sie sich nicht an die Worte.«

Wir können uns an die kosmischen Energien anschließen, indem wir ganz einfach innerlich stille werden und versuchen, auf das zu lauschen, was in uns hochkommt. Alles Geschehen können wir als Austausch von Energie oder als Interaktion von Schwingungen verstehen.

8.3.3. *Der Lebensbaum der Kabbalah*

»Wir können davon ausgehen, daß es im wesentlichen drei Elemente gibt, die den Menschen ausmachen«, lehrt Karl, »den spirituellen, den mentalen und den physischen Leib. Sozusagen als Vermittler dazwischen finden wir den intuitiven Leib zwischen dem spirituellen und dem mentalen und den ätherischen zwischen dem mentalen und dem physischen.« (Bei der oben angeführten Siebenteilung liegt zwischen dem mentalen und ätherischen noch der astrale Bereich und zwischen dem mentalen und intuitiven der zweite mentale Bereich.)

»Mit Hilfe der Kabbalah, der jüdischen Überlieferung, wollen wir diese fünf Teilaspekte des Wesens als Einheit funktionieren lassen. Die Kabbalah ist eine alte Darstellung der Vorgänge, wie die Seele aus ihrer göttlichen Quelle zur Manifestation auf der materiellen Ebene gelangt und wieder zu ihrem Ursprung zurückfindet. Diese Vorgänge werden als Beziehungsmuster von Begriffen dargestellt. Das System ist Tausende von Jahren alt, und es wird gesagt, Henoch und die Engel hätten es Abraham übermittelt, von dem es an Mose weitergegeben wurde, der es wiederum in seine Gesetzgebung und Philosophie einfließen ließ.

Die moderne Kabbalah kann für die verschiedensten Wissenschaften als Grundsystem gelten. Man kann darauf den Tarot und die Astrologie beziehen, die Medizin und die Psychologie. Es handelt sich um ein System aus zehn Punkten, die miteinander in Verbindung stehen. Wir haben eine Mittelsäule aus vier Punkten und zwei Seitensäulen aus je drei Punkten. Die Nummerierung erfolgt von der Mitte oben (1) nach rechts (2), hinüber nach links (3), wieder nach rechts (4) und links (5), dann zum eigentlichen Mittelpunkt (6) und nach rechts (7), links (8) und schließlich sozusagen zum Stamm des Baumes in der Mitte unten (9) und ganz unten (10).

Wir betrachten den Baum der Kabbalah so, als stünden wir selbst da, wo sich die Mittelsäule befindet. Dann ist die linke (für den Betrachter rechte) Seite (2, 4, 7) die Seite der Barmherzigkeit, die rechte (vom Betrachter aus linke Seite: 3, 5, 8) die der Strenge. Der Lebensbaum entspricht dem menschlichen Körper. Nach der kabbalistischen Lehre muß die Seele lernen, den Ausgleich zwischen dem Negativen (weiblichen, passiven, linken, barmherzigen

Aspekt) und dem Positiven (männlichen, aktiven, rechten, strengen Aspekt) herzustellen. Um unser Leben richtig und gut leben zu können, brauchen wir die Harmonie, die Ausgewogenheit zwischen rechts und links. Dies ist der Hauptzweck der ganzen Menschheitsgeschichte, diesen Ausgleich zu lernen.

Jeder Punkt im System des Lebensbaums hat einen hebräischen Namen mit etwa folgender Bedeutung, und jedem ist eine Farbe und ein Planet zugeordnet:

1) Kether: Krone, Ursprung, Licht (leuchtend Weiß, Blitz, All);
2) Chochma: Weisheit, Kraft, (Grau, Tierkreis);
3) Binah: Begreifen, Form (Schwarz, Saturn);
4) Chesed: Barmherzigkeit, gütige Gerechtigkeit (Blau, Jupiter);
5) Geburah: Strenge, scharfes Gericht (Rot, Mars);
6) Tiphareth: Schönheit (Gold, Gelb, Sonne);
7) Netzach: Sieg (Grün, Venus);
8) Hod: Glanz, Erfolg, Ruhm (Orange, Merkur);
9) Yesod: Grundlage (Violett, Indigo, Mond);
10) Malkuth: Königreich, Nährmutter (vier Fazetten: Rotbraun, Grüngelb, Oliv und Schwarz, Erde).

Wenn Sie sich den Lebensbaum so aufzeichnen, werden Sie bemerken, daß die oberen sechs Sephirot (so heißen die Punkte) um eine leere Stelle (11) angeordnet sind. Dies ist eine wichtige Stelle im Lebensbaum. Die oberen sechs (mit der Leerstelle sieben) Punkte beziehen sich auf die höheren Ebenen, die unteren vier mehr auf die physische Ebene. Der Punkt (11) ist sozusagen die höchste für eine lebende Seele erreichbare Ebene, alles darüber gehört zum spirituellen Bereich. Von da an geht es in eine Welt des reinen Lichts, ohne Formen, ohne Gedanken – nur pure Energie. Um von der Schönheit (6) zum Licht (1) aufzusteigen, muß die Seele durch diesen Punkt (11) gehen, der deshalb auch der Schlund oder die Tiefe genannt wird.

Wenn wir nun die Kabbalah für das Heilen heranziehen, können wir die fünf Punkte der Mittelsäule folgenden Körperteilen zuordnen: 1) Kopf, 11) Hals, 6) Herz (Brust), 9) Eierstöcke/Hoden (Bauch) und 10) Füße (Beine). Im kabbalistischen Heilen können wir die Farben verwenden oder auch die Namen und Klänge der einzelnen Punkte, um sie in Schwingung zu versetzen und so zu einer Harmonisierung zu gelangen. Der Punkt (11) hat keine Zahl, er ist ein Durchgangspunkt mit der Farbe Hellviolett.

Da diese fünf Punkte des Lebensbaums auch den fünf Elementen (von unten nach oben) Erde, Wasser, Feuer, Luft und Äther (Geist) entsprechen, könnte man ihnen demgemäß auch die Farben Grün, Blau, Rot, Violett und Weiß zuordnen.

Wenn Sie den Lichtblitz einzeichnen, der aus dem Universum durch diesen Baum des Lebens von 1 bis 10 und auf der Mittelsäule zurück zu 1 hindurchfährt, dann sehen Sie, daß der Lebensbaum auch etwas mit dem Kreuz zu tun hat. Die Punkte 1 und 10 bilden die Achse Himmel–Erde oder Kopf–Fuß, und die Punkte 4 und 5 die Achse Barmherzigkeit–Strenge bzw. linke Hand–rechte Hand. Der Heiler nimmt die Energie durch den Kopf und die Füße auf und gibt sie über die Herzmitte durch die Hände weiter. Beim Heilen ist aber gleichzeitig die rechte Hand die aktive, gebende und die linke Hand die passive, nehmende. Somit entsteht ein vollständiger Energiekreislauf.

Der Lebensbaum stellt ein Abbild des gesamten Kosmos, der Schöpfung dar. Er ist aber auch ein Bild für den Menschen. Der Mensch ist zum Gärtner für diesen Baum, für die ganze Schöpfung berufen. Wir sollen Sorge tragen für die Natur, die Früchte und Pflanzen, aber auch für das Mineral- und Tierreich. Das ist der tiefere Sinn des kabbalistischen Heilens: Es geht nicht nur um das Heilen eines einzelnen Menschen, es geht um das Heilmachen, die vollkommen machende Harmonisierung der gesamten Schöpfung.«

9. Freda Fell und die Geistführer

9.1. Rosa

9.1.1. Sei, der du bist!

»Das wichtigste ist, daß du so bist, wie du bist. Sei deinem inneren Wesen treu, dem, was du von innen heraus spürst, daß du wirklich bist. Du bist nicht da, um so zu sein, wie dich andere wollen. Jeder von uns ist eine unverwechselbare Einheit, hat seine eigene Schwingung, hat seine persönlichen Bedürfnisse.

Wir haben nicht das Recht, andern dieses Eigensein abzusprechen oder zu verwehren. Wir sollten nicht versuchen, andere nach unserem Gutdünken umzuformen. Wir müssen lernen, das Anderssein jedes Menschen zu respektieren und gleichzeitig Verantwortung zu übernehmen für unser eigenes Anderssein.

Das gilt auch und ganz besonders für Eltern und ihre kleinen Menschen. Wohl sind die Eltern für sie verantwortlich, aber sie sind nicht ihre Besitzer. Sie sollen sie zur Selbständigkeit, Freiheit und Unabhängigkeit erziehen. Eltern müssen ihre Kinder loslassen. Natürlich sollen sie sie immer unterstützen, ermutigen und für sie dasein, aber nicht sie festhalten. Die kleinen Menschen sind Gäste, für die es sich lohnt, das Beste zu tun. Sie sind Leihgaben, die sorgfältig behandelt werden wollen. Für sie sind die Eltern Vorbilder, von denen sie lernen, wie sie sein – oder wie sie lieber nicht sein wollen. Aber die kleinen Menschen sind auch Lehrer für die Eltern. Auch die Kinder sind von Anfang an ganze Menschen, die unsere Liebe und unseren Respekt dankbar erwidern.

Jeder von uns trägt Gott in sich. Gott ist nicht irgendwo draußen. Du bist Gott; du trägst den göttlichen Funken in dir. Du bist ein geistiges Wesen, ein Teil Gottes, der in einem irdischen Leib wohnt. Und alle andern Menschen sind deine Brüder und Schwestern, denn das innere Wesen ist unabhängig von Hautfarbe, Rasse, Religion, Staatszugehörigkeit oder wie wir sonst unsere Körper einzureihen belieben.«

So etwa lauten die Lehren von Rosa, der Geistführerin von Freda Fell. Rosa ist eine sehr eigenwillige und kraftvolle Persönlichkeit, so daß Freda manchmal beinahe Mühe hat, selbst auch noch zu Wort zu kommen. Sie hat aber im Laufe der Zeit erfahren, daß Rosa eine verläßliche Freundin und wohlmeinende Helferin ist. Sie nimmt kein Blatt vor den Mund, sie äußert sich deutlich und klar und ist dabei doch liebevoll um das Wohl aller besorgt.

»Harmonie«, sagt Rosa, »Harmonie ist das Prinzip, nach dem der Kosmos aufgebaut ist. Alles ist Schwingung, und diese Schwingung sollte harmonisch sein. Aber wir stören diese Harmonie immer wieder. Atombomben vernichten die harmonischen Schwingungen der Atmosphäre und sogar der Stratosphäre. Die Folge dieser Disharmonie sind weitere Störungen. Das gleiche gilt für die Harmonie im Naturkreislauf. Wir haben unsere Umweltprobleme selbst geschaffen. Und so ist auch jede Krankheit Ausdruck einer Disharmonie, eines gestörten Gleichgewichts in unserem Schwingungshaushalt. Wir sollten auch untereinander, von Mensch zu Mensch Harmonie und Toleranz entwickeln, die Bereitschaft, Kompromisse einzugehen, damit wir uns gegenseitig nicht verletzen und mißachten.«

Wer ist diese Rosa, die da so redet?

Freda weiß es nicht so genau. »Das ist auch gar nicht wichtig, wer unsere geistigen Begleiter einmal gewesen sind. Oft können wir ihre Namen nicht einmal richtig aussprechen, wenn wir sie wüßten. Viel wichtiger ist, wie diese Wesen mit uns zusammenarbeiten und wie wir bereit sind, uns auf eine Zusammenarbeit mit ihnen einzulassen.«

9.1.2. Rosa erscheint

Aber dann erzählt mir Freda, wie sie Rosa kennenlernte und wie sie sowohl von der irdischen wie von der geistigen Seite aus zu ihrer Aufgabe als Medium geführt wurde. Freda war etwa 27 Jahre alt, war verheiratet und hatte zwei Kinder, als sie mit einer Nachbarin, zu der sie zuvor nie näheren Kontakt gehabt hatte, in ein längeres Gespräch kam. Phil, die Nachbarin, sagte dabei zu

Freda: »Wissen Sie, daß Sie ein natürliches Medium sind? Sie sollten Ihrer Gabe mehr Beachtung schenken.«

»Um Gottes willen, bloß das nicht!« dachte Freda. Sie war (und ist immer noch) jemand, der gerne mit beiden Füßen auf dem Boden steht und der nicht irgendwelchen Hirngespinsten nachlaufen mag. Sie hatte zwar als Kind schon diverse paranormale Erfahrungen gemacht, aber gerade dies hatte sie noch darin bestärkt, sich nicht auf mediale Dinge einzulassen.

Eines Abends nun, nachdem sie innerlich wieder zu Gott gesprochen hatte, wie sie es schon als Kind getan hatte, sah sie plötzlich ganz lebendig und klar ein wunderschönes Gesicht vor sich. Die Haare waren blauschwarz und glänzend, die Augen leuchteten und funkelten, das ganze Gesicht war voller Leben und ganz real. Freda war von der Schönheit und dem sprechenden Ausdruck der Gesichtszüge so fasziniert, daß sie gar keine Angst verspürte. Sie fragte nur: »Wer bist du? Was willst du?«

Sie sah die junge Frau sanft lächeln, und dann verschwand die Vision. Aber ein paar Wochen später zeigte sie sich erneut. Wieder mit der gleichen intensiven Lebendigkeit und Schönheit. Nochmals wollte Freda wissen: »Wer bist du? Was willst du von mir?« Aber wieder lächelte die Frau nur, um gleich darauf zu verschwinden. Nun wurde sie schon etwas ärgerlich. Was soll denn der Zauber, wenn sie sich nicht äußert?

Als das feurige Antlitz zum dritten Mal erschien, war Freda nicht mehr so beeindruckt. »Sag mir, was du von mir willst, oder ich will nichts mehr von dir wissen!« gab sie der Erscheinung zu verstehen. Da zeigte sich ihr die ganze Gestalt der jungen Frau, und sie hörte die Worte: »Mein Name ist Rosa.« Sie trug eine weißliche Bluse und darüber eine Art bestickte Samtweste, die vor der Brust mit Bändern zusammengeschnürt war. Um die schlanke Taille trug sie einen goldgelben Rock, der jedoch so geschnitten war, daß er in einer weit schwingenden Bewegung hochflog, wenn sie sich im Tanze drehte. Rosa sah aus wie eine bulgarische oder ungarische Zigeunerin. Sie sagte: »Ich will dir helfen bei deiner zukünftigen Arbeit.«

Zukünftige Arbeit? Das brachte Freda mit einem Ruck wieder in die Realität zurück. Meinte Rosa eventuell, daß Freda ein Medium werden sollte? Nein und nochmals nein. Das wollte Freda nicht.

Über mehrere Wochen und Monate hinweg wiederholten sich die Begegnungen mit Rosa. Auch Phil, die Nachbarin von jenseits der Straße, sprach immer wieder mit Freda. Sie war sehr zurückhaltend und geduldig. Freda äußerte sich immer sehr abfällig über alles, was mit Medialität zu tun hatte, und wollte sich um keinen Preis in diese Richtung entwickeln. Phil ging jedoch sehr geschickt vor. Hie und da, wenn Freda sie besuchte – sie waren unterdessen gute Freundinnen geworden – gab ihr Phil irgendeinen Gegenstand in die Hand und fragte: »Was hältst du davon?« Wenn Freda dann kurz ihre Eindrücke schilderte, sagte Phil bloß: »OK, dankeschön.«

9.1.3. Die Geistige Welt gewinnt Oberhand

Allmählich erwachte so Fredas Neugierde, und sie wollte mehr wissen über die Versuche, die Phil da mit ihr anstellte. »Willst du nicht mal in unsere Übungsgruppe kommen?« fragte Phil. Nein, dazu war es noch zu früh. »Du brauchtest ›Healing‹«, meinte Phil eines Tages. »Unsinn!« rief Freda. Aber dann begann Phil Freda gegenüber von Dingen zu sprechen, von denen Phil eigentlich nichts wissen konnte, weil Freda niemandem je etwas davon erzählt hatte. Und Freda wurde stutzig. Trotzdem lehnte sie alles ab, was nur entfernt nach Mediumismus roch. »Du bist gegen etwas, das du gar nicht richtig kennst«, wandte Phil ein. »Das ist ungerecht. Geh doch mal zu einem Spiritualistentreffen und schau dir alles genau und kritisch an. Dann weißt du wenigstens, wovon du sprichst.«

Freda mußte zugeben, daß dies vernünftig gesprochen war, und so begab sie sich zu dem Treffen, das ihr Phil empfohlen hatte. Das Medium machte für mehrere Anwesende Durchsagen aus der jenseitigen Welt. Plötzlich zeigte es auf Freda. »Ich habe eine Dame für Sie aus der Geistigen Welt«, begann sie. Und dann beschrieb sie Rosa in allen Details, genau wie Freda sie gesehen hatte. »Sie sagt mir, ihr Name sei Rose.«

Das stimmte nun zwar nicht ganz genau, aber die Beschreibung war um so überzeugender. Nachdem Freda zu niemandem über ihr Erlebnis mit Rosa gesprochen hatte, konnte dieses Medium nichts davon wissen. An jenem Abend kam Rosa wieder. Zuvor hatte sie immer sehr zurückhaltend gesprochen. Aber diesmal sagte sie: »Jetzt« – und sie betonte dieses Wort – »Jetzt hör mir zu!«

»Bemüh dich nicht«, gab Freda zurück. Aber sie begann doch allmählich, ihren Widerstand aufzugeben.

Es war fast zwanzig Jahre später, als ihr Sohn mit einem Wohnmobil ans Meer in die Ferien gefahren war. Es war sein letzter Ferientag gekommen, und er saß etwas traurig in einem Restaurant, blickte auf das geliebte Meer hinaus und fühlte sich einsam. Plötzlich verschwand alles um ihn herum, und er sah ein Lagerfeuer. Ringsum standen Planwagen, und am Feuer musizierten Geiger, und eine Frau tanzte dazu. Sie hatte wunderschönes blauschwarzes Haar, trug eine weiße Bluse, eine dunkelrote bestickte Weste mit Bändern und einen goldgelben weiten Rock. Später malte er ein Bild von ihr. Damals aber war er von dieser Vision so beeindruckt, daß er seine Mutter anrief und ihr davon erzählte. »Das war Rosa«, erklärte sie ihm. Sie hatte ihm nie zuvor davon erzählt, weil sie fand, sie sollte ihre Kinder nicht in dieser Richtung beeinflussen.

So drängte sich ihr Rosa immer wieder auf. Und auch heute noch setzt sich Rosa sehr kraftvoll in Szene, obwohl Freda längst gelernt hat, sich mit ihr zu arrangieren. Manchmal hört Freda mitten im Satz auf zu sprechen, horcht nach rechts hinten und sagt dann: »Ja, ich weiß, danke.« Dann fährt sie fort. Rosa hat ihr wieder einen Tip gegeben. Manchmal stört sie aber auch Freda beim Denken. »Wenn sie sehr nahe kommt, ist es, als ob mein Bewußtsein einschlafen wollte, und ich kann nicht mehr richtig überlegen. Ich muß sie dann bitten, sich wieder etwas zurückzuziehen, denn ich will meine eigene Herrin bleiben.«

In einem Seminar wollte Freda mit uns eine Übung durchführen. Da schaltete sich Rosa ein. Freda sagte: »Nein, ich will jetzt zuerst ... Rosa meint, ich sollte die Übung mit den verbundenen Augen machen ... Aber ich habe gar nicht genug Tücher mit dafür ... Rosa meint doch ... aber ich bin sicher, es reicht nicht. Wir sind doch fünfzehn Leute, und ich habe bloß (sie zählte nach) vierzehn Tücher, ich hab's doch gewußt, es reicht nicht.« – »Aber einer unserer Teilnehmer ist blind!« erinnerte ich sie. Rosa hatte wieder einmal doch recht gehabt.

Rosa ist für Freda auch im Alltag zu einer hilfreichen und humorvollen Begleiterin geworden. Als sich Freda einmal mit furchtbar hartem Boden in ihrem Garten abmühte, meinte Rosa: »Begieße die Erde doch mit Wasser, dann hast du's leichter.« Dankbar für den guten Tip folgte Freda dieser Eingebung. Manchmal aber muß sie auch ihre Ruhe haben. »Rosa weiß das«, sagt Freda schmunzelnd, »und sie respektiert es auch – meistens.«

9.2. »Geistführer«

9.2.1. Die geistigen Begleiter

Freda mag den Begriff »Geistführer« nicht besonders. Er klingt für sie zu hochtrabend. Er beinhaltet zuviel Gefälle von einem, der »oben« ist, zu einem, der »unten« ist, oder von einem, der es »besser weiß«, zu einem, der »weniger wert« ist. Sie bevorzugt Ausdrücke wie Begleiter, Freund oder Mitarbeiter. Meist verfügen wir über eine ganze Reihe von jenseitigen Wesen, die uns durch unser Leben begleiten, ob wir uns ihrer bewußt werden oder nicht. Wenn jemand sich in irgendeiner bestimmten Richtung spezialisiert, so gesellen sich ihm Spezialisten von drüben zu, die versuchen, ihm dabei behilflich zu sein. Und während wir uns im Verlauf unseres Lebens verändern, wechseln sich auch unsere geistigen Freunde gemäß unseren und ihren Bedürfnissen ab.

Nach allem, was mir bisher durch die verschiedenen Medien bekannt geworden ist, schließt sich jedem Menschen ein Geistwesen an, das ihn über das ganze Erdenleben, oft sogar über mehrere hinweg begleitet. Dieses ist der sogenannte Schutzengel. Es ist ein bereits sehr hoch entwickeltes Geistwesen und ist uns deshalb normalerweise nicht persönlich bekannt. Seine Aufgabe ist es, uns in selbstloser Zurückhaltung jederzeit hilfreich zur Verfügung zu stehen. Es darf aber nur in äußersten Notsituationen eingreifen oder wenn wir es ausdrücklich um Hilfe bitten.

Dann gibt es mehrere Helfer und Freunde, die meist aus dem näheren Verwandten- oder Bekanntenkreis stammen und die aus einem persönlichen Grund an unserer irdischen Entwicklung interessiert sind. Ein Beispiel dafür ist mein Pate Felix Weingartner, der starb, als ich drei Jahre alt war. Er nimmt offenbar seine Patenpflichten, die er auf dieser Erde nicht mehr erfüllen konnte, um so ernster von der jenseitigen Welt her war. Auf ihn werde ich am Schluß dieses Buches nochmals zurückkommen. Auch Fredas Großvater, von dem im nächsten Unterkapitel die Rede ist, gehört zu dieser Art von Helfern.

Und schließlich gibt es die zahlreichen Mitarbeiter, die uns unterstützen wollen, weil wir bestimmte Fähigkeiten besitzen, an deren Ausbau und Weiterentwicklung sie interessiert sind. Das sind meist spirituell hoch entwickelte Persönlichkeiten aus den verschiedensten Kulturen, die in uns eine Chance sehen, ihr Wissen und ihre Fähigkeiten der irdischen Menschheit zur Verfügung zu stellen. Wenn wir bereit sind, unsererseits mitzuarbeiten, können wir so zu Werkzeugen hoher geistiger Kräfte werden und dazu beitragen, unsere Welt im Sinne einer höheren Bestimmung zu gestalten.

9.2.2. Geistige Freunde sind auch Menschen

Allerdings sind die Geistwesen natürlich darauf angewiesen, daß sie einen ihnen entsprechenden Vermittler finden. Ein Medium, das unfähig ist, komplizierte wissenschaftliche Gedankengänge in Worte zu fassen, kann solche auch nicht an die irdische Welt weitervermitteln.

Freda verlangte von ihren Geistführern immer Beweise. Eines Tages erschien ihr ein Indianerhäuptling mit Federschmuck und behauptete, sie werde bald sein Land besuchen. Damals hielt sie das für völlig undenkbar. Da kam der Indianer noch näher, und sie sah, daß er blaue Augen hatte. »Wer hat je einen blauäugigen Indianer gesehen?!« dachte Freda.

Als sie wenig später nach Amerika eingeladen wurde, kam sie tatsächlich auch ins Gebiet der Cree-Indianer und traf dort Tom, einen Mann, den die Indianer als Blutsbruder aufgenommen hatten und der sehr gut über sie Bescheid wußte. »Gibt es denn auch blauäugige Indianer?« fragte ihn Freda. »Natürlich«, erwiderte er. »Es gibt auch rothaarige. Die Wikinger sind auf ihren Fahrten bis nach Amerika gekommen.«

Einen anderen indianischen Helfer hat Coral Polge für Freda gezeichnet, und von einem dritten weiß Freda nur, daß er auch noch da ist. Gelegentlich stehen ihr eine chinesische (Lotosblüte) und eine südindische Begleiterin zur Seite und noch andere Geistwesen, die Freda nicht alle kennt.

Warum erscheinen alle diese Wesen, und wie machen sie sich bemerkbar?

Nach Ansicht der meisten Spiritualisten hat jedes Geistwesen die Möglichkeit, sich in der Geistigen Welt weiterzuentwickeln. Ob es dazu hie und da nochmals ein Erdenleben durchmachen will, scheint im Ermessen jedes einzelnen Wesens zu stehen. Aber darüber sind sich nicht alle einig. Übereinstimmend jedoch sprechen alle davon, daß die Weiterentwicklung in Stufen erfolgt und daß von der übernächsten Stufe aus eine Rückkehr oder nahe Verbindung zur Erde nicht mehr möglich ist. Wenn also jemand spirituell schon sehr hoch entwickelt und zur zweiten nachtodlichen Stufe aufgestiegen ist, dann kann er nur mit dem irdischen Geschehen in Kontakt kommen, wenn er als geistiger Helfer eine irdische Geistseele begleitet.

Das kann aus zweierlei Motiven heraus geschehen: Entweder das Geistwesen möchte seine Weisheit und seine Lehren der irdischen Ebene nahebringen, oder es möchte ein noch besseres Verständnis für eine bestimmte Art menschlich-irdischen Denkens gewinnen. Meist lassen sich beide Möglichkeiten kombinieren. Eine Nonne zum Beispiel, die als Begleiterin zu einem eher antikirchlichen und sehr weltlich orientierten Menschen kommt, kann einerseits von ihm erfahren, wie er fühlt und denkt, kann ihn aber andererseits auch ganz subtil etwas von ihrer Haltung spüren lassen. So können beide voneinander lernen.

Wir sind alle Geistwesen, ob mit oder ohne Körper. Die Jenseitigen sind also einfach auch Menschen, nur daß sie auf einer andern Ebene leben als wir. Wir brauchen deshalb nicht in Ehrfurcht zu erstarren vor ihnen, sollten sie aber auch nicht gering achten. Genau wie wir lernen müssen, sie wahrzunehmen und auf ihre Besonderheiten Rücksicht zu nehmen, müssen auch die geistigen Wesen lernen, wie sie mit uns am besten zusammenarbeiten können.

Niemals aber darf es für uns zu einer Ausrede werden, zu behaupten: »Mein Geistführer hat mir gesagt, ich soll ...«, denn wir sind diejenigen, die entscheiden und handeln. Wir sind immer selbst verantwortlich für alles, was wir tun, auch falls wir uns dabei von drüben leiten lassen.

Wenn wir uns der Geistigen Welt geöffnet haben, wie ich dies schon beschrieben habe, machen sich unsere geistigen Begleiter manchmal durch bestimmte Zeichen bemerkbar. Gaye erkennt ihren »indischen Prinz« zum Beispiel an einem bestimmten Eindruck von gelber Farbe, den sie in seiner Nähe wahrnimmt. Freda fühlt Rosas Gegenwart durch die Vitalität, die diese ausstrahlt. Am Anfang kann aber auch ein unangenehmes Gefühl auftreten, zum Beispiel ein Druck um den Kopf wie ein enges Stirnband aus Metall oder ein leises Kitzeln im Gesicht und ähnliche Empfindungen. Wenn dem so ist, sagen die Medien, sollen wir das unsern jenseitigen Partnern deutlich zu verstehen geben. Sie werden dann versuchen, weniger unangenehme Zeichen zu verwenden. Niemals werden wir gezwungen, etwas anzunehmen, das von der Geistigen Welt kommt. Wir werden höchstens liebevoll davon überzeugt, daß es auch für uns das beste ist.

Die gegenseitige Zusammenarbeit mit den geistigen Begleitern ist immer getragen von Liebe, Vertrauen, Rücksicht, Wohlwollen und Güte.

9.2.3. Der indische Prinz und ich

Ich lernte Gayes indischen Prinzen bei einem Seminar kennen, an dem Gaye uns eine Trance demonstrierte. Genau wie ich es schon früher bei dem Medium Michael Lambert mit dem chinesischen Geistführer Chan Li erlebt hatte (vergleiche Kapitel 10), zog sich Gaye allmählich aus ihrem Körper zurück und überließ dem Inder die Kontrolle. Mit dem typischen Akzent der Inder und einer kräftigen Stimme, die etwas tiefer als Gayes gewöhnliche Stimme klingt, begrüßte er uns. Da ich auch für ihn zu übersetzen hatte, wandte er sich an mich und nannte mich »my boy« (mein Junge). Gaye erklärte mir nachträglich, daß dies eine ganz besondere Auszeichnung bedeutete, da er sonst sehr zurückhaltend und förmlich sei.

Als Gaye mich später einmal bat, ihr wegen ihrer Schlafstörungen mit Hypnose behilflich zu sein, konnte ich mich, während sich Gaye entspannt in Hypnose befand, wiederum mit dem indischen Prinzen unterhalten und erhielt von ihm Anweisungen, wie ich Gaye am besten helfen könnte. Er schien aus irgendeinem Grund eine besondere Zuneigung zu mir zu haben, denn er kam später noch mehrere Male spontan durch, wenn Gaye mir eine Privatsitzung gab oder wenn ich in einem Seminar für sie übersetzte. Bei einer dieser Gelegenheiten nannte er mir auch seinen Namen und versprach mir, mir zu helfen, falls ich einmal seine Hilfe benötigen sollte.

Und dadurch kam ich zu einem meiner überzeugendsten Erlebnisse in bezug auf spirituelle Begleiter. Ich versuchte damals, einer Frau behilflich zu sein, die unter schweren Depressionen und Angstzuständen litt. Sie wohnte relativ weit entfernt von Basel und kam deshalb in unregelmäßigen Abständen zu mir. Wir waren jedoch öfters in telefonischem Kontakt. Eines Abends rief sie mich an und klagte über eine akute Verschlimmerung ihres Befindens. Sie konnte ihre Ängste kaum mehr ertragen und war völlig verzweifelt.

Da mir bekannt war, daß sie einerseits suizidgefährdet war und andererseits in solchen Zuständen ganz unberechenbar reagierte, versuchte ich, sie, so gut es ging, am Telefon zu beruhigen. Ich spürte aber, daß dies nicht genügte. Ihre »dunkle Seite« (was oder wer auch immer dies gewesen sein mag) begann durchzubrechen und die Oberhand zu gewinnen. Ich wußte mir in diese Situation nicht anders zu helfen, als den indischen Prinzen um Beistand zu bitten.

Wider Erwarten erhielt ich am nächsten Tag keinen Anruf. Und als die Dame dann zum vereinbarten Termin erschien, fühlte sie sich wohl und beruhigt. Sie fragte mich, ob ich einen dunkelhäutigen großen Herrn kenne. Da ich überhaupt nicht mehr an den indischen Prinzen dachte, suchte ich im Geiste in meinem Bekanntenkreis und sagte, daß der Vater eines Türkenknaben, den ich in der Schule unterrichtete, etwa dieser Beschreibung entsprechen könnte.

»Nein, nein, das meine ich nicht«, entgegnete sie. Nun begann mir zu dämmern, wovon sie sprach. »Ja ist es vielleicht ein Mensch, der nicht mehr hier im Körper lebt?« fragte ich. »Ja, das befürchte ich«, gab sie zur Antwort. »Nach dem letzten Telefongespräch versuchte ich zu schlafen. Ganz allmählich beruhigte ich mich. Und auf einmal fühlte ich eine wunderbare Ruhe und Geborgenheit über mich kommen. Und ich hatte ganz kurz den Eindruck von einem dunkelhäutigen, großen Mann, der in einer asiatischen ebenen und trockenen Landschaft zu Hause war.«

Ich kann mir diese Erfahrung nicht anders erklären, als daß mir da tatsächlich Gayes indischer Prinz zu Hilfe gekommen ist, obwohl sich mit psychologischen und parapsychologischen Hilfskonstruktionen natürlich auch andere Erklärungen zusammenbasteln ließen. Seit jener Begebenheit war ich jedenfalls eher geneigt, das Vorhandensein geistiger Begleiter als ernst zu nehmende Möglichkeit anzuerkennen.

Trotzdem wollte ich von Freda wissen, ob Rosa nicht einfach eine Teilpersönlichkeit von ihr selbst sei. Ich war sicher, daß ich Freda eine solche Frage stellen konnte, sie wußte in der Psychologie gut Bescheid, und sie kannte mich und meine Zweifel. »Ich verstehe deine Frage«, erklärte sie. »Ich habe sie mir auch schon selbst gestellt. Aber ich kann dir keine eindeutige Antwort darauf geben. Ich kann dir nur sagen, daß ich Rosa als eine Wesenheit erlebe, die völlig unabhängig ist von mir. Und ich kann dir eine Geschichte erzählen, die meiner Ansicht nach dafür spricht, daß Rosa nicht ein Seelenanteil meiner selbst ist.« Und Freda erzählte mir die Geschichte von Rosa und ihrem Sohn, die ich schon zuvor wiedergegeben habe (Seite 207).

9.3. Freda Fell

9.3.1. Kindheit und Jugend

Freda Fell kam in Yorkshire, Nordengland, zur Welt. Sie war ein sehr kränkliches Kind, und zweimal mußte man ihr einen Spiegel vor Mund und Nase halten, um festzustellen, ob sie überhaupt noch lebte. Sie erzählte schon als Dreijährige etwas von einem alten Mann, der ihr gelegentlich Gesellschaft leistete und mit dem sie sich unterhielt. Ihre Eltern nahmen dies als Phantasien eines kränklichen Einzelkindes hin. Freda hat zwar noch einen Bruder, aber der kam erst zur Welt, als sie schon zehn Jahre alt war.

Die Eltern waren beide nicht besonders religiös eingestellt. Der Vater war katholisch, die Mutter protestantisch, Freda wurde in der Kirche von England getauft – aber damit endete auch bereits die Beziehung zur Kirche. Freda blieb ein phantasievolles Kind, aber als sie mit sechs bis sieben Jahren immer noch die Geschichte von dem alten Mann erzählte, der zu ihr zu Besuch kam, begannen die Eltern sich zu fragen, was mit Freda los sei.

Freda trug noch zur Beunruhigung bei, indem sie öfter einmal ankündigte: »Heute kommt Tante Annie zu Besuch.« Und tatsächlich schneite völlig unerwartet besagte Tante ins Haus. Oder Freda sprach davon, daß der oder die Bekannte sterben werde – was dann tatsächlich zutraf.

»Jetzt hör doch endlich mit dem Unsinn auf«, schimpfte eines Morgens ihre Mutter, als Freda wieder von dem alten Mann zu erzählen anfing. »Du bist jetzt schon zu groß für solche Kindereien.«

»Aber er hat mir seinen Namen genannt«, gab Freda zurück. »Es ist Opa Jack!«

Jetzt wurde ihre Mutter stutzig. »Wie hast du gesagt, daß er aussieht?« wollte sie wissen. Freda gab eine detaillierte Beschreibung ihres langjährigen Freundes. »Ja«, stellte ihre Mutter nachdenklich fest, »so hat Opa Jack tatsächlich ausgesehen.«

»Opa Jack«, der Vater von Fredas Mutter, war gestorben, als diese erst vierzehn Jahre alt war. Und nun war er offenbar von drüben gekommen, um ihrer kränklichen und oft einsamen Tochter ein lieber und freundlicher Großvater zu sein. Für kurze Zeit wurde ein Familienscherz daraus, daß Freda öfters rief: »Setz dich nicht dorthin, dort sitzt Opa Jack!« Die Familienmitglieder fragten Freda: »Kann ich hier Platz nehmen, oder sitzt da schon wer?«

Freda spürte aber sehr wohl, daß dies nur im Scherz gemeint war; man machte sich über sie lustig. Sie war unterdessen acht Jahre alt und mußte erfahren, daß es besser war, über diese »paranormalen« Dinge zu schweigen.

»Warum sind die Leute so grausam?« fragte sie ihren Opa Jack. »Die Leute sind nicht grausam«, war seine Antwort. »Sie verstehen dich nur nicht.«

Als Freda zwölf war, zog die Familie nach London. Dort fand Freda später auch Arbeit als Sekretärin. Opa Jack blieb Fredas ständiger Begleiter, bis sie etwa zwanzig war. Er hat ihr in vielen

Situationen geholfen und hat sie geführt. Vor allem im Krieg dürfte er sie öfters vor Schaden bewahrt haben. »Ich möchte nicht sagen, daß er mir das Leben gerettet hat«, erzählt Freda, »denn ich glaube, daß wir dann sterben, wenn es für uns Zeit ist; da kann auch ein Jenseitiger nichts daran ändern. Aber bestimmt hat er mich durch seine Eingebungen vor schweren Verletzungen geschützt.«

9.3.2. Die mediale Gabe

Daß ihre Mutter Fredas mediale Begabung nicht akzeptieren wollte, ist im Grunde nur schwer zu verstehen, denn die Mutter selbst hatte öfter vorausschauende Träume, und eine ihrer besten Freundinnen las aus Teeblättern. Aber bei der eigenen Tochter wollte sie diese Fähigkeit nicht wahrhaben.

Mit zweiundzwanzig heiratete Freda. Mit vierundzwanzig bekam sie ihren ersten Sohn. Er war ein großes, gesundes Kerlchen. Aber mit viereinhalb Monaten verließ seine Seele diese Welt bereits wieder. Freda hielt ihn im Arm und gab ihm mit der Flasche zu trinken. Plötzlich mochte er nicht mehr trinken und schien einzuschlafen. Freda legte ihn in sein Bettchen, aber irgend etwas in ihr war beunruhigt. Auch ihrer Cousine, in deren Haus sie damals wohnte, schien es, daß mit dem Baby tatsächlich etwas nicht stimmte. Der sofort herbeigerufene Arzt konnte nur noch den Tod feststellen. Die Todesursache blieb ungeklärt. Offenbar hatte sich die Seele einfach wieder aus dieser Welt zurückgezogen.

»Rosa gab ihr zu verstehen, daß die Seele, wenn sie auf diese Erde kommen will, sozusagen eine Probezeit von etwa fünfzehn Monaten zur Verfügung hat, in der sie sich noch zurückziehen kann, sofern sie meint, die falsche Wahl getroffen zu haben. Das würde eine Erklärung sein für sonst medizinisch unerklärliche Aborte, Fehlgeburten und ›Wiegentode‹.«

Freda konnte ihren Sohn immer wieder hellsichtig wahrnehmen, wie er im Jenseits aufwuchs, bis er zwölf Jahre alt war. Dann sah sie ihn lange nicht mehr.

Sie bekam bald einen zweiten Sohn und danach eine Tochter. Weil sie in einem Geschäft in London arbeitete, sah ihre Nachbarin und Freundin Phil öfters mal nach den Kindern. Damals war Fredas

Neugier für das Mediale bereits geweckt, aber sie war noch immer äußerst skeptisch. Als ihr deshalb eines Abends ein schönes orientalisches Gesicht erschien mit aufgesteckten Haaren und als Namen »Lotosblüte« angab, dachte Freda ärgerlich: »Was soll denn dieser kitschige Unsinn wieder?«

Freda fragte eine Bekannte namens Dolly, die sich viel mit orientalischen Sprachen befaßte, ob sie etwas über Lotosblüten wisse. Dolly zeigte ihr zuerst einmal eine ganze Reihe von chinesischen Zeichnungen von Lotosblüten. Als Freda dann fragte, ob das auch ein Name sein könne, erklärte ihr Dolly: »In China werden meist symbolische Namen gegeben. Jeder hat seine bestimmte Bedeutung.«

»Was bedeutet denn Lotosblüte?« wollte Freda wissen. »Reiner Geist«, war Dollys Antwort. Freda war so verblüfft, daß sie Dolly die Geschichte ihrer Vision erzählte. »Du dumme, dumme Frau«, rief Dolly. »Meinst du, ich bin verrückt?« fragte Freda beunruhigt. Das meinte Dolly aber ganz und gar nicht. Dolly kannte sich im Spiritualismus aus – was Freda nicht gewußt hatte – und erklärte ihr: »Das war ein hohes Geistwesen, das sich dir zeigen wollte. Du solltest etwas tun in dieser Richtung!« Freda war es sehr peinlich, daß sie Lotosblüte so gering geachtet hatte. Wenn nun wirklich etwas dran sein sollte, was war denn dann der Sinn?

Freda entschloß sich daraufhin, verschiedene Veranstaltungen von Spiritualistengruppen zu besuchen. Aber was sie da zu sehen und zu hören bekam, stieß sie eher ab. Sie konnte mit einem salbungsvollen »Meine lieben Brüder und Schwestern...« nichts anfangen. Sie sprach darüber mit ihrer Freundin Phil, die, wie sie erst allmählich herausfand, ein sehr gutes Trance-Medium war. Phil sagte: »Sicher machen viele Spiritualisten Fehler, aber das heißt nicht, daß die Sache an sich fehlerhaft ist.« Und allmählich entwickelte Freda unter der sorgsamen Anleitung von Phil ihre medialen Gaben.

Freda war und blieb aber skeptisch. Sie verlangte von ihren geistigen Helfern immer Beweise. Und die bekam sie dann auch.

Ihre Tochter war nie ein besonders gesundes Kind gewesen. Sie litt unter furchtbaren Asthmaanfällen und wußte natürlich das Mitleid der Mutter auch gut auszunützen. Zur Zeit, als Freda begann, ihre Medialität zu schulen, wünschte sich ihre Tochter, sie sollte ihr selbst ein Kleid schneidern. Freda hatte von Zuschneiden und Nähen keine Ahnung, erklärte sich aber ihrer Tochter zuliebe bereit, einen Nähkurs zu absolvieren. Als erstes wollte sie es mit einem Pyjama versuchen – da würden es nicht gleich alle Leute sehen, wenn das Ergebnis unbefriedigend wäre.

Die Nähkurse fanden im obersten Stockwerk eines Schulhauses statt. Dort erlebte Freda die Geschichte mit den Kopfschmerzen, die ich in Kapitel 4 wiedergegeben habe.

Ein zweiter Beweis folgte kurz darauf. Freda pflegte jeden Morgen zu meditieren. Während einer dieser Meditationen sah sie einen Drahthaarterrier, dessen Bauch mit einer elastischen Binde umwickelt war. Am Abend im Nähkurs sollte sie dann die Stoffstücke gemäß dem aufgehefteten Schnittmuster ausschneiden. Als sie die Schere in die Hand nahm, durchzuckte sie plötzlich ein intensiver Schmerz vom Daumen bis in den Unterarm hinein, so daß sie die Schere beinahe fallen ließ. Freda versuchte es ein zweites Mal, aber der Schmerz blieb im Daumen. Was soll denn das? dachte sie. Da wurde ihre Aufmerksamkeit auf eine große Dame auf der anderen Seite des Zimmers gelenkt. »Haben Sie Schwierigkeiten beim Schneiden?« fragte Freda die Dame.

»Ja, dabei bekomme ich arge Schmerzen im Daumen, die bis in den Arm ausstrahlen«, erklärte die Dame, und sie zeigte Freda ihre Schere, bei der sie das Metall mit einem Stoff umwickelt hatte, damit es nicht so stark auf den Daumen drückte. »Und Sie haben einen Drahthaarterrier, der etwas am Magen hat«, hörte sich Freda kühn behaupten. »Ja, ich war mit ihm beim Tierarzt ... Woher wissen Sie das?« Freda stotterte: »Ach ..., nur so, ... eh, ich dachte, ich hätte Sie gesehen.« Und rasch verzog sie sich wieder hinter ihre Arbeit.

9.3.3. Die Arbeit als Medium

Nun hatten ihr Rosa und ihre Freunde schon einige Beweise geliefert. Trotzdem blieb Freda skeptisch. Sie wollte es nicht glauben, als ihr mitgeteilt wurde, daß ihre Freundin und Lehrerin Phil bald sterben würde. Carol, ein Geistwesen, das sich durch Phil äußerte, wenn sie in Trance war, äußerte den Wunsch, nach Phils Tod mit Freda zusammenzuarbeiten. Carol war eine Masseurin und Heilerin im Schwarzwald gewesen zu einer mittelalterlichen Zeit, als solche Praktiken verpönt waren. Man hatte ihr, um ihr das Handwerk zu legen, beide Hände abgehackt. Nun arbeitete sie vom Jenseits her als Heilerin mit Phil zusammen.

Tatsächlich starb Phil unerwartet, und Freda war daraufhin fünf Jahre lang als Heilerin tätig. Carol wirkte durch Freda weiter und verhalf ihr zu großer Befriedigung bei dieser segensreichen Tätigkeit. Dann aber war die Zeit reif, daß Freda als Medium arbeitete. Sie wußte nun, daß dies ihre Aufgabe war.

Freda war etwa fünfundvierzig Jahre alt, als sie eines Abends von ihrem Bett aus in ihrem gemütlichen Dachzimmer in den Sternenhimmel hinaufblickte, wie sie es gerne vor dem Einschlafen tat. Plötzlich fühlte sie den starken Drang, sich auf die andere Seite zu drehen. Widerstrebend folgte sie ihrem Gefühl. Da stand neben ihrem Bett die Gestalt eines Chirurgen mit einer grünen Schürze, einer grünen Kappe und einem grünen Atemschutz vor Mund und Nase. Kaum mehr als die Augen war zu sehen. »Was willst du?« fragte sie die Erscheinung. Irgendwie kam ihr das Gesicht bekannt vor, aber anstelle einer Antwort sah sie nur die Augen lächeln. »Bitte, wer bist du?« wiederholte sie.

»Mutter«, sagte die Gestalt. Freda begriff noch immer nicht. »Wer ist Mutter?« fragte sie. »Du bist meine Mutter«, erklärte der Chirurg und nahm Gesichtsmaske und Kappe ab. »Ich bin Edward. Du gehst ins Krankenhaus.« Wieso sollte ich ins Krankenhaus gehen, dachte Freda, ich bin völlig gesund. »Du gehst ins Krankenhaus, aber du brauchst dir keine Sorgen zu machen. Alles geht gut.« Und damit verabschiedete sich die Erscheinung.

Freda lag noch lange wach. Das war also mein Sohn Edward, dachte sie. Bis er zwölf war, habe ich ihn aufwachsen sehen. Seither sind fast neun Jahre vergangen. Weshalb spricht mich dieses Geistwesen als »Mutter« an? Nur deshalb, weil der Körper, in dem es einmal gelebt hat, meine Geburtswege benützt hat? Nach Fredas Überzeugung stellt die Mutter nur ihren Körper zur Verfügung, um einer Geistseele den Weg auf die irdische Welt zu ermöglichen. Das Kind ist aber, wie Rosa betont, immer nur eine Leihgabe für die Eltern, niemals ein Besitz. Wieso sagt Edward also »meine Mutter«? Es war für ihn die einfachste Art, sich zu identifizieren.

Tatsächlich wurde unerwartet bald ein kurzer Klinikaufenthalt für Freda notwendig, aber sie brachte ihn ohne größere Schwierigkeiten hinter sich. Sie war jetzt regelmäßig als Medium tätig. Anfangs versuchte sie, sich nach den Wünschen der jeweiligen spiritualistischen Kirche zu richten, in der sie auftrat. Bald aber fühlte sie, daß sie so arbeiten mußte, wie es ihr eingegeben wurde. »Wenn sie wirklich Spiritualisten sind«, sagt Freda, »können sie der Geistigen Welt nicht vorschreiben, sich mehr christlich oder mehr allgemein philosophisch zu verhalten.«

Nachdem sie schon zuvor in Kanada als Medium gewirkt hatte, wurde sie 1974 gebeten, als »Hausmedium« für ein neu gegründetes Zentrum in Kanada zu arbeiten. Sie nahm die Aufforderung an und lebte einige Jahre dort. Heute ist sie meist etwa ein halbes Jahr in Nordamerika und Kanada unterwegs und ein halbes Jahr in Europa. Wie alle Medien nimmt sie ihre Arbeit sehr ernst und vertraut völlig den Eingebungen der Geistigen Welt. Während ihrer Sitzungen werden die diesseitige Welt und der Klient nebensächlich; sie läßt sich ganz auf das ein, was sie von drüben übermittelt bekommt.

Als sie einmal einer Klientin am »Sqare« (in den Räumen der SAGB) eine Sitzung gab, spürte sie die Anwesenheit eines Vaters, der sich bei seiner Tochter für sein rücksichtsloses Benehmen zu seinen Lebzeiten entschuldigen wollte. Aber die Klientin zeigte sich völlig abweisend. Sie hatte ihren Groll gegenüber dem Vater noch nicht überwunden. Da hörte sich Freda, die sonst immer sehr kompromißbereit und freundlich ist, sagen: »Gut, dann gehen wir zum Schalter, und Sie erhalten Ihr Geld zurück. Ich kann es nicht zulassen, daß Sie jemandem, der in Freundschaft und mit Reue zu Ihnen kommt, die Türe ins Gesicht schlagen.« Freda war beinahe ebenso erschrocken über ihre Reaktion wie ihre Klientin. »Das muß Rosa gewesen sein, die sich da einmischte«, meint Freda heute. Jedenfalls erklärte sich die Klientin bereit, ihren Vater anzuhören. Sie konnte daraufhin viele ihrer langjährigen inneren Spannungen abbauen. Weinend, aber glücklich und erlöst verließ sie die Sitzung.

»Ich wollte immer mit Menschen zu tun haben«, erzählt Freda. »Nach der Schule strebte ich eigentlich eine Tätigkeit im Hotelfach an, aber dann kam der Krieg dazwischen, und ich mußte in einer Fabrik arbeiten. Als Heilerin war ich glücklich, Menschen helfen zu können. Und nun tue ich es eben als Medium – auch das Gespräch kann eine sehr heilsame Wirkung haben.«

10. Trancemedien wie Ursula Roberts

10.1. Überschattung und Trance

10.1.1. Überschattung und Kontrolle

Wenn jemand eine gewisse Durchlässigkeit erreicht und zu seinen jenseitigen Helfern ein Vertrauensverhältnis aufgebaut hat, kann er in seiner Übungsgruppe in der Meditation versuchen, noch etwas tiefer zu gehen. Es kann dann geschehen, daß er mit einem Mal das Gefühl hat, er müsse jetzt sprechen, obwohl er gar nicht weiß, was er sagen sollte. Wenn er es dann geschehen läßt, wird er erstaunt feststellen, daß er Dinge von sich gibt, die er so noch nicht gedacht hat. Es ist, als spräche ihm innerlich jemand vor. Wohl nimmt der so von einem Geistwesen »Überschattete« wahr, daß es seine eigenen Worte sind, er kann auch den Sprechvorgang mehr oder weniger steuern, aber was er äußert, daß fließt einfach durch ihn hindurch.

Solche inspirierte Reden im Zustand der Überschattung können eine Weltanschauung zum Ausdruck bringen, die womöglich gar nicht im Sinne des Sprechers ist. Überschattung ist ein Begriff, der das Verhältnis zwischen einem jenseitigen Kontrollwesen und seinem diesseitigen Mitarbeiter beschreibt. Man versteht darunter ein Verhältnis, das von sehr großer Nähe bis zu beginnender Kontrolle reichen kann. Das Geistwesen gibt dabei meinem geöffneten Denken Botschaften ein, die entweder mein Mund aussprechen oder meine Hand aufschreiben, aufzeichnen oder (beim Heilen) ausführen kann. Es sind zwar meine Worte und meine Handlungen, aber »es« spricht, schreibt, zeichnet, streicht durch mich. Je besser ich mich der fremden Kontrolle überlassen kann, desto weniger stört mein kritisches Bewußtsein die Durchgaben.

Das Geistwesen, das bei dieser engen Zusammenarbeit für die geistige Seite verantwortlich ist, wird meist Kontrollgeist genannt. Gelegentlich kann die Überschattung so stark werden, daß sie in eine zumindest teilweise Kontrolle übergeht. Dann verändert sich z. B. die Stimme des Mediums: der Kontrollgeist steuert die Funktionen des Kehlkopfes. Oder die Schreibfunktion, das Medium schreibt in einer fremden Schrift, obwohl es sonst völlig wach und bei sich ist. Es kann selbst erstaunt zusehen, wie seine Hand Worte oder Sätze zu Papier bringt. Oft wird diese Art der Schriftkontrolle auch »automatische Schrift« genannt. In der Parapsychologie allerdings versteht man unter Automatismen Handlungen, die nicht vom Bewußtsein, sondern vom Unterbewußtsein der aktiven Person gesteuert werden. Genaugenommen müßte man also automatische (vom Unterbewußten gesteuerte) von kontrollierten (von einem Geistwesen gesteuerten) Aktivitäten unterscheiden.

Ganz wichtig ist bei all diesen Betätigungen, daß sie nur unter Aufsicht eines erfahrenen Lehrers und in tiefstem Vertrauen zu der Geistigen Welt unternommen werden.

10.1.2. Trance und »kontrollierte Trance«

Eine derartige vertrauensvolle Zusammenarbeit wird besonders dann wichtig, wenn ein Medium zuläßt, daß sich sein Bewußtseinszustand immer stärker so verändert, daß die steuernde Geistpersönlichkeit mehr oder weniger direkt zu Wort kommt. Ursula Roberts unterscheidet ebenfalls zwei Formen der Trance: ob sich nämlich jemand »in trance«, das heißt in einem Bewußtseinszustand befindet, in dem Automatismen ungehindert ablaufen können, oder ob er »entranced«, das heißt von einem Geistwesen in den Trancezustand geleitet worden ist. Gaye nennt die erste Form der Trance gerne auch einen »selbsthypnotischen« Zustand und läßt den Ausdruck Trance nur für die »kontrollierte Trance« gelten.

Als Beispiel für eine solche kontrollierte Trance möchte ich mein erstes derartiges Erlebnis anführen, das ich dem englischen Medium Michael Lambert verdanke. Michael war auf Einladung des Schweizer Kursorganisators Ueli Sauter als Gast anwesend und gab in meinem Kurs über Parapsychologie, den ich im Sommer 1978 abhielt, eine Trancedemonstration.

Michael ließ seine nicht unbeträchtliche Körperfülle auf einem gepolsterten Stuhl nieder und kommentierte fortlaufend, was mit ihm geschah. »Ich sitze jetzt bequem hier und stelle mich innerlich auf die Geistige Welt ein. Ich lasse mein inneres Wesen, meine Geistseele weit werden und verlege meine Aufmerksamkeit ganz auf den spirituellen Bereich. Ich spüre, wie sich mein Körper entspannt, wie mein Intellekt müde wird. Ich lasse meinen Körper und meine Gedanken los. Ich fühle jetzt, daß mein geistiger Führer näher kommt. Ich nehme die Gegenwart seines Geistes wahr. Aber noch kann ich mein Gehirn steuern. Noch bin ich fähig, meine Empfindungen in Worte zu fassen, obwohl es mir zunehmend schwerer fällt.« Michael beginnt immer langsamer und leiser zu sprechen, es macht ihm hörbar Mühe, das zu formulieren, was er ausdrücken möchte. »Die Gegenwart ... meines chinesischen Führers ... wird immer deutlicher ... Er möchte jetzt ... die Kontrolle übernehmen, ... aber ich lasse ihn ... noch nicht ... Ich kann meinen Körper ... kaum mehr wahrnehmen ... Dafür spüre ich ... die wunderbare Schwingung ... des spirituellen Leibes ... meines Chinesen ... Aber ... noch ... kann ich ... sagen, ... was ich ... fühle ... Es ist, ... als ... würde ... mein Gehirn ... einschlafen ...« Michael hängt jetzt wirklich im Stuhl, als sei er eingeschlafen. »... und ... jetzt ... über ... lasse ... ich ...«

Mitten im Satz hört Michael auf zu sprechen. Nach ein paar Sekunden, während denen er schwer atmet, richtet sich sein Körper im Stuhl auf, und mit einer veränderten Stimme und mit einem leicht asiatischen Akzent begrüßt uns der chinesische Geistführer.

Ich habe diese Übergänge vom Tagesbewußtsein zur Trance seither schon viele Male gesehen, bei Gaye Muir, Glyn Edwards, Ursula Roberts, Gordon Higginson und Betty Wakeling. Meist verläuft der von Michael geschilderte allmähliche Übergang relativ rasch, vielleicht innerhalb von ein bis höchstens zwei Minuten. Voraussetzung für eine solch reibungslose Übernahme der Steuerung ist allerdings, daß Medium und Geistführer sich gegenseitig gut kennen und einander vertrauen. Beide Seiten, sowohl die Medien als die Geistführer, müssen in einer meist sehr langen Übungszeit in besonders dafür eingerichteten Trance-Zirkeln lernen, wie sie miteinander umgehen können. Ebenfalls von ausschlaggebender Bedeutung ist, daß sich das Trance-Medium auf seine Umgebung unbedingt verlassen kann. Je tiefer der Trance-Zustand ist, desto gefährlicher können unvorhergesehene Störungen für das Medium werden.

10.1.3. Besonderheiten der Trance-Medialität

Weshalb gibt es heute nicht mehr so viele Trance-Medien, und was macht die Besonderheit der Trance-Medialität aus? Zu der Zeit, in der sich der Spiritualismus ausbreitete, bestand noch keine Schulpflicht. Wenn die Geistige Welt Botschaften an die materielle weitergeben will, muß sie sich der Mittel bedienen, die ihr zur Verfügung stehen. Da nun sehr viele medial begabte Menschen keine oder nur eine geringe Schulbildung besaßen, so wäre es nicht möglich gewesen, ihnen auf mentalem Wege Botschaften zu übermitteln. Die Geistige Welt mußte also diese Menschen in Trance versetzen, damit höhere Geistwesen durch sie sprechen konnten – in einer Sprache, die weit über den intellektuellen Möglichkeiten des Mediums lag.

Je besser jedoch die Bildung der Medien wurde und je mehr sie sich darin übten, Botschaften direkt mental wahrzunehmen, desto weniger bestand die Notwendigkeit, die Medien dem schwierigen und oft nicht ungefährlichen Versetzen in den Trancezustand auszuliefern. So zumindest sehen es die Medien selbst.

Sind Trance-Medien irgendwie anders als die übrigen Medien? Soweit ich das beurteilen kann, nein. Um Trance zu entwickeln, braucht es vielleicht noch mehr Vertrauen in die Geistige Welt, noch mehr Zeit und Hingabe zur Entwicklung und möglicherweise eine besondere Bereitschaft, die eigene Kontrolle aufzugeben.

Es gibt Menschen, die sich in eine Art selbsthypnotische Trance versetzen und dann aus ihrem Unbewußten heraus so handeln und sprechen, wie sie glauben, daß es einem echten Trancezustand entspräche. Oft machen diese dann merkwürdige Bewegungen, reden mit eigenartigen Akzenten und benehmen sich abnorm. Das sind keine Zeichen echter Trance, sondern unnötiges Beiwerk, das aus dem Gedankengut des »Mediums« stammt. Solche Dinge geschehen gelegentlich zu Beginn einer Trance-Entwicklung, müssen aber vom Zirkelleiter sofort erkannt und unterbunden werden. Medialität, in welcher Form auch immer, hat nichts mit Schaustellerei zu tun.

Das soll nicht heißen, daß eine gute Trance-Demonstration nicht auch unterhaltend und attraktiv sein darf. Meist läßt der Kontrollgeist des Mediums auch ein oder zwei Geistwesen durchkommen, die eher komisch sind und Späße machen. Dadurch wird die Atmosphäre aufgelockert und die Schwingung erhöht, was für alle medialen Vorgänge von Vorteil ist.

Eine Besonderheit eines Mediums in Trance ist es, daß sein Kontrollgeist mit ihm ohne die Steuerung durch die physischen Augen Hindernisse übersteigen, aufstehen, sich hinsetzen kann und so weiter, als ob das Medium die Augen offen hätte. Diese Phänomene konnte ich sowohl bei Gordon Higginson als bei Betty Wakeling beobachten.

10.2. Mitteilungen von Trance-Persönlichkeiten

10.2.1. Chan Li (Michael Lambert)

Als Beispiele für Mitteilungen, die von Wesen aus dem Jenseits in Trance gegeben werden, wähle ich aus drei Trancemitteilungen (jeweils in meiner Übersetzung), bei deren Durchgabe ich anwesend war, ein paar Ausschnitte aus, die mir interessant scheinen. Zuerst aus der Trance-Ansprache, die Michael Lambert am 9. August 1978 im Sporthotel auf dem Stoos (Schweiz) an die Teilnehmer meines Parapsychologie-Kurses hielt (aus PARAPS 2-3/82).

»Es ist wunderbar zu wissen, daß es noch immer Menschen gibt auf der Erde, die danach streben, in ihrem Leben Fortschritte zu machen, ihr Bewußtsein zu erweitern und es auf ein Leben zu richten, das so ganz anders ist als dasjenige, das ihr auf der Erde durchlebt.

Ihr werdet sagen: Wer ist dieser Mann, oder wer ist diese Persönlichkeit, die da spricht? Das ist ganz einfach. Mein Name ist Chan Li, ich bin Chinese. Ich kam im nördlichen Teil Chinas an der Grenze zu Rußland zur Welt. Ich wurde erzogen von Männern, die ihr heute als buddhistische Lehrer bezeichnen würdet.

Ich habe das Leben auf Erden viele Male kennengelernt. Und ich habe viele Dinge gelernt. Deshalb kann ich andere viel mehr lehren als mein Junge. Mein Junge hat einen Namen, den ihr für ihn benützt (Michael). Aber was mich zu ihm hinzieht, ist seine Aura, das, was ihr Aura nennt, was wir aber als ewiges Licht bezeichnen ..., das Licht des Scheitel-Chakras ...

Ich war mit diesem Menschen, von dem ich als meinem Jungen rede, seit seiner Kindheit ... Deshalb könnt ihr sagen, daß ich ein Teil von ihm bin und er ein Teil von mir. Ich führe ihn und leite von Zeit zu Zeit die Gestaltung seiner Gedanken. Aber er kann sehr eigenwillig sein. Er neigt dazu, Dummheiten zu machen, die er selbst in Zukunft wieder in Ordnung bringen wird. Ihr könnt für eure Taten nicht euren (wie ihr ihn nennt) Geistführer verantwortlich machen...

Einige von euch mögen sagen: Wo wurde ich unterrichtet? Gut. ... Ich selbst beschloß, zu versuchen, ein Priester zu werden oder das, was damals ein großer Wissender genannt wurde. Und man nahm mich als Kind in die große Schule auf; jedoch nicht, um jeden Tag Lektionen zu lernen, sondern um die große Schule sauberzuhalten. Ich sollte in der Kunst des Gehorsams geübt werden, indem mir gewisse Dinge aufgetragen wurden, die ich nicht gerne tat. So lernte ich durch Tätigkeiten, die ich ungern ausführte, mit der Zeit, an ihnen Gefallen zu finden ...

Und eines Tages teilten sie mir mit, der Lehrer würde mich in seine Klasse aufnehmen, oder in sein ›Reformatorium‹, und ich ging hin. Und als erstes sagten sie zu mir, daß ich die Sterne anschauen solle. Ich sah sie viele Male in vielen verschiedenen Konstellationen. In der Frühzeit der Astrologie beobachtete man die Veränderungen am Himmel, denn es waren niemals die gleichen Muster. Dies war meine erste Einführung in die Astrologie.

Dann wies er mich an, die magnetischen Rhythmen der Erde zu studieren. Ich hatte aber keine Kenntnisse von den erdmagnetischen Rhythmen. Deshalb sagte ich zu ihm, daß ich bestimmte Dinge empfand. Und wenn es falsch war, pflegte er mir aufzutragen: Studiere es nochmals.

So ist es nicht leicht für euch zu studieren, so wie es für mich nicht leicht war. Denn es muß immer Disziplin herrschen. Aber eure Welt ist sehr verschieden von der, die meine Welt war, denn wir hatten nicht die Störungen durch Flugzeuge und durch die großen Verkehrsbewegungen über die Erde. Wir konnten die erdmagnetischen Rhythmen in der Zeit fühlen ...

Weshalb seid ihr hier auf der Erde? Das ist die große Frage aller Zeiten:

Um zu beweisen, daß ihr euren Geist entwickeln könnt, um alle Elemente beherrschen, alle Situationen steuern zu können. Wenn alle ihren Geist auf einen Gedanken einstellen und dieser Gedanke wäre Friede und Schönheit, so wäre unsere Welt frei, friedlich und schön, denn es gibt nichts Stärkeres auf Erden als den Geist. Aber es gibt auch nichts Schwächeres auf Erden als den Geist. Deshalb müßt ihr eindringen in tiefe Studien. Ihr müßt nicht nur alle Kapitel der Erleuchtung, sondern auch die der Finsternis erforschen. Denn wenn ihr diese kennt, aber nicht jene, dann ist der Geist nicht stark.

Wir selbst werden euch mit einem Gedanken verlassen, der euch eine tiefe Einsicht in euer Selbst geben soll. Ein Gedanke, der alle Dinge erklären kann: Ihr als Menschenwesen seid das Licht, ihr seid die Finsternis der Erde. Ihr seid ihr Licht und ihre Finsternis. Ihr seid ihr Anfang und ihr Ende.

Ihr seid die fortschreitende Entwicklung des Bewußtseins bis zu diesem Tag. Wenn ihr nicht mehr danach strebt weiterzukommen, ist die Erde an ihrem Ende. Je stärker euer Bestreben ist, euch weiterzuentwickeln, desto besser wird die Erde sein.

Denn die Zukunft dieser Welt liegt – und wir hoffen: wohlbewahrt – auf euren Schultern. Euch übergeben wir das Erbe unserer Ahnen, und auch euren Kindern. Wir haben euch eine Welt voll großer Schönheit hinterlassen. Unser innigster Wunsch ist es, daß ihr sie schön erhaltet. Ein einziger schöner Gedanke erschafft eine neue Erde. Und ihr mögt viele schöne Gedanken entwickeln.

Mögen die Söhne der Zeit immer leichten Fußes über die Erde schreiten und die Sterne des Himmels euch hell leuchten bis in alle Ewigkeit.

Wir sagen lebewohl, und Gottes Segen sei mit euch.«

10.2.2. Michael Kelly (Glyn Edwards)

Hier folgen Ausschnitte aus der Trance-Rede, die Glyn Edwards während unseres Kurses zur Entwicklung der medialen Sensitivität im Hotel Löwen in Gresgen (Südschwarzwald) am 22.7.1985 gehalten hat. Der geistige Kommunikator ist ein im letzten Jahrhundert verstorbener weitläufiger Verwandter von Glyn, ein irischer katholischer Priester, der viel über den Durst zu trinken pflegte. Er starb an Alkoholvergiftung, als er mit einem Pferdewagen zu einer Beerdigung gefahren wurde, an der er hätte predigen sollen. Er ist ein Beispiel dafür, daß es bei der spirituellen Entwicklung nicht auf die äußeren Umgangsformen ankommt, sondern auf die Herzensbildung.

»Guten Abend und Gottes Segen.

...Es ist ein Vergnügen, heute abend bei euch zu sein. Freut es euch auch, mich zu sehen, mit mir sprechen zu können? Und wie gefällt's euch, euch mit einem Geist unterhalten zu können? Ich bin ja bloß froh, daß ich nicht so bin wie die Gespenster in euern Witzblättern, die so rumschweben...

Wißt ihr, ich war ja so glücklich, als ich hier drüben ankam und rausfand, daß ich noch am Leben war und immer noch meine Pflicht als Priester erfüllen konnte. Nur trinken kann ich hier nicht mehr so wie früher. Es schmeckt nicht mehr so, der Sprit ist 'n bißchen zu spirituell, wenn ihr versteht, was ich meine...

Aber laßt mich euch nun folgendes sagen: Ich bin jetzt genau die gleiche Person, wißt ihr, die ich gewesen bin, als ich starb. Ich pflegte Beichten abzunehmen, wie ihr wißt, und lateinisch zu brabbeln, und ich stellte mir die Dinge vor, die meine Beichtkinder getan hatten. Es war staunenswert, herauszufinden, was Frau Irgendwer hinter dem Rücken ihres Mannes anstellte und all die Sachen. Um nichts hätte ich meine Zeit als Priester hergeben wollen. Und mit all den Sünden und Übeltaten, die ich über die Bewohner meines Dorfes herausfand, ist es ein wahres Wunder, daß sie nicht alle in der Hölle sitzen. Aber ich traf sie alle hier wieder, als ich rüberkam.

Als ich noch auf der Erde weilte, hab'n sie mir erzählt, wenn ich ein gutes Leben führ'n und fromm sein würd', tät ich drüben den Jesus treffen. Aber bis jetzt hab' ich ihn nicht getroffen. Wenn ich mal unsern Bischof in die Finger kriege, dem dreh' ich den Kragen um, denn sie ham mir gesagt, ich würd' in den Himmel kommen. Und jetzt? Ich arbeite mit den Engeln! Nichts mit himmlischer Ruhe, ich bin am Arbeiten, seit ich hier rübergekommen bin. Für die Bösartigen gibt's keinen Frieden, und glaubt mir's, ich bin ein bösartiger Mann.

Aber ich bin nicht gekommen, um leichtfertig zu scherzen. Ihr wollt ja die Geistige Welt besser versteh'n. Seht ihr, wenn ihr hier rüberkommt, dann merkt ihr, daß das Leben da drüben einfach 'ne Fortsetzung ist von dem, was ihr hier gelebt habt. Ihr habt keine Schmerzen, wenn ihr herkommt, und ihr trefft diejenigen aus eurer Familie, die ihr geliebt habt. Und es wird euch klar, daß ihr das Leben genau dort wiederaufnehmt, wo ihr's verlassen habt, daß ihr euch an all das erinnert, was euch gemeinsam war, und daß die Liebe niemals stirbt, sondern fort und fort und fort besteht. Und es ist 'ne wunderbare Sache, daß Gott uns erlaubt hat, aus der Geistigen Welt zu euch zurückzukommen und euch davon zu erzählen. Denn es geschieht durch diese Macht der Liebe, daß wir zurückgeführt werden.

Du kannst der reichste Mann der Welt sein, ein König oder eine Königin, du magst das phantastischste Hirn haben und alles Wissen, was du dir nur aneignen konntest, aber ich sag' dir, wenn du hier rüberkommst, dann zählt das rein gar nichts, was du in deinem Kopf oder in deiner Tasche hast. Das, was du zuinnerst bist, das wird immer dein Charakter sein, und daran erkennt man dich hier.

Deshalb ist's so wichtig, sich immer daran zu erinnern: 's ist das, was wir in unserm eigenen Innersten sind und haben, das maßgebend ist für alles, was wir hier sind. Und hier wird euch klar, daß Gott in seiner Weisheit und Liebe für seine Kinder jedem die gleiche Chance gegeben hat, die Kraft zum Ausdruck zu bringen, die in ihm schlummert. Und deshalb flehe ich euch alle an: Macht euch klar, eurem Tun sind keine Grenzen gesetzt, es gibt keine Grenzen für die Ebenen eures Bewußtseins, euer Gewahrsein kann sich frei entfalten, über die Stufe hinaus, auf der wir leben, und Welten berühren, die weit über alles fortgeschritten sind, was ihr bisher gewußt habt.

Aber nicht durch intellektuelles Wissen, nicht durch irgendwas, das von eurer Welt ist, nicht durch die Anerkennung, die euch Mitmenschen zollen, sondern durch die Kraft Gottes, die in euch ist: Sie macht all das möglich, was ihr erfahren könnt. Wie immer du dir Gott vorstellen willst, macht wenig Unterschied, denn was zählt, ist, daß Er da ist, daß Er ein Teil deines Lebens und deiner Erfahrung ist und daß Er du selbst ist.

Seht ihr, wenn ihr zu den Grundtatsachen zurückkehrt und euch klar wird, daß euere Suche darin besteht, herauszufinden, wer ihr seid, was ihr seid und wohin ihr geht, dann werdet ihr entdecken, daß ihr in euch selbst Gott von Angesicht zu Angesicht treffen werdet. Euch wird aufgehen, daß euch die Gotteskraft, mit der ihr zur Welt gekommen seid, auf euer Leben mitgegeben worden ist, um euch hindurch zu helfen, um all den Erfahrungen eures Lebens ins Auge zu sehen, den guten Zeiten und den bösen Zeiten und den Augenblicken des Schmerzes. Sie soll euch erkennen helfen, daß ihr alle Hindernisse überwinden und hinter euch lassen könnt, daß ihr Höhen zu erreichen fähig seid, die ihr selbst nie für möglich gehalten hättet. Und das ist's, was wir der Menschheit zu offenbaren versuchen: daß Gott in dir lebt, ein Gott, der sich für dich einsetzt. Gott ist nicht jemand, den du anzubeten hast, nicht jemand, um deine Knie vor ihm zu beugen, er ist jemand, mit dem du leben kannst und den du Teil sein lassen kannst deiner selbst. Und dadurch wird es geschehen, daß die Kräfte und Gaben des Geistes auftauchen werden und sich dir zeigen. Ah, und dein Leben wird sich verändern, und du wirst realisieren, daß du vorwärts schreitest zu neuen Erfahrungen, neuen Wahrnehmungen, neuen Bewußtseinsebenen ...

Aber nicht nur dein Leben wird sich anders gestalten, du wirst auch dasjenige anderer verändern, denn du wirst eine Bewußtheit, ein Gewahrsein besitzen, das ihr innerstes Wesen berühren wird, die Geistseele, die ihr innerstes Denken ist, die das schöpferische Prinzip des Universums ist, die Gott selbst ist. Dies und die Art, wie du es entdeckst, werden die Mittel für dich sein, um zu wachsen, um Verständnis zu erlangen und die Weisheit, dieses Verständnis anzuwenden.

Ihr werdet nie allein sein, solange ihr in euch hineinblickt und überzeugt seid, daß in euch die Kraft der Schöpfung selbst ist, Gott selbst.

... Ihr seid nur wenige, aber euer Interesse hat viele von uns aus der Geistigen Welt angezogen ... und wir können euer Denken berühren, euren Geist und euer Leben. Wie ihr von uns lernt, so lernen wir von euch. Während wir mit euch hier arbeiten und herausfinden, wie wir euch am besten erreichen, sehen andere aus der Geistigen Welt zu, die ihrerseits hingehen werden, um sich Instrumente zu suchen, die für sie erreichbar sind und durch die sie die Kraft des Geistes strömen lassen können, um ihnen zu ermöglichen, ihr Leben zu verändern. So seid ihr ein Glied in der Kette, einer Kette, die mächtige Wirkungen ausüben wird in einer künftigen Welt, lange nachdem ihr die derzeitige verlassen habt.

Deshalb ist eure Suche jetzt von größter Wichtigkeit, und die Schritte, die ihr tut, auferlegen euch Verantwortung. Wie ihr euer Leben führt, wie ihr im Leben denkt und handelt, wird der Maßstab sein für euer Verständnis der Macht der Geistigen Welt. Und es wird der Wertmesser sein für den Grad, in dem wir euch berühren und erreichen können. Verschließt euch deshalb nicht, laßt euch nicht niederknebeln von einer festgefahrenen Idee, von einem einzelnen Gedanken. Schaut immer nach neuen Horizonten aus. Werdet euch klar, daß ihr in jedem Augenblick eures Daseins euer Leben verändert, eure Gedanken, eure Handlungen. Haltet euch das immer vor Augen, und ich sag' euch, Gott wird sich euch offenbaren, und diejenigen aus der Geistigen Welt, die sich in Liebe zu euch hingezogen fühlen und die ihr in diesem Leben nie gekannt habt, werden euch näher und näher kommen. Und sie werden euch helfen, euch inspirieren und euch die Hilfe geben, nach der ihr strebt und nach der ihr sucht.

Aber wir brauchen off'ne Seelen, ein Denken und Fühlen, das bereit ist, uns zuzuhör'n, uns zu prüfen, uns auf die Probe zu stellen und den Beweis zu erbringen, daß wir hier bei euch sind. Wir sehen euch als die Botschafter unserer Botschaft an ...

Gott liebt uns, und er möchte, daß wir wissen, daß es etwas gibt, das uns verbindet. Obwohl ihr in verschiedenen Ländern leben mögt, gehört ihr alle zusammen. Eure Sprache, eure Rasse, nichts kann euch je voneinander trennen, weil ihr alle Teil der einen Quelle der Schöpfung seid. So müssen wir lernen, aus uns selbst heraus ein Verständnis zu entwickeln und es auszudehnen zu jenen hin, die in andern Ländern leben. Und wir müssen uns täglich daran erinnern, daß wir angehalten sind, in unserem eigenen Denken eine bessere

Welt zu erschaffen, daß wir unser Teil dazu beitragen können, daß Kriege aufhören, geführt zu werden, daß der Hunger der Vergangenheit angehört und der Mensch lernen wird, mit seinem Mitmenschen die Reichtümer der Erde, auf der wir leben, zu teilen. Selbstsucht und Stolz waren über Jahrhunderte das Verhängnis der Menschheit. Gleichgültigkeit gegenüber seinem Mitmenschen und dessen Bedürfnissen und Nöten war das Mittel, mit dem der Mensch sich seine Einsamkeit im Leben geschaffen hat. Das Leben ist eine Herausforderung für uns, und wir müssen diese Herausforderung annehmen. Ihr könnt dem Leben, das ihr lebt, nicht entflieh'n. Ihr geht der Zukunft entgegen, die ihr euch selbst schafft. Ich bitte euch, geht vorwärts mit Mut, Aufrichtigkeit, Ehrlichkeit und mit Würde vor allem. Erkennt, daß das Leben, das ihr habt, das Leben ist, das euch Gott gegeben hat, und daß es euch kostbar ist. Es ist die kostbarste Gabe, die ihr besitzt – respektiert sie. Würdigt den Körper, der euch gegeben ist, nährt euern Geist und erlaubt es ihm, sich über die Grenzen eures eigenen Horizonts auszudehnen. Öffnet euer Denken dem Denken anderer, öffnet andern eure Herzen, und euer Leben wird in einem Maße bereichert werden, wie ihr es nie für möglich gehalten hättet. Ist dies nicht schon von vielen gelehrt worden? Hat nicht jede Relgion gesagt, daß wir alle einander verwandt sind? Daß Gott die Liebe ist und daß seine Weisheit uns alle versteht?

Deshalb sag' ich euch, ihr seid mit eurer Suche erst am Anfang. Aber zweifelt nicht... eines Tages werdet ihr am Gestade der Geistigen Welt steh'n und sehen, daß das, was ihr gehört und wahrgenommen habt, Wahrheit ist....

Schön, ich hab' viel von eurer Zeit beansprucht, und ich werde jetzt gehen. Aber ich wollte zu euch sprechen, damit ihr wißt, daß ich eine Wirklichkeit bin und nicht nur 'ne Laune eurer Einbildung, daß Michael Kelly da ist und 's ihm gutgeht und er im Himmel rumlungert. Ah, ich hab's mir gutgehen lassen, seit ich hier bin, aber 'n bißchen enttäuscht war ich schon, daß sie mir nicht Flügel und 'ne Harfe und 'nen Heiligenschein verpaßt haben, wie ich herkam. Ich hab' immer gedacht, ich hätt' so 'n gutes Leben geführt, daß ich ein kleiner Engel werden würde hier drüben, und dann hab' ich gemerkt, daß ich noch genau der gleiche alte Teufel war, der ich immer gewesen bin... Aber genug jetzt, es war ein

Vergnügen, bei euch zu weilen, und ihr werdet immer in meinen Gedanken sein.

Möge die Straße des Lebens sich euch entgegenheben,
der Wind euch immer im Rücken sein,
die Sonne warm hinunterscheinen auf euer Gesicht
und der Regen sanft auf eure Fluren fallen,
und bis wir uns wiedersehen,
möge Gott euch in der Höhlung seiner Hand bewahren. –
Gott segne euch alle, und gute Nacht.«

10.2.3. Ramadahn (Ursula Roberts)

Am 30. Oktober 1985 gab Ursula Roberts im Psi-Zentrum Basel eine Trance-Demonstration. Ich lasse hier Auszüge aus der Ansprache folgen, die ihr Geistführer Ramadahn damals hielt.

»Ehre sei dem Erschaffer und Schöpfer aller Dinge. Segne diese Geliebten, die hier sind in ihren sterblichen und physischen Körpern; und für sie beten wir zu Dir in Gedanken des Friedens. Und aus den geheimen Kammern ihrer Herzen laß hervorgehen ihre leuchtenden Juwelen der Weisheit, damit jeder einzelne von ihnen hinaustreten möge, um die Dunkelheit seiner Umwelt zu erhellen und die Samen der Weisheit zu säen in das Denken all jener, denen er begegnen mag, so daß langsam, aber gewißlich die Schönheit Deiner Macht und die Lieblichkeit Deiner Gegenwart von allen erkannt werden, die den Weg der Erfahrungen des täglichen Lebens gehen.

... Und so übernehme ich in Liebe die Kontrolle über das Wesen dieses Mediums und grüße dich, geliebter Bruder, und bringe diesen andern einen Gruß von jener Gruppe von Geistwesen, die sich mit mir in dem Bemühen vereinen, allmählich in das Bewußtsein der Menschheit auf der Erde etwas von dem Verständnis einzutrichtern für die Größe der Aufgabe, die in Angriff genommen wird ...

Denn du mußt wissen, Geliebter, ... daß hier die Atmosphäre deines Landes geprägt ist von den materialistischen Begierden vieler, vieler Menschen, und diese Tatsache hat in der Atmosphäre etwas aufgebaut, das oft wie eine starke Mauer oder ein Bollwerk zwischen der Erde und der Geistigen Welt wirkt. Und dir sollte auch klarsein, wenn du dein Werk der Umwandlung und Umformung unternimmst, daß aus deinem Land tatsächlich ein Licht und eine Wahrheit hervorströmen wird, die eindringen werden in das Bewußtsein von Menschen, die in entfernteren Gegenden beheimatet sind.

Und so muß die Arbeit, die ihr zu unternehmen versucht, mit sehr viel Liebe und Verständnis getan werden. Ihr müßt wissen, daß das, was ihr tut, nicht allein für euch selbst ist und nicht nur für die wenigen Jahre eurer Lebenszeit, sondern daß ihr für die Zukunft eurer Welt arbeitet und für die Zukunft von denen, die allmählich, aber mit Sicherheit in euren Spuren nachfolgen werden, um das Werk zu vollenden, das ihr selbst zu tun beabsichtigt. Deshalb seid gewiß in euren Zeiten der Verweiflung und in den Augenblicken, wenn ihr euch schwach und verwirrt fühlt, seid sicher, seid ganz, ganz gewiß, daß ihr mit euerem Tun einen Samen der Wahrheit aussät für eine Ernte und eine Mahd, die kommen wird in einer Zeit, die sich erst noch entfalten muß. Wir beobachten euch aus den Regionen des spirituellen Lebens, euch und auch andere Gruppen, die der euren ähnlich sind, wie ihr euch abmüht, euch aus der alten Knechtschaft des materialistischen Denkens zu befreien hinein in die Schönheit eines neuen spirituellen Verständnisses. Und wie wir euch so betrachten, sehen wir euch ein wenig wie schöne Pflanzen, mit euern Wurzeln tief verankert in den Erfahrungen des täglichen und sterblichen Lebens und nach oben wachsend. Und während eine Pflanze in die Höhe wächst, entfaltet sie das wundervolle Grün ihrer Blätter. Und ebenso macht ihr es, indem ihr auftaucht aus eurem Verhaftetsein in materielle Angelegenheiten, aufwärts steigt in das Licht, indem ihr die herrlichen grünen Blätter hervorbringt, die das Symbol sind für euer Mitgefühl, das Symbol für eure Geduld, das Symbol für euern sich entfaltenden Wunsch, denen zu helfen, die schwächer und weniger verständig sind....

Und wie eine Pflanze, wenn sie zu wachsen beginnt und wenn sie anfängt, die Wärme des Sonnenlichts wahrzunehmen, eine Zeit der Ruhe braucht, eine Zeit, in der sie ganz ruhig zu sein scheint, still, still, still, und in dieser Stille nimmt sie die Wärme der Sonnenstrahlen auf, nimmt sie die Ausstrahlung des Lichtes tief, tief, tief in ihr Herz auf, – genauso ist die Seele des Menschen. Ebenso seid ihr, die ihr in eure Zeit des Wachstums kommt, wenn die grünen Blätter eures Mitempfindens, der grüne Schimmer in eure Aura kommt, dann müßt auch ihr oft eine Zeit des Ausruhens haben, eine Zeit, in der es euch erscheinen mag, als geschehe gar nichts in eurer Entwicklung, aber während ihr stillsteht und während ihr ausruht in der Stille, werdet ihr langsam, aber sicher der Wärme und der Liebe gewahr, die wir aus der Geistigen Welt eurer Seele spenden, und allmählich, aber gewiß fängt euer inneres Wesen an, sich auszudehnen, zu wachsen und hervorzutreten in seiner Schönheit. So wie die Pflanze ihre Knospe und Blüte hervorbringt, ebenso bringt die Seele des Menschen nach einer Zeit der Ruhe, nach einer Zeit des Friedens, nachdem in der Seele das größere Gewahrsein gewachsen ist, die Blüte hervor und die Entfaltung, in der sie wahrgenommen werden kann.

Darinnen liegt das Erblühen der medialen Kraft. Darinnen liegt das Erblühen und die Blüte der Seele in die Lieblichkeit des Heiligseins, und darinnen werdet ihr euch, während ihr wartet, bewußt – genau wie die Blüte, die sich dem Sonnenlicht zuwendet – werdet auch ihr euch zunehmend der Schönheit und der Wärme bewußt, die der Große Meister und Schöpfer, der Große Spender aller guten Gaben eurer Seele spendet. So daß von euch, wie von einer wunderschönen Blüte, ein Duft beginnen wird, durch die Welt zu schweben, die um und bei euch ist... Und diejenigen, die sich euch nähern, werden ihn erkennen als Frieden, als Liebe, als Heilung, als Güte, und manchmal werden sie ihn sogar erfahren als die Schönheit des Dufts, den ihr den Wohlgeruch der Heiligkeit nennen werdet.

Und so, meine Geliebten, seid zufrieden, langsam, aber sicher zu wachsen, und erinnert euch daran, wie es sich mit eurer Pflanze verhält. Wenn ihr eure Pflanze zwingt, zu rasch zu wachsen, wird sie geschwächt und ist nicht immer imstande, die Wärme und Lieblichkeit der Sonne zu empfangen. Und ebenso ist es mit euch: wenn ihr euer Suchen zu schnell vorantreibt, dann wird die Seele matt und fällt unterwegs in Ohnmacht, und ihr kommt nicht zur endgültigen Erkenntnis, daß ihr eins seid mit dem Großen Meister und Schöpfer, dem Spender aller guten Gaben.

Und kommt nicht auch aus eurem Erblühen und eurer Blüte auch die Freude des Samentragens, des Samentragens der Pflanze. Und so wird aus eurer Zeit des langsamen, aber stetigen Wachstums, mit eurer Aufmerksamkeit immer, immer nach oben gerichtet, zu der großen Quelle des Lichts, die ihr Gott nennt, den Spender aller guten Gaben, mit eurer Aufmerksamkeit nach oben gerichtet zu diesem Zentrum, wird aus euren Augenblicken der Erkenntnis und der Erfüllung die Verbreitung des Samens kommen. Und die Verbreitung des Samens kommt, wenn ihr eure Weisheit miteinander teilt, wenn ihr eure schöpferische Kraft in Schönheit und Segnung aussendet in die Welt, die um und bei euch ist. Denn das, was entsteht bei der wahren Entwicklung der inneren Seele, könnt ihr nicht für euch selbst behalten.

Immer, immer und immer wieder muß es verkündet werden, muß es weitergegeben werden, weit und breit ausgestreut werden, damit dieses Leben andern zum Wohle gereiche, das gelebt wird in Harmonie und in Frieden.

Und so, wie ich zu euch spreche durch die Stimme dieses Mediums in diesem stillen Augenblick, sage ich, daß ich euch alle sehe als mögliche Blumen und Blüten im großen Garten Gottes. Ich sehe euch als Blumen und Blüten, die eure Welt mit einem Duft erfüllen werden, der sehr schön ist. Aber seid damit zufrieden, langsam und sicher zu wachsen, und wie eine Pflanze haltet eure Aufmerksamkeit immer auf das Große Zentrum gerichtet, das Große Licht, die Große Quelle der Liebe, des Friedens und der Harmonie.

Und so mit diesen wenigen und kurzen Worten teile ich mit euch die Gedanken derjenigen, die in den Sphären des Lichts zu Gott beten, eure Arbeit zu leiten und zu segnen. Und jetzt werde ich das Medium übergeben in die Kontrolle eines andern, der in Worten zu euch sprechen mag, die eurem Herzen näher sind und hoffentlich verständlicher für euer Bewußtsein.

Und Friede und Friede und Friede . . .«

10.3. Ursula Roberts

10.3.1. Das häßliche Entlein

Ursula Roberts verbrachte ihre Kindheit in einem Krankenhaus, weil sie mit Tuberkulose in einer Hüfte zur Welt kam. Ihr Vater war vor ihrer Geburt in Malaya gestorben. Ursula war nicht fähig, irgend etwas zu lernen, und als sie dann an Krücken humpelnd das Krankenhaus verlassen und eine kleine Privatschule besuchen durfte, waren Lesen und Schreiben, Zeichnen und Malen wunderbare Fertigkeiten, die alle andern schon beherrschten, sie aber erst entdecken mußte. Die Schönheiten der Natur waren für sie unfaßlich, nachdem sie so lange Jahre nichts anderes gekannt hatte als ihr Krankenzimmer. Sie kam sich gegenüber ihren Kameradinnen immer wie ein häßliches Entlein vor, mit einem langen blassen Gesicht und einem verkrüppelten Bein. Aber die Geschichte von Hans Christian Andersen, die ihr Lieblingsmärchen war, machte ihr irgendwie Mut. Als sie später einmal zu einem Geburtstag auffallend viele Kartengrüße erhielt, auf denen ein Schwan abgebildet war, erinnerte sie sich wieder an das häßliche Entlein. Es war ebenfalls ein Schwan geworden.

Ursula meint, daß sie in ihrem früheren Leben in Frankreich, an das sie sich teilweise erinnern kann, eine sehr stolze Frau gewesen sein muß. Und irgendwie hat sich in dieser Inkarnation diese Eigenschaft in Zielstrebigkeit und Durchhaltekraft ausgedrückt. Sie war ein einsames Kind, denn ihre Mutter mußte in einem Hotel arbeiten, und damals gehörten Mütter, die arbeiteten, zu einer minderen Klasse. Ursula entwickelte eine Vorliebe für Sprachen und träumte davon, später eine große Dichterin zu werden. Ihre ganze Liebe galt den Tieren. Die vielen Stunden der Einsamkeit als Teenager füllte sie mit Zwiegesprächen mit ihren Hunden aus, die sie verstanden und sie die Sprache der Tiere lehrten.

Mit vierzehn Jahren hatte Ursula ihre erste Begegnung mit der Geistigen Welt. Sie wachte eines Nachts wegen einer ungewöhnlichen Kälte in ihrer Dachkammer auf und sah, wie sie durch das geschlossene Dachfenster einige Leute von draußen anzublicken schienen. Sie verkroch sich unter der Bettdecke.

Ungefähr zu dieser Zeit begann sie, mit ihrem Vater innerlich Gespräche zu führen. Ihr kam das ganz natürlich vor. Freunde ihrer Mutter hatten schon viel von Spiritualistentreffen erzählt, und schon damals wußte Ursula im Innersten ganz sicher, daß sie ein Medium, und zwar ein sehr gutes Medium werden würde.

Mit sechzehn absolvierte Ursula eine Sekretärinnenschule und entdeckte dabei in ihrer Nähe eine Spiritualistenkirche. Dorthin gingen sie und ihre Mutter öfter, weil es ein angenehm warmer Ort war, und sie an den kalten Winterabenden zu Hause nicht wußten, was sie anfangen sollten. Sie amüsierten sich meist über den alten Präsidenten, der entweder einschlief, wenn eine Ansprache gehalten wurde, oder – bei seinen eigenen Reden – so stark mit der Hand zitterte, daß seine Papiere gespenstisch raschelten. Obwohl die Medien meist wenig überzeugend waren, besuchte Ursula weiterhin die Kirche. Dort traf sie dann eines Tages Catherine Elwin, eine von der Geistigen Welt geplante Begegnung. Sie wurde zu ihrer spirituellen Freundin und Führerin.

Durch Catherine lernte sie verschiedene Medien und Formen der Medialität kennen.

10.3.2. Ramadahn

Eines Nachts erschien in Ursulas Zimmer ein heller Lichtschein. Es war wie eine leuchtende Wolke, die in einer Ecke des Raumes schwebte. Ursula konnte keine natürliche Quelle für dieses Licht ausmachen. Sie fragte: »Was bist du? Was willst du?« – »Ih-bih-a-a-da«, tönte es aus der Ecke.

Die Erscheinung wiederholte sich in Abständen von einigen Wochen. Beim drittenmal verdichtete sich die weiße Wolke zu einer schlanken, weiß strahlenden Männergestalt, um sich dann wieder aufzulösen. Etwa drei Wochen später saß Ursula in ihrem Übungszirkel. Ihre Hellsicht erlaubte es ihr, einfach still dazusitzen und innerlich wie im Kino Filme zu betrachten. Sie erblickte so auch Episoden aus früheren Leben.

Plötzlich spürte sie einen starken Druck auf den Kopf, und sie hatte das Gefühl, als würde sie ganz klein in etwas ganz Riesigem. Ihr Herz schlug schnell, und sie bekam beinahe keine Luft. Sie versuchte, ihre Augen zu öffnen, aber die Lider waren wie mit Blei beschwert. Etwas Starkes zog sie hoch, bis sie stand, und dann sprach eine mächtige Stimme aus ihr. Es waren weder ihre Worte noch ihre Gedanken, die da aus ihr drangen. Und dann wurde sie wieder hingesetzt und konnte sich ausruhen.

Das war das erste Mal, daß sie in Trance versetzt wurde, und sie war danach von einem unbeschreiblichen Frieden erfüllt und völlig frei von Schmerzen. Dieses Geistwesen versetzte sie noch zahlreiche Male in Trance und gab durch ihren Mund vielerlei Belehrungen. Es sagte, sein Name sei Yamadan, aber im Zirkel wurde er immer Ramadan genannt, und so wurde er unter diesem Namen bekannt als Ramadahn.

Erst viel später auf einer Ägyptenreise fand Ursula heraus, wer er wahrscheinlich gewesen war. Sie wußte bereits, daß er ein ägyptischer Prinz sein sollte, der sein Volk in einen katastrophalen Krieg geführt hatte und darin durch einen Schlag auf den Schädel getötet worden war.

Sie besuchte mit einer Freundin das Museum in Kairo und wurde in den Saal mit den Mumien verstorbener Herrscher geführt. »Da sah ich«, berichtet sie in ihrem Buch, »den Leichnam eines ehemaligen Königs, dessen Schädel eingeschlagen war und dessen Profil beinahe identisch war mit demjenigen des medialen Portraits, das ich besitze! ›Sekhrne‹ war als Name neben dem mumifizierten Körper vermerkt, aber in diesem Augenblick stand plötzlich der Geist Ramadahns neben mir und blickte geringschätzig auf die Überreste seiner einstigen sterblichen Hülle und den Namen, der seinen Platz in der Geschichte symbolisierte.«

»Der Besuch im Museum von Kairo bewirkte etwas in mir, das einem Außenstehenden sehr schwer verständlich zu machen ist. Es ließ Ramadahn aus den entfernten Regionen des Lichts ganz nahe kommen und sich in meinem Bewußtsein zu dem deutlichen Bild eines Menschen verdichten, der gelebt, geliebt und Fehler begangen hatte. Plötzlich wurde er für mich zu einem verstehbaren Freund, während er zuvor ein verschwommenes spirituelles Licht gewesen war.«

Der historische Name Sekhrne scheint mit dem von Ursula hellhörig wahrgenommenen Ya-madah nichts zu tun zu haben. Ramadahn erklärt immer auf die Frage, was sein Name heiße, er bedeute »Lichtkreis«. Ursula meint, eigentlich spiele das keine Rolle. Vielleicht haben ja beide Namen die gleiche Bedeutung. Ein andermal, als Ramadahn nach seiner Identität gefragt wurde, erwiderte er: »Als ich auf der Erde lebte, habe ich mein Volk in den Krieg geführt, jetzt versuche ich, die Leute in den Frieden zu führen.«

10.3.3. Sidney Richardson

Mehrfach war Ursula aus Traumerlebnissen aufgewacht, in denen sie jemand sehr zart und liebevoll umarmt hatte. Nachdem sie sich noch immer nach Tony sehnte, dem großen Mann, in den sie sich verliebt hatte, der aber seinerseits unglücklich in ein anderes Mädchen verliebt war, hielt Ursula ihre Traumerlebnisse für Wunschbilder ihres Unbewußten und versuchte, davon wegzukommen, indem sie Gedichte und Geschichten schrieb. Die nächtlichen Erfahrungen begannen aber nach kurzer Unterbrechung wieder. Es war zwar ein großer Mann, den Ursula wahrnahm, aber eindeutig nicht Toni. In ihrem Bekanntenkreis war niemand, auf den sein Bild zutraf, und auch in der Stadt, wo sie zufällig auf ihn zu stoßen hoffte, gab es keine dramatische Erkennungsszene.

Sydney Richardson war ein allgemein beliebter Heiler an der SAGB. Und erst ganz allmählich, nachdem ihn Ursula schon längere Zeit gekannt hatte, drang die Erkenntnis in ihr Bewußtsein, daß dies ja ihr Traummann war. Sie hatte sich immer einen jüngeren Idealpartner vorgestellt und dachte deshalb nicht daran, daß Sydney derjenige sein könnte. Er war es aber, und Ralph Rossiter, der damalige Sekretär der SAGB, traute die beiden in einer einfachen Spiritualistenhochzeit.

Die Zeit ihrer Ehe verlief durchaus nicht so ungetrübt, wie sich Ursula das gewünscht hätte. Neben emotionalen Problemen – beiden geschah es, daß sie sich in einen andern Partner verliebten – spielten gesundheitliche und »okkulte« Probleme eine große Rolle. Nach dem ersten glücklichen Ehejahr erfuhr Sidney, daß er zuckerkrank sei. Er wollte jedoch kein Insulin nehmen und mußte deshalb mit allerlei homöopathischen Mitteln und strenger Diät versuchen, seiner Krankheit Herr zu werden. Dazu kam, daß er offenbar in einem früheren Leben eine schwarzmagische Macht ausgeübt und dieses Leben nun dazu gewählt hatte, sich von diesen dunklen Kräften zu befreien. Immer wieder erlebte Ursula nächtliche Kämpfe mit unheimlichen Gestalten, und der zu Hilfe gerufene Ramadahn erklärte nur, Sidney habe diese Gestalten selbst in einem früheren Leben geschaffen und müsse sie jetzt wieder auflösen, damit sie niemandem mehr schaden könnten.

In ihrem Buch beschreibt Ursula die endgültige Befreiung Sidneys so eindrücklich, daß ich diesen Abschnitt hier zitieren möchte: »Etwa fünfzehn Jahre vergingen, ehe Sidney mir mitteilen konnte, er habe jetzt das Gefühl, seine Teufel überwunden zu haben. Kalte Winde hatten ihn überfallen, verbunden mit der Empfindung, herumgewirbelt zu werden, dem Gefühl von nach ihm greifenden Händen und einer ›Dunkelheit, die mich von dir trennte‹, wie er sagte. ›Aber ich erinnerte mich daran, daß ich ihrer Meister werden mußte. Ich hörte also auf zu kämpfen und hielt mich an die Worte: ‚Vollkommene Liebe vertreibt alle Furcht'. Ich blieb ganz ruhig und dachte nur an dich und meine Gefühle für dich, und dann fing ich an, mit den kleinen Teufeln Mitleid zu bekommen, die schon so lange recht unglücklich gewesen sein mußten. Da beruhigte sich der ganze Aufruhr. Die Dunkelheit lichtete sich, der heulende Wind erstarb. Plötzlich wußte ich, daß ich keine Angst mehr hatte, und es überkam mich ein ganz einzigartiges Gefühl des Friedens, das von mir ausströmte und weiter und weiter strömte, bis es schien, als habe es einen großen leeren Raum mit Kraft und Frieden erfüllt. Es war wie eine Flut, die einen Damm durchbrach und eine riesige Fläche trockenen und öden Landes überflutete.‹

Wir feierten diese Gelegenheit ... und ich schickte ein Dankgebet zum Himmel. Nie mehr manifestierten sich diese kalten und beängstigenden dunklen Mächte ...«

Mit Sidney erlebte Ursula aber auch die heiteren Seiten der Geistigen Welt. Zweimal geschah es ihnen auf Spaziergängen, daß sie Naturgeistern oder »Gnomen« begegneten, die ihnen stolz ihre Behausungen zeigten.

Weil Sidney einiges älter war als Ursula und ihn zudem seine Krankheit mit der Zeit immer schwächer werden ließ, war es Ursula klar, daß er wahrscheinlich vor ihr in die andere Welt hinübergehen würde. Sie sprachen öfter über das Sterben, taten es aber meist scherzhaft, um ihre wahren Gefühle zu verschleiern. Sie alberten, wie sie als Gespenster zurückkehren wollten, um beim andern zu spuken, oder sie neckten sich damit, daß sie dem Partner die unmöglichsten Leute aus ihrem Bekanntenkreis als Ersatzpartner anpriesen.

Immer wieder jedoch wurde es Ursula bewußt, wie ernst die Situation war, und sie sandte Gebete zur Geistigen Welt, in denen sie darum bat, Sidney möge ein langer Leidensweg erspart bleiben. »Hätte ich mich beschweren dürfen und jammern, als meine Gebete erfüllt wurden?« fragt Ursula. Sidney selbst hatte bei einem Gottesdienst von einem Traum erzählt, der ihm seinen Tod ankündete. »Ich werde im Nu gehen, so«, hatte er gesagt und dazu mit den Fingern geschnippt. »Ich freue mich darauf. Schließlich ist es das wunderbarste Abenteuer im Leben.«

Drei Monate nach dieser Aussage setzte sein Herz aus, als er gerade sein Büro am Belgrave Square verließ (er war damals Präsident der SAGB). Bis man Ursula aus einem andern Teil des Gebäudes herbeigeholt hatte, war Sidney bereits tot. Daß die Geistige Welt sie beide auf diesen Übergang schon lange vorbereitet hatte, war Ursula eine große Hilfe. Es tröstete sie, zu wissen, daß Sidney drüben erwartet und gut aufgenommen wurde.

Trotzdem riß Sidneys Tod eine Lücke in Ursulas Leben. Sie hatten zwanzig Jahre gemeinsam verbracht – und nun war alles aus. Ursula erlitt einen seelischen Schock, der bewirkte, daß sie eine Zeitlang sogar an allem zu zweifeln begann, was sie bisher erlebt hatte. Ihre Hellsichtigkeit verschwand, und nur die Erinnerungen an die materialisierten Gestalten, die sie in Sitzungen mit Helen Duncan gesehen hatte, waren ihr noch ein schwacher Trost. Diese konnten nicht Einbildung gewesen sein, denn alle hatte sie ganz deutlich wahrgenommen. Aber weshalb gab sich ihr Sidney nicht kund, da sie doch so sehr darauf wartete, sich so danach sehnte, von ihm ein Zeichen zu bekommen?

Wahrscheinlich war der Wunsch zu stark, waren die Gefühle zu erregt, als daß eine Botschaft direkt oder durch ein anderes Medium möglich gewesen wäre. Aber die Geistige Welt fand ein anderes Mittel. Ursula hatte schon öfter außerkörperliche Erfahrungen erlebt. So war es für sie nichts Besonderes, als sie eines Nachts wieder spürte, daß sich ihre Seele auf eine Astralreise begab. Sie ließ sich mitnehmen und gelangte in eine Art Party. Viele Leute standen herum und unterhielten sich fröhlich und entspannt. Und da erblickte sie, mit dem Rücken zu ihr, plötzlich Sidney. Er befand sich im Gespräch mit einem Bekannten, der schon vor ihm gestorben war, und schien Ursula überhaupt nicht zu bemerken. Nachdem sie hatte sehen können, in welch froher Atmosphäre und Umgebung sich Sidney befand, wurde sie wieder in ihren Körper zurückgeholt.

Allmählich stärkten andere Hinweise ihr Vertrauen, und heute fühlt sie wieder die gewohnte Gemeinschaft mit Sidney.

11. Gordon Higginson und die physikalische Medialität

11.1. Gordon Higginson

11.1.1. Ein mediales Wunderkind

Gordon Higginson gab seine erste große öffentliche Demonstration in der Royal Albert Hall, als er zwölf Jahre alt war. Seither ist er ununterbrochen als Medium tätig gewesen. Er ist eines der vielseitigsten und treffsichersten Medien, die es gibt. Auch seine Mutter war ein ausgezeichnetes Tieftrance-Medium und arbeitete bis zu ihrem Tod (sie wurde über achtzig Jahre alt) als Medium. Ihr Mann allerdings war an all diesen Dingen überhaupt nicht interessiert.

Gordon kam am 17. November 1918 in Stoke-on-Trent zur Welt. Seine Mutter Fanny war ein sehr vielbeschäftigtes Medium und nahm Gordon jeweils überallhin mit. Er schlief in seinem Körbchen irgendwo hinter der Bühne, während seine Mutter Demonstrationen gab, oder neben ihr, wenn sie eine Übungsgruppe leitete.

Es wird erzählt, er habe als Kind mit jenseitigen Kindern Ball gespielt, wobei gesehen wurde, wie der Ball, den Gordon geworfen hatte, plötzlich in der Luft stillzustehen schien und dann zu ihm zurückkehrte.

Sobald er alt genug war, sich für die Tätigkeit seiner Mutter zu interessieren, gab sie ihm ihre Kenntnisse weiter. Er ging bei ihr in eine harte Schule. Dennoch war natürlich seine Brust von jugendlichem Stolz geschwellt, als er bereits als Knabe von zehn Jahren öffentlich auftreten durfte und als Wunderkind gefeiert wurde. Er hielt sich damals für das beste aller Medien und pflegte seine Eitelkeit. Einige harte Worte seiner Mutter und deutliche Erfahrungen brachten ihn jedoch allmählich dazu, etwas bescheidener zu werden und einzusehen, daß es immer noch viel zu lernen gab. Dazu gehörte zum Beispiel, daß er Unterricht nahm, um seinen nur schwer verständlichen Dialekt durch ein gutes Englisch zu ersetzen.

11.1.2. Ein perfektes Medium

Natürlich mußte er auch einen Beruf ergreifen. Er brachte es vom Schuhverkäufer bis zum Manager eines großen Schuhmarktes. Diese Tätigkeit kommt ihm auch bei seiner Medialität zustatten. Immer wieder kann er zum großen Erstaunen seiner Zuhörer Hausnummern und Telefonnummern völlig richtig durchgeben. Anscheinend sieht er dann innerlich die Schuhkartons im Lager aufgestapelt und kann dort die Nummern ablesen, die ihm gezeigt werden. Dies ist wieder ein Beispiel dafür, wie die Geistige Welt unseren Gedächtnisspeicher benützt, um uns Informationen zu geben.

Während des Krieges war Gordon ein sehr beliebter Offizier, weil niemand aus seiner Truppe je ums Leben kam. Es wird berichtet, er sei einmal mit seinen Leuten hinter den feindlichen Linien eingeschlossen gewesen. Als einziger Ausweg bot sich die Überquerung eines Flusses an, der aber sehr tief und reißend war. Die Geistige Welt half Gordon und seinen Männern aus dieser gefährlichen Situation, indem Gordon mit einem leuchtenden hüpfenden Ball angezeigt wurde, wo sich im Fluß seichte Stellen befanden, so daß sie alle unbeschadet hindurchwaten konnten.

In der Übungsgruppe seiner Mutter entwickelte sich Gordon zu einem Trance- und physikalischen Medium. Er war vermutlich der letzte, der noch bis heute mehr oder weniger öffentlich in der alten Tradition der Materialisationsmedien arbeitete. Wohl gibt es anscheinend in England einige Zirkel, in denen wieder physikalische Medien ausgebildet werden, aber diese hüten sich vorerst aus verständlichen Gründen noch sehr, dies einer breiteren Öffentlichkeit bekanntzugeben. Daß der physikalische Mediumismus zahlreiche Gefahren für das Medium in sich birgt, mußte Gordon am eigenen Leib erfahren, wie ich später noch ausführen werde.

Gordon ist sehr musikalisch und ein ausgezeichneter Klavierspieler. Gelegentlich spielt er sogar abends in der Bar von Stansted Hall auf.

Mit neunundzwanzig Jahren wurde er Präsident seiner Kirche in Longton, wo er ab 1950 auch seine eigene Übungsgruppe leitete. Interessanterweise hat sich Gordon nie als Heiler betätigt. Er war jedoch sehr eng mit dem Heiler Frank Tamms befreundet, der für ihn zu einer Art Manager wurde. Der Tod Franks war ein schrecklicher Verlust für ihn.

Eine Zeitlang half er beim Management des Supermarktes, den seine Nichte und ihr Mann betreiben, mit denen er zusammenwohnt. 1970 wurde Gordon zum Präsidenten des »National Executive Committee« der SNU gewählt.

Gordons Medialität ist dank seiner langen Erfahrung so ausgereift, daß er heute in England wohl als das vollkommenste Medium angesehen werden kann. Leider hat er sich bisher standhaft geweigert, im Ausland zu arbeiten. Etwas von seiner jugendlichen Selbstherrlichkeit muß ihm wohl geblieben sein, denn wenn seine Medienkollegen von ihm sprechen, pflegen sie ihn jeweils (allerdings mit sehr liebevollem Spott) »Gott« zu nennen.

11.1.3. Die jenseitigen Mitarbeiter

Wenn sich Gordon in Trance versetzt, fungiert als Kontrollgeist der Chinese Chou Chow. Er vermittelt philosophische Einsichten und überwacht Gordon während der Trance.

Als nächster meldet sich meist der Ire Paddy. Er spielt gern den Frauenhelden und hält sich für den schönsten Mann der Welt. Er treibt seine Späße, vermittelt aber auch sehr treffende Botschaften von Jenseitigen. Eine Schweizer Teilnehmerin rief er zum Beispiel namentlich auf, nannte ihren Vornamen und ihre Telefonnummer. Dann behauptete er, in ihrem Briefkasten zu Hause befinde sich ein Brief. Sie hielt das für unmöglich, da sie die Post während ihrer Abwesenheit auf dem Postamt zurückhalten ließ. Paddy blieb aber dabei und fügte hinzu, es handle sich um einen Brief ohne Marke. Ein Telefonat mit ihrem Sohn bestätigte später, daß sich tatsächlich eine unfrankierte Mitteilung in ihrem Briefkasten befunden hatte. Paddy macht sich einen Spaß daraus, die kleinen Geheimnisse der College-Bewohner preiszugeben: »Ich war oben in den Zimmern«, sagte er. »Da habe ich gesehen, was ihr euch alles zum Naschen mitgenommen habt. Paßt auf, ich komme die schönen Damen besuchen!« Damit bringt er das Publikum zum Lachen und erhöht die Schwingung.

Bei den physikalischen Phänomenen ist es das Mädchen Kuku,

das sich als jenseitige Helferin betätigt. Kuku nascht gern und beklagt sich dauernd darüber, daß Gordon zu schwer sei. Ihre komische Art zu reden löst ebenfalls immer wieder Lachsalven aus.

Weitere Helfer sind der Indianer Red Bow und ein Wesen, das sich »Light« (Licht) nennt. Diese kenne ich allerdings nicht aus eigener Erfahrung.

Gordons Einstellung zum Spiritualismus wird aus seinen folgenden Worten deutlich: »Mein ganzes Leben ist auf der Notwendigkeit aufgebaut, für den Spiritualismus die weitest mögliche Verbreitung zu erreichen. Ich glaube, daß es unabdingbar ist, nicht nur Medien zu schulen und ihre Fähigkeiten zu entwickeln, sondern auch in großem Maßstab landesweit Öffentlichkeitskampagnen für den Spiritualismus durchzuführen. Ich vertrete die Ansicht, der Spiritualismus sollte auf die gegenwärtige Situation in der Welt einen größeren Einfluß gewinnen, um unsere Botschaft der Liebe und des Friedens zu verbreiten.«

11.2. Physikalische Phänomene in Stansted

11.2.1. Ektoplasma

Der Höhepunkt der Woche war gekommen: Es war Donnerstagabend, und die über achtzig Teilnehmer der »Physical Week« (Woche für physikalische Medialität) standen erwartungsvoll in der Halle vor der Bibliothek. Charles Sherratt, der Manager des College, hatte höchst persönlich die Bibliothek mit dem Staubsauger peinlich genau gereinigt, denn Schmutzteilchen können für das physikalische Medium eine Gefahr bedeuten. Ebenso unverhoffte Geräusche und Lichter, deshalb sind Tonbandgeräte, Fotoapparate und Taschenlampen verboten.

Wir Teilnehmer haben in den Tagen zuvor mitgeholfen, die Schwingungen in der Bibliothek aufzubauen. Gordon Higginson, Prinzipal des College und Materialisationsmedium, hatte schon an den beiden vorhergehenden Abenden Trance-Demonstrationen gegeben, und die anderen anwesenden Medien, vor allem Dorothy

Patten, Betty Wakeling und Mary Duffy, hatten uns auf das vorbereitet, was wir heute abend zu sehen bekommen sollten.

Nun war es also soweit. Charles ruft zuerst drei Teilnehmer in die Bibliothek, die den Raum untersuchen und feststellen sollen, daß keine Trickeinrichtungen vorhanden sind. Dann dürfen diejenigen eintreten, die den innersten Kreis um das »Kabinett« bilden sollen. Das sind Leute, die schon über Erfahrung mit dem Mediumismus verfügen und denen man zutraut, daß sie keine unüberlegten Handlungen begehen, die dem Medium gefährlich werden könnten. Und dann folgen hufeisenförmig alle andern Teilnehmer in mehreren Reihen. Das »Kabinett« ist eine Holzkonstruktion aus drei Seitenteilen, etwas größer als eine Telefonkabine, und vorne mit einem zweiteiligen Vorhang verschließbar. Dieses Kabinett ist oben offen, und über dem Eingang ist eine Lampe mit einer roten Glühbirne angebracht, wie man sie in Dunkelkammern verwendet. Direkt neben ihm haben rechts Betty und links Mary Platz genommen. An der Seite Marys sitzt Charles und hält den Lichtregler für die rote Lampe in der Hand. Neben ihm folgen die beiden jungen Medien Martin Young und Gerrard Smith. An Bettys Seite findet Dorothy ihren Platz und anschließend weitere Gäste, die in Stansted schon viele Erfahrungen gesammelt haben. Auch ich habe die Ehre, in diesem innersten Kreis zu sitzen, mehr oder weniger genau gegenüber dem Kabinett.

Nun haben alle Platz genommen. Gordon kommt herein und bittet – wie von Charles im voraus angekündigt – einen der Teilnehmer, einen älteren Herrn, mit ihm zu kommen, um ihn zu untersuchen. Dies hat sich seit der Zeit eingebürgert, als jeweils physikalische Medien beschuldigt wurden, betrügerische Manipulationen vorzunehmen, und einige von ihnen auch dabei erwischt wurden, wie sie physikalische Phänomene vorzutäuschen versuchten. Der ältere Herr erscheint schließlich mit Gordon wieder in der Bibliothek und bekundet, daß er Herrn Higginson eingehend überprüft und nirgends einen Hinweis auf möglichen Betrug gefunden habe. Gordon dankt ihm und setzt sich vor dem Kabinett auf seinen speziellen Holzstuhl. Der ganze Raum, das Kabinett und der Holzstuhl sind ebenfalls zuvor von den drei Teilnehmern genauestens untersucht worden, wie sie jetzt bekunden.

Gordon nimmt nie gleich zu Anfang im Kabinett Platz. Er mag

enge geschlossene Räume nicht, benützt auch nie einen Lift. Auf seinem Stuhl läßt er sich in Trance sinken. Es sieht ähnlich aus, als würde er einschlafen, aber plötzlich verändert sich etwas. Es rüttelt ihn kurz hin und her, und dann hebt er den Kopf – mit geschlossenen Augen.

Er steht auf, legt seine Hände übereinander und macht ein paar kleine Schrittchen: sein chinesischer Geistführer Chou Chow hat die Kontrolle übernommen. Er begrüßt die Anwesenden und verneigt sich. Nach ein paar einführenden Worten bittet er, das Licht zu löschen und den Stuhl ins Kabinett zu stellen. Charles schaltet das Rotlicht ein, und Mary und Betty bringen den Stuhl ins Kabinett. Dort läßt sich dann Chou Chow nieder. Nach kurzer Zeit beginnt Kuku zu sprechen, das Mädchen, das für die physikalischen Phänomene zuständig ist. Und auch Paddy, der komische geistige Informant und »Torhüter« Gordons, tritt in Aktion.

Gordon sitzt ruhig in seinem Kabinett, die Vorhänge sind noch offen. Schließlich sagt Kuku: »Jetzt kommt es!« Und es sieht so aus, als würde aus der Gegend des Sonnengeflechts ein weißlicher Stoff hervorgezogen. Das Ektoplasma strömt. Paddy macht Bemerkungen, und Kuku kommentiert die Vorgänge. Nach einiger Zeit beklagt sie sich, daß Gordon immer schwerer wird und daß sie ihn beinahe nicht mehr aufstellen kann. Dennoch gelingt es offenbar, denn Gordon erhebt sich, Ektoplasma tritt aus seinem Mund, aus seinem Sonnengeflecht und liegt auf dem Boden des Kabinetts um seine Füße. Es sieht tatsächlich wie weißer, glänzender Musselin-Stoff aus.

Ektoplasma soll ein Stoff sein, den Fachleute in der Geistigen Welt mit Hilfe von Materialien aus unserer physischen Welt herstellen. Er soll auf Zuckerbasis aufgebaut sein, Hautzellen des Mediums enthalten, Energien der anwesenden Zuschauer mit einbeziehen, sonst aber chemisch undefinierbar sein. Berührung und helles Licht sollen schädlich sein, in Ausnahmefällen allerdings erlaubt die Geistige Welt Blitzlichtaufnahmen, Berührung, ja sogar das Abschneiden und Aufbewahren bestimmter Teile, wie etwa die im nächsten Kapitel erwähnten Haare von »Katie King«.

11.2.2. Materialisationen

Aus diesem Ektoplasma können sich Wesen aus der Geistigen Welt einen Körper aufbauen, der mehr oder weniger demjenigen gleicht, den sie zu Lebzeiten besessen hatten. Bei früheren Gelegenheiten sollen mehrere solche materialisierte Wesen gleichzeitig auf dem Podium vor Gordons Kabinett aufgetaucht sein. Heute scheint die Kraft dafür nicht mehr auszureichen.

Obwohl Paddy darum gebeten hat, die Vorhänge des Kabinetts möglichst vollständig zu schließen, kann ich durch einen Spalt im Vorhang erkennen, daß sich im Kabinett aus dem Ektoplasma Figuren bilden, die sich hin und her bewegen, wieder in sich zusammensinken, von neuem hochsteigen und dann sozusagen durch den Spalt des Vorhangs gucken. Eine der Gestalten kann sogar ein wenig zwischen den Vorhängen hervortreten. Paddy verkündet, er habe da eine Annie oder Nannie, die zu Dot kommen wolle. »Dot« war der Kosename für Dorothy in ihrer Familie. Ihre Großmutter mütterlicherseits hieß eigentlich Emma, wurde aber von den Arztkindern, die ihre Mutter betreute, Nannie und später Annie genannt. Die Gestalt allerdings, die dann auf Dorothy zukam, war die Großmutter väterlicherseits, die einen breiten Yorkshire-Dialekt gesprochen hatte.

Später erzählte mir Dorothy, daß sich bei einer früheren Gelegenheit ihr verstorbener Ehemann materialisiert habe. Es war dies seine erste Manifestation seit seinem Tode. Damals nannte Paddy die Namen ihrer Tochter Jean und deren Ehemann Ashley. Er gab auch die – nicht im Telefonbuch registrierte – Telefonnummer der beiden an. Der verstorbene Ehemann, der ja Musiklehrer gewesen war, kam zu Dorothy und sagte: »Dot!« Dann gab er einige sehr klare Hinweise auf seine Identität und fügte im Gehen noch hinzu: »Ich bin sehr zufrieden mit deiner Arbeit als Medium, du hast viel erreicht, aber du mußt noch härter an dir arbeiten, du bist noch nicht gut genug.«

»Etwas Typischeres hätte er gar nicht äußern können«, war Dorothys Kommentar.

Es scheint, daß Gordons Kräfte in letzter Zeit ziemlich abgenommen haben. In früheren Materialisationssitzungen soll er phantastische Phänomene hervorgebracht haben. Für die Abnahme der Energien werden verschiedene Gründe ins Feld geführt:

1. Anstatt die physikalischen Phänomene in einem kleinen Kreis von gut aufeinander eingestimmten und erfahrenen Teilnehmern durchzuführen, versucht es Gordon in Stansted Hall immer wieder mit Gruppen von über achtzig Teilnehmern, die oft nur aus Neugierde kommen und nicht dazu beitragen, die notwendige Atmosphäre aufzubauen.
2. Es ist mehrfach vorgekommen, daß Gordon bei Materialisationssitzungen körperliche Schäden davongetragen hat. Einerseits können Schmutzpartikel aus dem Raum beim Zurückziehen des Ektoplasmas in den Körper erhebliche Störungen verursachen (es wurde schon nach einer Sitzung eine Nähnadel in der Bauchhaut vorgefunden), andererseits kann ein zu rasches Zurückziehen des Ektoplasmas (durch plötzliche Geräusche oder Lichteinfälle verursacht) Verbrennungen im Bereich des Sonnengeflechts hervorrufen.
3. Gordons Gesundheitszustand hat sich zunehmend verschlechtert. Möglicherweise wegen der starken Belastung durch die Materialisationssitzungen hat sich seine Zuckerkrankheit verschlimmert. Thrombosen und Venenentzündungen in den Beinen machen es ihm oft unmöglich, seinen zahlreichen Verpflichtungen nachzukommen.

11.2.3. Vergebliche Trompeten-Sitzung

Das, was meist der Einfachheit halber als »Trompete« bezeichnet wird, ist eigentlich ein kegelförmiger Schalltrichter. Dieses Hilfsmittel wird entweder aus festem Karton oder leichtem Metall (z. B. Aluminium) hergestellt und mit Leuchtstreifen versehen, so daß die Trompete auch bei völliger Dunkelheit erkennbar bleibt.

»Trompeten-Sitzungen« werden gelegentlich auch von amerikanischen Medien angeboten, doch was ich bisher darüber gehört habe, war nicht sehr vertrauenerweckend. Da solche Sitzungen meist in fast völliger Dunkelheit abgehalten werden, ist es besonders wichtig, sich sorgfältig von der Echtheit der Erscheinungen zu überzeugen. Nur Menschen, die viel Erfahrung haben mit medialen Vorgängen und mit Zaubertricks, sind befähigt, Trug und Echtheit voneinander zu unterscheiden.

Als Vorbereitung zu den Sitzungen mit Gordon wollte einer der Teilnehmer, der an einem Zirkel zur Entwicklung physikalischer Phänomene teilnimmt, versuchen, ob er mit der Trompete arbeiten könne. Er wurde ins Kabinett gesetzt, um dort in Trance zu versinken. Vor ihm wurde die Trompete von William Olsen aufgebaut, von dem Trompeten-Medium, von dem im nächsten Abschnitt noch ausführlich die Rede sein soll.

Obwohl im Raum eine gute Atmosphäre herrschte und alle versuchten, ihre Energie zur Verfügung zu stellen, geschah nichts. Der Versuch mußte erfolglos abgebrochen werden.

Das ist nun aber durchaus nichts Besonderes. Die meisten Sitzungen in den Entwicklungsgruppen bringen zu Anfang über viele Wochen und Monate hinweg absolut keinen Erfolg. Nur große Geduld und Ausdauer ermöglichen es einer regelmäßig zusammenkommenden Übungsgruppe, in kleinen Schritten allmählich das gewünschte Resultat zu erreichen. Wenn wir die meist fehler- und problemlos agierenden Medien auf der Bühne sehen, gewinnen wir viel zu leicht den Eindruck, daß ihnen dies alles in den Schoß gefallen sei – und wir kritisieren noch daran herum, was hätte besser sein können. Die meisten Menschen machen sich keine Vorstellung davon, mit welchem Ernst, mit welcher Disziplin und Hingabe bei den Spiritualisten in England an der Entwicklung der medialen Gaben gearbeitet wird.

11.3. Physikalischer Mediumismus

11.3.1. Helen Duncan

Helen Victoria Duncan kam am 25. November 1898 in Callander, Perthshire (Schottland) zur Welt. Alan E. Crossley hat 1975 mit der Hilfe von Gina Brealey, einer Tochter von Helen Duncan, ihre Lebensgeschichte veröffentlicht: »The Story of Helen Duncan,

Materialization Medium«. Darin berichtet er von einem Erlebnis, das für Helens ganzes Leben bezeichnend war:

Sie sollte im Geschichtsunterricht in der Schule die Daten von vier Schlachten auf ihre Tafel schreiben. Nachdem Helen meist vor sich hin träumte und keine besonders eifrige Schülerin war, fiel ihr nichts ein. Sie drückte ihre Tafel an sich, schloß die Augen und schickte ein Stoßgebet zum Himmel. Der Lehrer dachte, sie sei schon wieder am Träumen, und wollte sie mit einem unsanften Klaps wecken. Helen brach in Tränen aus und ließ ihre Tafel sinken. Da standen fein säuberlich die richtigen Daten in der richtigen Reihenfolge. Helen war so verdutzt, daß sie nichts zu antworten wußte, als sie der Lehrer nun des Betrugs bezichtigte.

Dies war der Beginn ihrer physikalischen Medialität, die so unglaublich war, daß ihr wirklich nur wenige persönliche Freunde glauben konnten. Für die meisten andern Menschen konnte das, was sich bei Helen ereignete, nur Lug und Trug bedeuten. Sie wurde im Dorf als Hexe verschrien.

Mit zwanzig heiratete sie Henry Duncan, den sie zuvor schon hellsichtig als ihren zukünftigen Mann gesehen hatte. Sie hatte im ganzen zehn Kinder, von denen zwei früh wieder starben und zwei mit verkrüppelten Gliedmaßen zur Welt kamen, weil sie unter verschiedenen Krankheiten litt, die zum Teil auch krampfartige Zustände während der Schwangerschaft ausgelöst hatten. Außerdem war sie zuckerkrank. Trotz dieser gesundheitlichen Probleme, zu denen noch materielle Sorgen hinzukamen, entwickelte sich ihre physikalische Medialität. In der Übungsgruppe fiel sie rasch in Trance, und ein Geistwesen, das sich Dr. Williams nannte, gab durch Helen Anweisungen, was getan werden sollte.

Nachdem Helen angefangen hatte, Ektoplasma zu produzieren, bat Dr. Williams einen der Sitzungsteilnehmer, einen Stab aus Ektoplasma auf seine Festigkeit hin zu prüfen. »Der Teilnehmer nahm den Stab in die Hände und versuchte zuerst, ihn übers Knie zu biegen, jedoch ohne Erfolg. Er nahm ihn dann zu seinem Stuhl mit und schlug ihn mit aller Gewalt über den Sitz, wieder ohne damit etwas zu erreichen. Dr. Williams forderte jetzt den Teilnehmer auf, den Stab so zwischen zwei Stühle zu legen, daß er mit jedem Ende auf einem auflag, und sich in der Mitte daraufzusetzen. Dies tat er und wurde sechzig Zentimeter hochgehoben!« Er beschrieb das

Ektoplasma als fest und trocken, hart wie Stahl und doch, als er darauf gesessen war, so weich und bequem wie ein Kissen.

Später übernahmen »Albert« und ein junges Mädchen namens »Peggy« die Stelle des Kontrollgeistes. Mehrere erfahrene und bekannte Zauberkünstler bestätigten, daß die Materialisationen, die bei Helen Duncan auftraten, in keinem Fall mit Tricks erzeugt werden konnten.

In der von Maurice Barbanell herausgegebenen Zeitschrift »Psychic News« vom 22. Juli 1933 findet sich ein Bericht über eine Sitzung, die Helen Duncan im Garten eines Privathauses in Liverpool gab. Das Medium saß auf einem Stuhl in einem Rhododendronbeet, während die Teilnehmer davor im Kreis Platz genommen hatten. Es war zwei Tage vor Vollmond, und der Mond ging auf während der Sitzung, die um 23.15 Uhr begann. Es war eine klare Nacht, so daß alles gut erkennbar war. Es wurde kein künstliches Licht verwendet. Bei dieser Sitzung materialisierten sich eine große Figur mit Kopfschmuck, offenbar ein Indianer, sowie die bekannten Gestalten von Albert und Peggy. Sie erschienen zwischen den Rhododendronbüschen, und die Gestalt Alberts wurde als deutlich dreidimensional erkannt. Albert ließ das Medium aufstehen. Helen ging daraufhin mit geschlossenen Augen in tiefer Trance rückwärts von den Büschen über den Rasen. Sie atmete heftig dabei und hielt ihre Arme ausgestreckt. Von ihrem Gesicht hing ein breiter, etwa drei Meter langer Streifen einer weißen Substanz (Ektoplasma) herunter und schleppte hinter ihr her. Nachdem sie wieder auf ihrem Sitz Platz genommen hatte, zog sich das Ektoplasma sehr rasch zurück.

Noch während des Krieges kam in einer Sitzung von Helen ein junger Soldat zu seinen Angehörigen, um ihnen mitzuteilen, er sei beim Untergang seines Schiffes ums Leben gekommen. Zu jenem Zeitpunkt war aber der Verlust dieses Schiffes vom Kriegsministerium noch geheimgehalten worden. Möglicherweise trug diese »Indiskretion« der Geistigen Welt dazu bei, daß die Behörden daran interessiert waren, Helen Duncan für einige Zeit außer Gefecht zu setzen.

Im April 1944 jedenfalls kam Helen Duncan unter der Anklage der betrügerischen Vorspiegelung von Erscheinungen Verstorbener vor Gericht. Schon im Mai 1933 war sie wegen Betrugs in Edinburgh zu einer Strafe verurteilt worden – fälschlich, wie der damalige Präsident der SNU, J. B. MacIndoe, in einem Brief festhielt. Er selbst hatte Helen Duncan nach einigen Testsitzungen in London 1931 des Betrugs bezichtigt, revidierte aber seine Meinung nach weiteren Sitzungen und nahm seine Beschuldigungen vollumfänglich zurück. Obwohl eine unglaublich große Zahl von Zeugen die Echtheit der Phänomene bei Helen Duncan bestätigte, obwohl sich namhafte Spiritualisten für sie einsetzten und das rücksichtslose Vorgehen der Beamten, das Helens Gesundheit stark gefährdete, anprangerten, wurden Helen und drei ihrer Mitarbeiter verurteilt.

Nach ihrem Gefängnisaufenthalt fand sie bei Jack und Betty Wakeling Aufnahme. Nachdem sie sich erholt hatte, gab sie wieder Materialisationssitzungen. Im November 1956 drangen erneut Polizeibeamte gewaltsam während einer solchen Demonstration in Nottingham in den Sitzungsraum ein. Helen Duncan erlitt einen Schock. Sie starb fünf Wochen später.

Die Verstorbenen, die sich in Helen Duncans Sitzungen materialisierten, waren für ihre Angehörigen klar erkennbar, sie konnten ihnen die Hand geben, mit ihnen sprechen. Eine ehemalige Schriftstellerin schrieb eine Notiz auf einen Zettel und unterschrieb mit ihrem Namen. Die Schriftzüge stimmten mit denen völlig überein, die sie zu Lebzeiten geschrieben hatte. Alle diese Manifestationen waren zu unglaublich, um wahr sein zu dürfen. Helen Duncan wurde ein Opfer des materialistischen Unglaubens.

11.3.2. William Olsen

Die Vorfahren von William Olsen, der etwa von 1900 bis 1976 lebte, stammten aus Norwegen. Er zog nach Sheerness in Kent, um seine Medialität dort in einem Zirkel zu entwickeln. Olsen wurde merkwürdigerweise kaum bekannt, obwohl er ein ganz ausgezeichnetes physikalisches Medium war und in zahlreichen spiritualistischen Kirchen in England Demonstrationen gab. Der hier wiedergegebene Bericht stammt hauptsächlich von Dorothy Patten, ergänzt durch Angaben von Margaret Pearson, die ebenfalls an Demonstrationen von Olsen teilgenommen hatte.

»Ich hatte Gelegenheit, an mehreren Sitzungen mit William Olsen teilzunehmen«, berichtet Dorothy. »Das Sprechrohr, die ›Trompete‹, die er benutzte, wird hier in Stansted aufbewahrt. Bei seinen Sitzungen waren höchstens achtzehn bis zwanzig Leute zugelassen, die in einem Kreis saßen. Herr Olsen war ein eher schmächtiger Mann (man meint immer, physikalische Medien müßten groß und dick sein), war nicht sehr gebildet und sprach ein Englisch, das stark vom Akzent der Midlands geprägt war.

William Olsen kam zu den jeweiligen spiritualistischen Kirchen. Er hielt also seine Sitzung in einem Raum ab, den er nicht kannte, der aber den Teilnehmern vertraut war, so daß man sicher sein konnte, daß da keine Trickapparaturen eingebaut waren. Man mußte ihm einen stabilen ungepolsterten Holzstuhl mit hoher Rükkenlehne und Armlehnen, einen sogenannten Windsor-Stuhl, zur Verfügung stellen. Der Präsident der Kirche oder wer sonst für die drei Sitzungsabende, die er meist während einer Woche am gleichen Ort gab, verantwortlich zeichnete, war gebeten worden, zwei Herren zu bestimmen, die ein neues, etwa vier Meter langes und zweieinhalb Zentimeter dickes Seil mitzubringen hatten, und eine Dame, die eine Nähnadel mit etwa einem Meter doppelt genommenen, gewachsten, festen Zwirns bereitzuhalten hatte.

Herr Olsen pflegte mit seiner Gattin zu reisen. Nach seiner Ankunft wurde er von einigen Herren untersucht. Meist war ein Arzt dabei oder ein Krankenpfleger. Während dieser Zeit wurde im Sitzungsraum ein altes Jackett von Herrn Olsen herumgereicht, von dem sämtliche Knöpfe entfernt und dessen Taschen völlig zugenäht waren. Das Futter war so aufgeschnitten, daß man alle Zwischenräume genau untersuchen konnte. Dann kam er nur mit Hemd und Hose bekleidet in den Sitzungssaal. Er zog in der Mitte des Kreises den überprüften Kittel an, die Dame mit Nadel und Faden mußte ihn darin einnähen und sich merken, was für Stiche sie dabei verwendete. Dann setzte sich Herr Olsen in den bereitstehenden Stuhl und wurde von den beiden Herren mit dem Seil daran festgebunden. Dabei war alles erlaubt, außer einer Schlinge um den Hals. Man durfte die Beine an die Stuhlbeine, die Arme an die Armlehnen und den Körper sonst an den Stuhl fesseln, mit soviel Knoten, wie man wollte. Die Teilnehmer wurden gebeten, genau die Verknotungen zu überprüfen und sich zu merken, wie der Verlauf der Seile und Knoten war.«

Herr Olsen saß also jetzt im Kreis der Teilnehmer, seine Frau saß nie direkt neben ihm, sondern immer ein paar Plätze weiter. Neben ihn setzte man meist Damen mit zarten Händen, die sie ihrem Nachbarn zur Rechten bzw. Linken zu geben hatten. Dieser hielt mit der einen Hand die beiden Hände der ersten Dame neben Olsen, und die andere Hand reichte er dem nächsten Teilnehmer, so daß kein Teilnehmer eine seiner Hände hätte bewegen können, ohne daß es sein Nachbar bemerkte. Jeder wurde ermahnt, die Hand seines Nachbarn unter gar keinen Umständen loszulassen.

In der Mitte des Kreises wurden Gegenstände aufgestellt, die alle ebenfalls von den Sitzungsteilnehmern überprüft waren: ein kleiner Tisch, auf dem zwei »Trompeten«, ein Wasserkrug, ein Tambourin und gelegentlich zwei Kindertrommelstöcke, ein Springseil und eine Mundharmonika lagen. Alle diese Gegenstände, auch der Tisch, waren mit phosphoreszierender Leuchtfarbe bestrichen.

An der einen Armlehne des Stuhls von Herrn Olsen war eine gewöhnliche Taschenlampenbatterie befestigt, mit einem Schalter genau unter seinen Fingern, so daß er mit dem leichtesten Druck ein schwaches rotes Licht in der Mitte des Zirkels aufleuchten lassen konnte. Auch diese ganze Vorrichtung wurde vor der Sitzung mit Schraubenziehern zerlegt und auf Herz und Nieren geprüft.

»Nun fiel Herr Olsen in Trance. Sobald der Kontrollgeist anwesend war und zu sprechen anfing, schaltete er das rote Licht in der Mitte ein, und man konnte das Medium in seinem Stuhl sitzen sehen. Er erklärte, daß Herr Olsen noch tiefer in Trance versinken müsse, und gab einige Erklärungen ab. Er war ein Wissenschaftler, ein Chemiker, der sich so ausdrückte, daß mein Mann ihn wohl verstand, ich ihm aber nicht zu folgen vermochte.«

Danach kam »Rektor«, ein Pfarrer, der in einer tiefen, wohlklingenden Stimme im reinsten Oxford-Englisch die wunderbarsten Ansprachen hielt. Nun war es soweit. Das rote Licht erlosch, und fast unmittelbar darauf begannen die Gegenstände und der Tisch, sich im Raum umherzubewegen. Der Tisch klopfte an die Zimmerdecke, das Tambourin rasselte, und während dieses ganzen Aufruhrs sprach »Dorothy« durch das Medium, ein kleines Mädchen, das die Leute zum Lachen brachte und damit die Energie erhöhte.

Dann hob sich eine der Trompeten und kreiste über den Köpfen der Teilnehmer, als ob sie von der Mitte des Raumes aus an einer Schnur im Kreis herumgeschleudert würde. Und obwohl dies in hoher Geschwindigkeit bei völliger Dunkelheit geschah und die Trompete in einer Entfernung von nur drei bis fünf Zentimetern an den Köpfen der Leute vorbeisauste, wurde nie jemand getroffen. Sichtbar war nur die Leuchtfarbe der Trompete. Dann sank die Trompete langsam und sanft wieder auf den Tisch zurück.

Der Kontrollgeist gab daraufhin den Teilnehmern Anweisung, die Trompete weder anzufassen noch sie anzusprechen, sie werde ihrerseits jeweils einen Teilnehmer ansprechen. Die Trompete erhob sich daraufhin und schwebte im Kreis herum, bis sie vor einem Teilnehmer in der Luft stehenblieb. Diesem wurde dann durch die Trompete etwas gesagt, das für ihn ein Beweisstück für einen Kontakt aus der Geistigen Welt sein konnte.

»Die Trompete blieb vor meinem Mann stehen«, berichtete Dorothy. »Mein Mann bekam fast immer Botschaften, ich fast nie, mir erzählt nie jemand etwas. Jedenfalls meldete sich die Großmutter meines Mannes. Die Stimme aus der Trompete sagte: ›Da ist Oma.‹ Die Großmutter meines Mannes war 1939 gestorben, bevor ich ihn kennenlernte. Zum Zeitpunkt der Sitzung waren wir schon eine Zeitlang verheiratet. Herr Olsen kannte weder meinen Mann noch mich. Er hatte keine Ahnung, wer wir waren. Die Großmutter sprach ein paar Sätze mit meinem Mann und übermittelte ihm die Grüße seiner Familie. Dann wandte sich die Trompete mir zu und sagte: ›Ich freue mich, dich kennenzulernen, Dorothy.‹

Ich nahm an vier verschiedenen Sitzungen mit Herrn Olsen teil, und in der letzten passierte folgendes: Mein Hund, den ich während des Krieges gehabt hatte, kam zu mir. Die Trompete bewegte sich etwa dreißig Zentimeter über dem Boden, und der Kontrollgeist bat: ›Sprechen Sie bitte den Hund nicht an, lassen Sie ihn seinen Besitzer finden.‹ Als die Trompete noch etwa drei Stühle von mir entfernt war, ertönte plötzlich ein Bellen, und die Trompete landete in einem Sprung auf meinem Schoß. Aus der Trompete war freudiges Bellen und Hecheln zu hören, wie bei einer freudigen Begrüßung durch einen Hund. Sie sprang wieder hinunter, wie ein aufgeregter kleiner Vierbeiner, umkreiste meinen Stuhl, kroch unter dem meines Mannes hindurch, als ob sie ihn auch begrüßen wollte, und hüpfte erneut auf meinen Schoß. Dann wieder hinunter und um die Stuhlbeine herum, bis die Hundelaute aufhörten und die Trompete wieder in ihre Ruhelage zurückkehrte.«

Bisher war kein Ektoplasma sichtbar geworden. Die Trompete bewegte sich offenbar an unsichtbaren Energiefäden. Gegen Ende der Sitzung aber kündigte jeweils der Kontrollgeist an, daß jetzt das Ektoplasma sichtbar würde. Herr Olsen war nun wieder vom roten Licht beleuchtet. Man sah, wie sich die weißliche Substanz an seinem Hals bildete, dann aus seinem Mund trat und zu Boden fiel. Ektoplasma kann vom Hals, aus dem Mund, den Ohren, der Nase kommen oder auch aus der Gegend des Sonnengeflechts. Bei Herrn Olsen fiel es von Hals und Mund wie eine ausgebreitete Schürze über seine Beine und schlich wie ein dickes Seil in die Mitte des Kreises. Übrigens riecht das Ektoplasma recht stark, falls das Medium kurz zuvor sehr würzige Speisen eingenommen hat, z. B. Zwiebeln, Knoblauch oder Curry.

Nun formte sich das Ende des Ektoplasmaseils zu einem Hacken und bewegte sich unter den Fesselungen des Mediums hindurch. Es packte den Ärmel des zugenähten Kittels und schob ihn hoch. Darunter wurde der Hemdsärmel sichtbar – die Schnüre blieben unangetastet. Nun wurde das ganze Jackett weggezogen, und auf einmal hing der Kittel ganz am Seilende und wurde in der Mitte des Kreises fallen gelassen. Herr Olsen war immer noch an seinen Stuhl gefesselt wie zuvor.

Nun ging das Licht wieder aus, und der Kontrollgeist bat darum, was auch geschehen möge, keinesfalls die Hände des Nachbarn loszulassen. »Ihrer Kirche wird nichts geschehen, der Fußboden bleibt intakt, aber bewegen Sie sich bitte nicht!« mahnte der Kontrollgeist. Daraufhin war alles ganz ruhig, bis plötzlich in der Mitte des Kreises etwas mit fürchterlichem Getöse herunterzustürzen schien. Es gab eine Erschütterung und einen Krach, als sei eine Bombe in der Kirche detoniert.

Das rote Licht ging wieder an, aber es befand sich jetzt dort, wo zuvor Herr Olsen gesessen hatte, während Herr Olsen nun in der Mitte des Kreises saß, immer noch am Stuhl festgebunden. Die Teilnehmer wurden gebeten, sitzen zu bleiben und die Hände noch nicht loszulassen. Nach einiger Zeit begann Herr Olsen sich zu räuspern und leicht zu husten. Noch immer durfte niemand aufstehen oder ihn berühren. Es dauerte dann etwa vier bis fünf Minuten, bis Herr Olsen anfing, sich zu bewegen, und noch mehr hustete. Nun mußte ein im voraus bestimmter Helfer, meist seine Frau, die vorbereitete Schüssel holen und ihm hinhalten. Er brachte dann eine wasserklare Flüssigkeit hoch, die er in das Becken spuckte. Daraufhin bewegte er sich, kam ganz zu sich, und man durfte das Licht wieder einschalten. Als erstes pflegte er immer zu fragen: »War es gut?« Und dann bat er: »Bindet mich los.«

Die beiden Herren, die ihn gefesselt hatten, mußten die Schnur jetzt wieder lösen. Die Knoten, die man auch versiegeln konnte, wurden auf ihre Unversehrtheit überprüft. Ebenso konnte das Jackett untersucht werden, das noch genauso zusammengenäht war, wie die Dame es an Herrn Olsen vernäht hatte. Die Sitzungen dauerten meistens von etwa sieben bis neun Uhr abends. Herr Olsen erhielt einen sehr, sehr süßen und sehr starken Tee und anschließend etwas zu essen, denn er nahm an solchen Tagen nur ein leichtes Frühstück zu sich, und danach unterhielten sich Herr und Frau Olsen meist noch lange mit ihren Gastgebern.

Das Medium Margret Pearson, eine Freundin von Dorothy, erlebte eine ganz ähnliche Sache mit William Olsen wie Dorothy. Auch bei ihr kam die Trompete den Boden entlanggeschnüffelt, sprang auf ihren Schoß und bellte. Es war »Bonnie«, ihr Scotch-Terrier. Später bellte dann noch ein größerer Hund, der zu einem anderen Teilnehmer wollte. Die Trompete kam aber nochmals zu Margaret: »Ich bin Alice«, sagte eine Stimme. Alice war eine Nachbarin von Margaret gewesen. Sie hatte sie nur etwa sechs Monate gekannt, dann war Alice gestorben, und Margaret hatte daraufhin einige Zeit für deren Mann gesorgt. Deshalb kam jetzt Alice zurück und bedankte sich durch William Olsens Sprachrohr.

11.3.3. Jack Webber

Am 9. März 1940 starb Jack Webber, der seit seinem vierzehnten Lebensjahr nie krank gewesen war und der bis dahin mit unverminderter Kraft als physikalisches Medium gearbeitet hatte. Nichts deutet darauf hin, daß sein früher Tod irgend etwas mit seiner unglaublichen Medialität zu tun hatte.

John Boaden Webber, genannt Jack, war 1907 in Loughor in Süd-Wales zur Welt gekommen. Sein Vater war Sigrist in der protestantischen Kirche, war jedoch zur Zeit des Ersten Weltkrieges viel von zu Hause fort. Seine Mutter arbeitete in der Heilsarmee, und auch Jack war als Kornettspieler in der Heilsarmee tätig. Seit seinem vierzehnten Lebensjahr arbeitete er in einer Kohlenmine. Mit etwa einundzwanzig traf er Rhoda Bartlett, die er 1930 heiratete. Seine Schwiegereltern, Herr und Frau Evans, waren Spiritualisten und führten eine Übungsgruppe zur Entwicklung medialer Fähigkeiten. Für Jack war das purer Unsinn, aber seiner Braut zuliebe machte er mit.

Man versuchte damals, durch Klopfgeräusche mit dem Tisch Botschaften zu bekommen. Meistens langweilte sich Jack so, daß er einschlief. Einmal jedoch versuchte er, den andern einen Streich zu spielen und die Botschaft zu beeinflussen. Durch entsprechende Manipulationen wollte er den Tisch nach seinen Ideen steuern. Wie staunte er aber, als dies mißlang und der Tisch statt dessen angab, wo man einen verlorenen Geldbeutel mit Geld wiederfinden könne. Man fand ihn am angegebenen Ort, und Jack Webber änderte von diesem Augenblick an seine Meinung über den Spiritualismus.

Jacks mediale Begabung wurde durch den Zirkel offenbar, und während der nächsten Jahre entwickelte er sich zu einem Tieftrance- und physikalischen Medium. Sein Kontrollgeist war »Black Cloud« (Schwarze Wolke). Wie William Olsen benützte er nie ein Kabinett und zeigte sehr starke physikalische Kräfte. Er selbst war noch immer skeptisch, ob das, was ihm sein Zirkel erzählte, wirklich so geschah oder nicht. Erst als er in andern Zirkeln die gleichen Versuche machte und unabhängig die gleichen Rückmeldungen erhielt, begann er, an seine eigenen Fähigkeiten zu glauben. Ein Geistführer namens Malodar, ein junger Ägypter, verhalf Jack zu guten Heilerkräften. Er sammelte in einem halbbewußten Zustand Heilkräuter und bereitete daraus Heilmittel für die verschiedensten Krankheiten. Auch schwitzte er in Trance an den Händen eine Art dickes Öl aus, das zur Heilmassage verwendet wurde.

Von den Trancesitzungen mit Jack Webber konnten Infrarotfotografien gemacht werden, welche die verschiedenen Phänomene deutlich zeigen: Ektoplasma, das aus Mund, Nase, Hals und Ohren austritt, Bewegung von Gegenständen, insbesondere »Trompeten«, Levitationen von kleinen Tischen und das Ausziehen eines Jacketts genau wie bei William Olsen.

Der berühmte Heiler Harry Edwards hat einen ausführlichen Bericht über die Medialität von Jack Webber geschrieben, »The Mediumship of Jack Webber«, in dem auf 36 Kunstdrucktafeln die erwähnten Infrarotaufnahmen aus den Sitzungen zu sehen sind.

12. Stansted Hall und Betty Wakeling

12.1. Stansted Hall

12.1.1. »Spooky Hall« und Arthur Findlay

Wenn der unerfahrene Besucher in Bishops Stortford, der nächsten größeren Bahnstation bei Stansted, ein Taxi besteigt und als gewünschtes Reiseziel »Stansted Hall« angibt, dann kann es geschehen, daß der Fahrer verständnisvoll mit dem Kopf nickt und meint: »Aha, zum ›Spooky Hall‹ (Spuk-Bau).« Denjenigen in der Umgebung, denen Stansted Hall ein Begriff ist, kommt wohl das, was die vielen komischen Leute dort machen, eher etwas »spooky«, spukartig oder gespenstisch vor. Charles Sherratt, seit 1975 Manager des College, erzählte uns vom Besuch einer amerikanischen Reisegruppe im Herbst. Da die zahlreichen Bäume rund um das Gebäude viel Laub abwerfen, sind um diese Zeit immer einige Gärtner damit beschäftigt, Laub zu rechen. Um zehn Uhr morgens begaben sich die beiden Gärtner, die vor dem Hauptportal gearbeitet hatten, zum Tee ins Haus. Kurz darauf traf der Bus mit den amerikanischen Gästen ein. Einige der Amerikanerinnen warfen sich vielsagende Blicke zu, als sie vor dem Eingangsportal zwei abgestellte Besen stehen sahen... Ist denn Stansted Hall ein Hexenhaus oder ein Geisterschloß?

Nein. Ursprünglich ist es ein 1876 von dem Architekten Robert Armstrong im Tudor-Stil neu erbautes herrschaftliches Wohnhaus. Armstrong verband die Bautechniken des neunzehnten Jahrhunderts mit den althergebrachten Vorstellungen eines Tudor-Herrschaftshauses. Zu den Eigenheiten des Gebäudes gehören die 52 Einzelkamine auf dem Dach, während im Haus nie mehr als 29 Feuerstellen vorhanden waren, darunter übrigens zwei des in England berühmten Cheminé-Bauers Adam, die noch aus dem vorhergehenden alten Bau stammen. Ein (heute unzugänglicher) Geheimgang sowie ein (unbrauchbares) Geheimzimmer bezeugen die Verspieltheit des Erbauers.

Obwohl das heutige Gebäude historisch gesehen noch jung ist, steht es doch auf sehr geschichtsträchtigem Boden. Nach der Schlacht von Hastings (1066) mußte König William der Eroberer den Normannen-Baronen, die ihm beigestanden hatten, Teile seiner Ländereien abgeben. So erhielt Robert Gernon Baron Montfichet das Land um Stansted. Er baute sich ein Schloß, dessen Ruine noch heute von der Bahnbrücke des Ortes Stansted Mountfitchet aus zu sehen ist.

Um 1420 dürfte erstmals ein Haus an der Stelle des heutigen Baus gestanden sein. Es wechselte öfter den Besitzer und auch sein Aussehen. Aus dem Jahre 1624 stammt ein Wappenschild des Königs James I., das heute den Kamin der Eingangshalle ziert. Der damalige Landbesitzer und Hausherr, Sir Thomas Middleton, war 1613 Lord Mayor von London, und sein Bruder, Sir Hugh Middleton, plante und erbaute mit der finanziellen Unterstützung von König James den »New River«, um die Frischwasserversorgung Londons sicherzustellen. James I. kam auf den Reisen zu seiner Landresidenz in Audley End öfter an Stansted vorbei. Das Dorf hatte sich unterdessen aus dem Tal mit dem Schloß zurückgezogen und mehr auf dem Hügel ausgebreitet.

1926 kaufte der Häusermakler, Parapsychologe, Spiritualist und Schriftsteller James Arthur Findlay für 8800 Pfund den Besitz, der damals zwei Bauernhöfe, zwölf kleine Häuser, zwei Wärterhäuser, den Fischteich und das Herrschaftshaus auf insgesamt 1700 Hektar Land umfaßte. Er ließ das Gebäude mit den alten italienischen Stukkaturdecken renovieren. 1932 besorgte er sich in Brüssel eine eigene Elektrizitätsanlage, um das Haus auf elektrischen Strom umstellen zu können. Arthur Findlay hatte 1920 die Parapsychologische Gesellschaft (SPR) in Glasgow gegründet und war Mitbegründer der »Psychic Press Ltd.«, der Gesellschaft, welche die Zeitschrift »Psychic News« und viele wichtige Bücher über den Spiritualismus verlegte. Fünf Jahre widmete er dem Studium des Direkte-Stimme-Mediums John C. Sloan. Seine Bücher fanden weite Verbreitung, eines davon wurde auch ins Deutsche übersetzt (A. Findlay: »Gespräche mit Toten«). Eine englische Neuauflage seines Gesamtwerkes ist in Vorbereitung und soll bis ca. 1989 vorliegen. Ehe Arthur Findlay 1965 starb, stiftete er das Hauptgebäude mit einem Umschwung von ca. 6 Hektar Land, um eine Studienstätte für Spiritualisten zu schaffen. Leider starb er, bevor er auch den vorgesehenen Betrag zum Unterhalt des Gebäudes und zur Unterstützung der Studierenden übergeben konnte. Das Geld und den Rest des Landes erbte seine Adoptivtochter.

Stansted Hall wird heute von der SNU verwaltet und von einem Trägerverein »Die Freunde von Stansted«, eine Gründung von Gordon Higginson, finanziell unterstützt. Das Haus, für dreieinhalb Millionen Pfund versichert, ist zu einem Hotel- und College-Betrieb umgebaut worden und dient seit 1966 spiritualistischen Gesellschaften als Unterkunft für Wochenkurse oder führt eigene Kurse durch.

12.1.2. Einige Schätze des Museums

Charles Sherratt, der Manager des »Arthur Findlay College for the Advancement of Psychic Science«, war einmal Polizist und Schauspieler, Berufe, die ihm bei seiner heutigen Tätigkeit sehr zustatten kommen. Er ist selbst ein Medium (sechs Jahre saß er in der Übungsgruppe von Harold Sharp), ein ausgezeichneter Vortragender und kritischer Verfechter eines hohen Standards unter den Medien. Er ist auch Hüter der Schätze, die das Museum von Stansted Hall zu bieten hat. Daraus führte er uns ein paar Muster vor:

Das beeindruckendste Dokument stammt aus dem Jahre 1874. In jenem Jahr veröffentlichte Sir William Crookes (1832–1919) seinen berühmten Bericht über das Materialisationsmedium Florence Cook (1856–1904). Crookes war ein angesehener Physiker und zog aus, um mit wissenschaftlichen Methoden »den wertlosen Bodensatz des Spiritualismus in das vergessene Niemandsland der Zauberei und Totenbeschwörung zu verweisen«, wie er sich noch 1870 öffentlich ausdrückte. Er untersuchte, zum Teil mit ebenfalls namhaften Kollegen, verschiedene Medien. Florence Cook wurde während einer Sitzung in einen galvanischen Stromkreis eingeschlossen. Dennoch materialisierte sich ihr Kontrollgeist »Katie King« wie gewöhnlich außerhalb der Reichweite von Florence Cook. Das Galvanometer verzeichnete keinerlei Bewegung. Die Materialisationen von Florence Cook waren die ersten, die unter kontrollierten

Bedingungen und in gutem Licht stattfanden. Der Bericht von Crookes, der die Echtheit der Phänomene uneingeschränkt anerkannte, brachte ihm den Spott und die Verachtung seiner wissenschaftlichen Kollegen ein. Dennoch hatte Crookes den Mut, zu seiner Überzeugung zu stehen.

Eine späte Bestätigung fand Crookes durch französische Forscher. Bei einer Materialisation durfte der rothaarigen Katie King ein Haarbüschel abgeschnitten werden. Diese Haare aus dem Jahre 1874 sind der Stolz des Museums. 1978 wurden einige Haare davon ohne nähere Angaben einem französischen Institut zur Analyse eingeschickt. Die Antwort der Wissenschaftler: »Wie und woraus habt ihr diese Haare hergestellt? Sie sehen sehr echt aus, sind aber weder irgendwelches Haar noch aus einer der bekannten Kunstfasern.«

Aus dem Jahre 1893 stammt ein hübsches Landschaftsbild des Malers David Duguid (1832–1907) aus Glasgow. Das Besondere daran ist seine Entstehung: David Duguid war ein physikalisches Medium. Er brachte seine Malutensilien zu den Sitzungen mit und legte Farben, Pinsel, Leinwand und so weiter in die Mitte des Tisches. Um diesen herum versammelten sich die Sitzungsteilnehmer und bildeten eine Kette, das heißt, sie legten ihre Hände so auf den Tisch, daß sich ihre kleinen Finger jeweils gegenseitig berührten. Dann versenkte sich das Medium in Trance, und das Licht wurde gelöscht. Die Teilnehmer hörten von der Mitte des Tisches Geräusche, und nach kurzer Zeit wurde das Licht wieder angezündet: da fanden sich Bilder wie das hübsche Landschaftsbildchen aus dem Museum – von Geisterhand gemalt.

Ein ganz entsprechendes Vorgehen ließ auf der ebenfalls im Museum zu bewundernden »Geisterschreibmaschine« Schriftstücke von Geisterhand entstehen. Die tragbare Schreibmaschine aus dem Jahre 1932 schrieb ebenfalls mitten auf dem Tisch im Dunkeln, während sich alle Teilnehmer rings um den Tisch die Hände reichten.

Aber damit nicht genug. Das Museum beherbergt auch noch Handabgüsse aus Paraffin, die durch die Medialität von William Finney 1938 entstanden waren. Finney hatte da eine Technik übernommen und verbessert, die ursprünglich aus Polen stammte. Dort hatten 1920 bei spiritistischen Sitzungen in Warschau die Teilnehmer ihre Hände in flüssiges Paraffin getaucht, und die Geistwesen hatten ihnen das getrocknete Wachs ohne Beschädigung von den Händen genommen. Bei Finneys Sitzungen sollten es die Geistwesen selbst sein, welche die Hände ins Paraffin tauchten und dann diese Abdrücke zurückließen. Natürlich wurde behauptet, Finney selbst oder ein »eingeweihter« Sitzungsteilnehmer habe die Handabdrücke im Dunkeln unbemerkt produziert. Dieser Vorwurf aber ließ sich einfach widerlegen: Die Paraffin-»Handschuhe« wurden mit Gips ausgegossen, das Wachs an den Fingerspitzen entfernt und von den zum Vorschein kommenden Gipsfingern Fingerabdrücke genommen. Es wurde dabei nicht nur festgestellt, daß die Abdrücke keinem der anwesenden Teilnehmer gehörten, sondern sogar, daß es die Fingerabdrücke eines zwölf Jahre zuvor verstorbenen Bekannten eines Teilnehmers waren. Ähnliche oder gleiche Ergebnisse lieferten auch u. a. die Medien Eusapia Paladino (Italien), Maria Silbert (Österreich), Mme. d'Esperance (Frankreich) und Franek Kluski (Polen).

12.1.3. »Techniken«, Spielereien, Gefahren

In Stansted werden auch einige »Ouija-boards« aufgehoben, ein Wort, das im Englischen meist »Wiedschi-bord« ausgesprochen wird, aber eigentlich aus dem französischen »oui« (= ja), dem deutschen »ja« und dem englischen »board« (= Brett) zusammengesetzt ist. Es gibt verschiedene Modelle und Arten von Ouija-boards, aber das Grundprinzip ist immer das gleiche: Auf einer Grundplatte sind die Buchstaben des Alphabets, die Zahlen von null bis neun und die Worte »ja« und »nein« (manchmal noch »weiß nicht«) angeordnet. Irgendein beweglicher Mechanismus, auf den ein oder mehrere Teilnehmer ihre Hände oder Finger legen können, kann durch Verschiebung auf ein Wort, einen Buchstaben oder eine Zahl zeigen. Es ist das gleiche Prinzip wie beim Glasrücken, wo das Alphabet um einen Tisch herum aufgeschrieben wird und das Glas, von einem oder mehreren Teilnehmerfingern berührt, auf der glatten Tischfläche von einem Buchstaben zum andern gleitet.

In den Anfangszeiten des Spiritismus hat man diese Hilfsmittel oft verwendet. Je besser sich aber die physikalische und später mentale Medialität entwickelte, desto überflüssiger wurden sie. Die heutigen englischen Medien warnen sehr vor der unbekümmerten Verwendung solcher »Spielzeuge«, die auch heute wieder angeboten werden. Es sind oft wenig weit entwickelte Geistwesen, welche die Unwissenheit von Natur aus medialer Menschen ausnutzen und mit Hilfe der Ouija-Antworten ein Psycho-Possenspiel mit ihnen treiben. Im besten Fall kommt einfach nur Unsinn heraus; es geschieht aber leicht, daß psychisch labile Menschen durch derartige Spielereien in Zustände geraten, die schizophrene Züge aufweisen und dazu führen können, daß eine ernsthafte psychische Erkrankung daraus entsteht (vgl. Bender: Mediumistische Psychosen).

Das gleiche gilt für das sogenannte »automatische Schreiben« und andere Spielereien mit der Geistigen Welt. Nur eine ernsthafte und von erfahrenen Kennern geleitete Beschäftigung mit diesen Dingen bietet Schutz vor negativen Erlebnissen.

In diesem Zusammenhang mag es angebracht sein, ganz kurz noch auf eine andere negative Seite hinzuweisen, die ich unter den Titel »Beeinflussung« stellen möchte. Zur Einführung ein Beispiel:

Sicher ist vielen von Ihnen »Die Kraft des positiven Denkens« und der Name »Murphy« ein Begriff. Es geht dabei kurz gesagt um die Idee, daß unsere Gedanken Kräfte sind, die zur Verwirklichung drängen. Wie es schon in der Bibel steht (Mat. 21, 18-22): »Wer... in seinem Herzen nicht zweifelt, sondern glaubt, daß das, was er sagt, geschieht, dem wird es zuteil werden.« Auch die polynesische Kahuna-Philosophie arbeitet mit der gleichen Methode: Gedanken sind magische Kräfte, die in der physischen Realität Wirkungen hervorrufen können. Es gibt Leute, die Fernheilung auf eine solche »magische« Art betreiben.

Vor einiger Zeit suchte mich eine Dame auf, die ziemlich verzweifelt war. Sie glaubte fest an die Wirksamkeit des positiven Denkens und hatte damit auch schon überzeugende Erfolge erzielt. Nun sollte ihr Sohn in einer Fabrik eine Stelle bekommen, und unglücklicherweise erwähnte ein Bekannter, der die Fabrik gut kannte, daß die Handhabung der Maschinen dort nicht ganz ungefährlich sei. Plötzlich schoß der Dame nun der Gedanke durch den Kopf, ihr Sohn könnte bei der Arbeit an einer solchen Maschine eine Hand verlieren. Sofort versuchte sie, diesen negativen Gedanken aus ihrem Kopf zu verbannen, je mehr sie sich jedoch bemühte, desto hartnäckiger setzte er sich fest. Und da sie ja an die Wirksamkeit der

Gedanken glaubte, bekam sie eine entsetzliche Angst, sie würde einen Unfall ihres Sohnes direkt herbeihexen, wenn sie sich nicht von diesem Gedanken befreien könnte.

Wie man sich von negativen Gedanken befreit, habe ich im Abschnitt über Sidney Richardson, Ursula Roberts Gatten, in seinen eigenen Worten geschildert. Der Kampf, der Widerstand gegen das vermeintlich »Negative« gibt diesen Gedankenformen erst Kraft und Leben. Läßt man sie liebevoll zu, schrumpfen sie zu erbarmungswürdigen Nichtigkeiten zusammen.

Die Gefahr aber liegt eben schon in der Idee, etwas »bewirken« zu wollen. Auch wenn wir die besten Absichten hegen: Woher wissen wir, was für einen andern gut ist und was nicht? Woher nehmen wir das Recht, über das Wohl unserer Mitmenschen entscheiden zu wollen? Wenn ich mir selbst etwas Unsinniges wünsche, habe ich selbst die Folgen zu tragen. Aber wie kann ich verantworten, daß ich einem anderen Menschen etwas anwünsche, das ich zwar für gut halte, das für ihn jedoch möglicherweise ganz und gar ungünstig ist? Auch in diesem Fall, denke ich, können wir bei Jesus lernen: »Mein Vater, ist es möglich, so gehe dieser Kelch an mir vorüber; doch nicht, wie ich will, sondern wie du willst.« (Mat. 26, 39)

Ich meine, wir sollten (gerade auch beim Fernheilen) unsere guten Gedanken immer als Gabe, als Dienst anbieten, die angenommen oder abgelehnt werden können. Sobald wir etwas bewirken und erzwingen wollen, kommt eben Zwang und damit Unfreiheit ins Spiel. Wir machen damit nicht nur die andern, sondern auch uns selbst unfrei.

In diesem Sinne sind alle spiritistischen »Techniken« gefährlich. Das Wort »Technik« hat einen für unsere Zeit typischen Bedeutungswandel durchgemacht. Heute verstehen wir unter einer Technik etwas, das man ohne viel Kenntnisse und Können zu einem bestimmten Zweck anwenden kann. Ein Verkäufer lernt z.B. für sein Verkaufsgespräch eine Gesprächstechnik, mit der er seine Kunden auf Kaufwilligkeit hin beeinflussen kann. Ursprünglich heißt das altgriechische Wort »techne« jedoch »Kunst«, also gerade nicht etwas Festgelegtes und leicht Anwendbares, sondern einen schöpferischen Vorgang.

12.2. Lehren

12.2.1. Gerrie March und ihre Medialität

»Man muß nicht von klein an hellsichtig sein, um ein Medium zu werden.« Für diesen Satz ist Gerrie March selbst ein lebendes Beispiel. Gerrie war alles andere als hellsichtig. Sie kam am 10. August 1946 in Yorkshire als zweites Kind einer Fischerfamilie zur Welt. Nach der Geburt des dritten Kindes fühlte sie sich als mittleres Kind bald von zwei Seiten einem gewissen Druck ausgesetzt. Sie war ein normales Kind und durchlebte eine normale Kindheit. Sie besuchte die Dorfschule, ihre Schulleistungen waren nie besonders gut, aber sie lebte viel in der Phantasie.

1960, als sie erst vierzehn Jahre alt war, starb ihre Mutter. Dadurch wurde sie in einem sehr beeindruckbaren Alter mit dem Sterben konfrontiert und dachte viel darüber nach. Bald darauf löste sich die Familie auf, und Gerrie zog in den Süden. Vermutlich aus ihrem ungestillten Bedürfnis nach Liebe und Geborgenheit heraus heiratete sie viel zu früh einen völlig unpassenden Partner. Bis zum Jahre 1974 machte sie sehr böse Zeiten durch, über die sie nicht gerne spricht. Jedenfalls kam es zur Scheidung, und ihre Probleme waren im Grunde der Anlaß, daß sie mit dem Spiritualismus in Kontakt kam.

Sie war noch nicht achtundzwanzig Jahre und fühlte sich völlig durcheinander. In dieser Situation hatte sie einen Traum, der sie sehr beschäftigte. Er war anscheinend prophetisch, aber das realisierte sie damals nicht. Er ließ sie jedenfalls nicht mehr zur Ruhe kommen, sie wollte mehr darüber wissen und herausfinden und suchte bei der SAGB Rat. Das erste Medium, das sie aufsuchte, vermochte ihr keine befriedigende Antwort zu geben. Zwar erhielt sie einige sehr interessante psychologische Informationen, aber die Aussagen über jenseitige Angehörige waren für Gerrie nicht beweiskräftig genug. Unzufrieden fragte sie nach anderen Medien an der SAGB. Aus der ihr vorgelegten Liste suchte sie sich Gaye Muir heraus, weil sie die gleichen Initialen wie sie selbst hatte.

Gaye vermochte ihr nun tatsächlich beweiskräftige Durchsagen zu geben. Aber nicht nur dies. Gaye erkannte das mediale Potential von Gerrie und bat sie, in ihre Übungsgruppe zu kommen. Sieben Jahre besuchte Gerrie Gayes Zirkel und war ihre schlimmste Schülerin. Nichts wollte sie als jenseitige Eingabe annehmen, immer wandte sie ein: »Das ist ja nur meine Phantasie!«

Damals, mit achtundzwanzig, heiratete sie ihren zweiten Mann, mit dem sie sehr glücklich ist. Allmählich begann sich trotz aller Skepsis ihre Medialität zu entwickeln. Zuerst erhielt sie Symbole. Nach etwa drei Jahren fing sie an, Geistwesen hellsichtig wahrzunehmen, zuerst subjektiv – heute sieht sie sie auch objektiv. Danach entwickelte sich die Hellspürigkeit und im verminderten Maße auch das Hellhören.

Nach diesen sieben Jahren war Gerrie soweit, daß ihr Gaye ihren Zirkel übergeben konnte, weil sie selbst zuviel abwesend war, um ihn noch kontinuierlich leiten zu können. Während der folgenden dreieinhalb Jahre begann Gerrie immer häufiger, auch in spiritualistischen Kirchen als Medium tätig zu sein. Beruflich arbeitete sie als Sekretärin bei einem Rechtsanwalt.

Seit 1984 arbeitet sie als Vollzeitmedium am College for Psychic Studies und an der SAGB in London und gibt Kurse in Stansted und an Zentren im Ausland, wohin sie eingeladen wird. Unterdessen hat sich ihre Medialität wieder verändert. Heute sieht sie nicht mehr so viel, dafür spürt und hört sie jetzt mehr. Es scheint so, als sei das Hellfühlen am Anfang am leichtesten, es geht dann über in ein immer deutlicheres Sehen, um wieder zum Spüren zurückzukehren. Das neue Hellspüren ist aber anders, intuitiver, ganzheitlicher als am Anfang der medialen Entwicklung.

12.2.2. Eine Gebrauchsanweisung für mediale Sitzungen

Nachdem mehrere Medien in Stansted zu der Ansicht gekommen sind, es wäre eigentlich nötig, den »Sitter«, den Klienten bei einer medialen Sitzung, darin zu unterrichten, wie er am besten eine Privatsitzung entgegennehmen sollte, möchte ich hier versuchen, eine solche »Gebrauchsanweisung« für mediale Sitzungen anzubieten.

1. *Man überlege sich, ob man wirklich zu einer Sitzung bereit ist.*

Eine Sitzung bei einem Medium sollte sich abspielen wie der Besuch bei lieben Verwandten: Man besucht sie, weil man sich freut, sie wiederzusehen, weil man sich freut, alte Erinnerungen auszutauschen, und weil man hofft, dabei vielleicht auch noch erfahren zu können, wie es dem einen oder andern geht und was er von dem hält, was man selbst im Augenblick tut.

Es gibt natürlich ganz verschiedene Motivationen, warum man ein Medium aufsuchen möchte. Aber welches auch immer der ursprüngliche Beweggrund ist, Sie sollten sich darüber klarsein, daß ein Medium kein Übermensch ist. Weder kann es Ihnen Ihren verstorbenen Lieblingsonkel herbeirufen noch den Partner, das Kind oder den Elternteil, den Sie soeben viel zu früh verloren haben. Erwarten Sie auch nicht, daß Ihnen ein Mordopfer mitteilt, wie und von wem es umgebracht worden ist – das mag zwar ausnahmsweise vorkommen, in der Regel aber weigern sich gewaltsam Umgebrachte, an ihren Tod zurückzudenken, und finden, wir sollten die Justiz Gott überlassen.

Ein Medium ist kein Wahrsager und kann Ihnen deshalb keine Angaben machen über Ihre Zukunft, über den Ausgang finanzieller Unternehmungen oder über Ihre Partnerchancen.

Ein Medium ist nichts weiter als eine Art »Einweg-Telefon«, das sich der Geistigen Welt zur Verfügung stellt. Wenn Sie bereit sind, von verstorbenen Freunden oder Angehörigen das zu hören, was diese Ihnen sagen wollen, und nicht unbedingt nur das, was Sie gerne hören möchten, auch etwas, das Ihnen möglicherweise im Augenblick völlig nebensächlich oder sogar unrichtig erscheint, dann können Sie ruhig eine solche Sitzung besuchen.

2. *Man stelle sich rechtzeitig auf die Sitzung ein.*

Sobald Sie sich entschlossen haben, zu einer Sitzung zu gehen, und diese gebucht haben, denken Sie hie und da in ruhigen Augenblicken – z. B. vor dem Einschlafen oder vor dem Aufstehen – an Ihre Sitzung. Denken Sie an liebe Menschen, die in die andere Welt hinübergewechselt sind, und laden Sie sie innerlich zu der Sitzung ein. Reden Sie ruhig innerlich mit diesen Jenseitigen. Sagen Sie ihnen, daß Sie sich darauf freuen, eine Möglichkeit zu einer direkteren Kontaktnahme gefunden zu haben.

Versuchen Sie aber nicht, jemanden namentlich zu rufen oder herbeizuwünschen. Überlassen Sie es der Geistigen Welt, wer sich mit Ihnen an der Sitzung treffen will. Falls Sie ein spezielles Problem haben, sprechen Sie ruhig innerlich darüber zu Ihren jenseitigen Gesprächspartnern, auch wenn Sie diese nicht wahrnehmen können. Sagen Sie z. B: Ihr Lieben, ich mache mir so schrecklich Sorgen wegen meiner Paula. Manchmal bin ich ganz verzweifelt, und dann schöpfe ich doch wieder Hoffnung. Ich weiß gar nicht, was ich denken soll. Ich wünsche mir so sehr das Beste für sie. Und gleichzeitig habe ich Angst. Was für sie das Beste ist, könnte für mich vielleicht sehr schmerzhaft sein.

Versuchen Sie sich in dieser Weise mit sich, Ihren Problemen und der Geistigen Welt auf die Sitzung einzustimmen.

3. Man komme wohl vorbereitet in die Sitzung.

Kommen Sie entspannt, ohne falsche Erwartungen, aber mit Vorfreude zu der Sitzung. Freuen Sie sich darauf, daß einige Ihrer Verstorbenen versuchen werden, mit Ihnen Kontakt aufzunehmen, und halten Sie sich bereit, sie willkommen zu heißen. Warten Sie nicht auf einen bestimmten Kontakt, konzentrieren Sie sich nicht, versuchen Sie, keine starken Emotionen mitzubringen, sondern in ausgeglichener Stimmung zur Sitzung zu kommen.

Es mag je nachdem günstig sein, folgende Utensilien bei der Hand zu haben:

a) ein Tonbandgerät mit Kassette für ca. 90 Min. Aufnahme, damit Sie, falls das Medium nichts gegen eine Tonbandaufnahme einzuwenden hat, nicht während der rund 35 Minuten dauernden Sitzung die Kassette umdrehen müssen.
b) einen Schreibblock und Stift, mit dem Sie sich während der Sitzung Notizen machen können.
c) ein Blatt mit den Fragen, die Sie eventuell stellen wollen, falls sich dazu eine Gelegenheit ergibt.
d) eine Liste mit Angaben über die verstorbenen Angehörigen und Freunde aus ihrem näheren und weiteren Verwandten- und Bekanntenkreis, insbesondere auch über solche, die Sie persönlich nicht gekannt haben. Auch Fotos können hie und da hilfreich sein. Überschütten Sie das Medium aber ja nicht mit all diesen Dingen. Es ist nur für Sie eventuell gut, sie notfalls zur Hand zu haben, um Ihrem Gedächtnis nachzuhelfen.

4. Man gebe ungezwungen und wahrheitsgemäß Antwort, ohne dem Medium ungefragte Informationen zu liefern.

Hören Sie genau auf die Worte des Mediums und beantworten Sie nur soviel, wie zum gegenseitigen Verständnis nötig ist. Das Medium sagt z. B.: »Ich habe eine Dame hier, die etwa siebzig Jahre alt wurde und der Mutterseite Ihrer Familie angehört.« Ihre Mutter selbst ist mit etwa siebzig gestorben, ebenso zwei Ihrer Großtanten mütterlicherseits, eine Schwägerin Ihrer Mutter war zwar erst sechzig, als sie starb, sah aber zuletzt wegen ihrer Krankheit älter aus. Diese Informationen behalten Sie für sich. Sie antworten bloß: »Ja, ich kenne mehrere Damen, auf die das zutreffen könnte.« Viele Klienten, die sehr daran interessiert sind, mit ihrer Mutter in Kontakt zu kommen, würden voreilig erwidern: »Ja, das ist meine Mutter.« Mit solchen Antworten legen Sie das Medium auf etwas fest, das noch gar nicht geklärt ist. Lassen Sie das Medium weitere Angaben machen, die dann allmählich klar werden lassen, ob es sich um eine der Damen handelt, an die Sie gedacht haben, oder ob es sich eventuell um jemanden handelt, der aus der Familie Ihres Großvaters mütterlicherseits stammt, über die Sie fast gar nichts wissen.

Je offener Sie allen Informationen gegenüber sein können, desto besser. Wenn etwas für Sie keinen Sinn ergibt oder wenn Sie den Eindruck haben, daß sich da Angaben über zwei verschiedene Verstorbene vermischen (was leicht geschehen kann), dann teilen Sie dies dem Medium mit. Es wird immer bemüht sein, noch weitere Informationen zu erhalten, die Ihnen klarmachen, wer aus der Geistigen Welt zu Ihnen »spricht« und was der- oder diejenige Ihnen mitteilen möchte.

Denken Sie an die Möglichkeit, daß einige Informationen zukünftige Dinge betreffen können. Die Jenseitigen haben offenbar die Fähigkeit, gelegentlich ein Stück weiter zu sehen als wir. Sehr viele der Aussagen in meiner Sitzung mit Betty, die dieses Kapitel abschließt, verstehe ich heute sehr gut, während ich sie damals, vor zwei Jahren, völlig falsch einordnete, weil ich immer versuchte, einen Bezug zur Gegenwart oder Vergangenheit herzustellen.

Wenn Sie dem Medium ungefragt zu viele Informationen liefern, erschweren Sie ihm seine Aufgabe, denn damit werden »Erkennungszeichen« oder »Beweisstücke« wertlos, die es Ihnen sonst zur Bestätigung der Identität des Verstorbenen hätte mitteilen können. Allerdings, wenn Sie völlig stumm und unbeteiligt zuhören, machen Sie es dem Medium ebenfalls schwer. Sowohl das Medium als die Geistige Welt brauchen Ihr liebevoll offenes Interesse.

5. *Man gestehe den Jenseitigen zu, daß sie sich seit ihrem Übergang haben verändern können, daß sie z. B. mehr Verständnis aufbringen und Einsicht in das, was sie zu Lebzeiten getan haben.*

Viele Klienten befürchten, wenn der bösartige und deshalb gehaßte Vater sich melde, müsse er noch genauso gehässig und verständnislos sein wie früher. Sie wollen deshalb schon gar nichts von ihm hören. Dabei wird er überhaupt nur zu einer Sitzung zugelassen, wenn er in Liebe und Freundschaft kommt. Er wird also bestimmt mit Bedauern zu Ihnen treten und sich für sein Verhalten entschuldigen wollen – und da sollten wir großzügig genug sein, ihm auch verzeihen zu könnnen.

6. *Dennoch nehme man die Aussagen Jenseitiger nicht ernster, als man den Rat irgendeines Lebenden nähme. Man ist für jede seiner Entscheidungen selbst verantwortlich.*

Obwohl also Jenseitige oft mehr Einsicht und mehr Weitblick besitzen als wir, sollten wir ihre Ratschläge oder Aussagen zwar ernsthaft überdenken, aber nicht überbewerten. Letztlich liegt die Verantwortung für jede Entscheidung immer bei uns, und wir sollten dabei mediale Aussagen nur als zusätzliche Entscheidungshilfe, aber niemals als absolut bindend oder unzweifelhaft bestimmend ansehen. Wie schon gesagt: Jenseitige sind auch nur Menschen.

7. *Falls man irgend etwas nicht versteht, mit gewissen Aussagen nicht einverstanden ist oder das Gefühl hat, die Sitzung bringe einem nicht die gewünschte Jenseits-Konversation, melde man diese Fragen, Einwände oder Unzufriedenheiten sofort an.*

Nur wenn Sie dem Medium sofort mitteilen, was Ihnen unklar ist, womit Sie nicht einverstanden sind oder was Ihnen nicht paßt, hat es die Möglichkeit, Ihnen noch zusätzliche Informationen aus der Geistigen Welt zu vermitteln oder die Sitzung als nicht erfolgreich (auch das gibt es) abzubrechen. Nachträglich weiß das Medium normalerweise nicht mehr, was es gesagt hat, und kann den Kontakt auch nicht nochmals herstellen. Sie ersparen sich und dem Medium Mißverständnisse und unangenehme Diskussionen, wenn Sie keine unverstandenen Informationen annehmen. Erklären Sie ruhig: »Damit kann ich nichts anfangen«, wenn das im Augenblick eben so ist.

8. *Rennen Sie nicht von einem Medium zum andern, besuchen Sie aber ruhig hin und wieder ein anderes Medium.*

In Stansted gibt es jeweils am Freitag einen bunten Abend. Eine Glanznummer eines unserer Schweizer Freunde ist dabei »der gestreßte Sitter«: Behangen mit Tonbandgeräten und Fotoapparaten hetzt er von einem Medium zum andern, hat schon etwa vier Schwiegermütter und acht Großväter im Jenseits angesammelt und fragt sich, welches Medium sich jetzt wohl geirrt haben könnte und welches er besuchen müßte, um die Irrtümer wieder aufzuklären – und verpaßt dabei beinahe seinen nächsten Termin.

Es ist klar, daß so ein Verhalten nichts bringt. Auf der andern Seite kann es durchaus vorkommen, daß ein bestimmter Verstorbener sich nur bei einem ganz bestimmten Medium meldet. Man sollte also deshalb ruhig gelegentlich wieder ein anderes Medium aufsuchen. Aber mehr als zwei bis drei Sitzungen pro Jahr sind kaum sinnvoll. Hingegen kann man natürlich ohne weiteres jede Gelegenheit benützen, sich eine öffentliche Demonstration anzuhören, weil man da einerseits einen Eindruck vom Medium gewinnen kann und andererseits die Geistige Welt die Chance hat, sich an einen zu wenden, wenn dies aus irgendeinem Grund wichtig sein sollte.

12.2.3. Bill Collers Fragen an sein Publikum

Wenn Bill Coller Ansprachen hält, stellt er gewöhnlich dem Publikum Fragen. »Das hält die Leute wach«, meint er fröhlich lachend.

»Wie viele von Ihnen haben schon mal einen Toten gesehen?« fragt er zum Beispiel die Leute. Und daraufhin stellt er gleich die Zusatzfrage: »Und hat dieser Verstorbene so ausgesehen wie der Mensch, als den Sie ihn im Leben kannten?«

Die meisten verneinen diese Frage. Der Verstorbene sieht leblos und fremd aus. Das, was ihn lebendig machte, sein Mienenspiel, seine Gestik, seine Haltung, seine Ausstrahlung sind verschwunden.

»Und«, fragt Bill weiter, »wohin, denken Sie, ist das entschwunden, was jetzt fehlt? Was ist mit seinem Wesen, seiner Seele, seinem lebendigen Ich geschehen?«

Nichts in der Natur verschwindet einfach, es verwandelt sich nur. Wenn Sie ein Stück Würfelzucker in Ihre Kaffeetasse werfen, sehen

Sie den Zuckerwürfel auch nicht mehr. Scheinbar ist er verschwunden. Aber der Zucker ist immer noch da – aufgelöst im Kaffee. Und wenn Sie geeignete Verfahren anwenden, können Sie diesen Zucker wahrnehmbar machen, sei es, indem Sie den Kaffee kosten, indem Sie chemische Tests anwenden oder indem Sie ihn wieder zum Auskristallisieren bringen.

Ebensowenig verschwindet die Persönlichkeit, das lebende Wesen eines Menschen einfach, sondern es verwandelt sich bloß, nimmt sozusagen eine andere Struktur oder Schwingung an.

»Wie würden Sie ein Medium definieren?« Ja, ein Medium ist ein Vermittler. Es kann die Struktur und die Schwingung seines inneren Wesens so verändern, daß hinübergegangene Wesenheiten mit ihm kommunizieren können. Ein Medium ist wie ein Radioempfänger. Je besser es sich auf den Sender einstellen kann, desto klarer und ungestörter wird der Empfang sein. Aber das Medium ist kein perfekter Empfänger. Es nimmt durchaus nicht alle Informationen auf, und bei der Umwandlung der empfangenen Information in verständliche Alltagssprache geht viel verloren, und das, was beim Adressaten ankommt, wird eventuell außerdem noch falsch verstanden. Ein Medium ist also ein sehr unvollkommenes Instrument, und es muß dauernd bestrebt sein, sich zu verbessern.

»Wie viele von Ihnen erwarten, in eine bessere Welt zu gelangen, wenn Sie selbst einmal hinübergehen werden?«

Das tun die meisten Zuhörer.

»Weshalb wollen Sie warten damit, bis Sie hinübergehen?« fragt Bill. »Weshalb schaffen Sie sich nicht schon hier eine bessere Welt?«

»Sie sind die gleiche Geistseele, die Sie auch drüben sein werden. Sie haben nur zusätzlich noch den physischen Körper, durch den Sie direkt auf diese materielle Welt einwirken können. Warum wollen Sie nicht diese Welt schon ein bißchen schöner, ein bißchen liebenswerter, ein bißchen friedlicher gestalten?« Und Bill zitiert ein Gedicht, das sinngemäß übertragen etwa folgendermaßen lautet:

»O laß es auf Erden / Frieden bald werden!
Laß tun mich den Schritt / und beginnen damit.
O laß es auf Erden / Frieden bald werden:
Die Völker vereint / wie Du es gemeint.
O laß es auf Erden / Frieden bald werden,

uns Kinder laß wieder / sein Schwestern und Brüder.
O laß es auf Erden / Frieden bald werden,
laß Einklang uns spüren, / die Liebe uns führen.
O laß es auf Erden / Frieden bald werden –
Laß tun mich den Schritt / und beginnen damit!«

Und nochmals verblüfft Bill seine Zuhörer mit einer Frage: »Wann haben Sie Ihrem Partner das letztemal etwas Liebes gesagt?« Viele Menschen merken erst, was sie ihren Angehörigen noch gerne alles gesagt hätten, wenn diese schon in der nächsten Welt sind und die Kommunikation nicht mehr so einfach ist.

Das Wissen darum, daß es eine nächste Welt gibt und daß wir uns dort wiedersehen werden, sollte uns dazu anspornen, schon in dieser Welt unser Bestes zu geben, die Liebe und Freundlichkeit auszustrahlen und zu verbreiten, die wir uns für die nächste Welt wünschen. Schon in dieser Welt uns um unsern Nächsten zu kümmern und im Dienst der allumfassenden Liebe zu handeln. »Laß tun mich den Schritt und beginnen damit!«

12.3. Betty Wakeling

12.3.1. Harold Sharp reicht mir die Hand

Sowohl Coral Polge als auch vor allem Nelson Ross hatten mir viel von Harold Sharp erzählt. Dieses ganz hervorragende Medium, das laut Angaben von Charles Sherratt von 1891 bis 1981 lebte, konnte nach der Rückkehr von einer Reise seinen rechten Arm nicht mehr gebrauchen. Eine heimtückische Krankheit hatte zu einer fast totalen Lähmung geführt. Er war nicht mehr fähig, weder zu schreiben noch sonst irgendwelche Bewegungen damit auszuführen, und litt unter starken Schmerzen. Wenn ihn aber sein chinesischer Kontrollgeist Chan Shi in Trance versetzte, zeichnete er mit der rechten Hand die wundervollsten Auragramme, von denen Stansted Hall eine ganze Sammlung in seinem Museum aufbewahrt. Trotz seiner Behinderung war Harold ein vollendeter Charmeur und immer der

Mittelpunkt weiblicher Aufmerksamkeit. Da ich ihn leider nicht mehr persönlich kennengelernt, aber schon so viel von ihm gehört hatte, machte es mir einen sehr großen Eindruck, daß er mir am Abend des 8. April 1986 in der Bibliothek von Stansted Hall die Hand drückte.

Und das kam so: Betty Wakeling wollte versuchen, uns eine Trance-Demonstration zu geben. Während Betty sich in Trance sinken ließ, sprach Charles Sherratt über Trance, und ich übersetzte dem deutschsprachigen Publikum seine Ausführungen. Dann nahmen wir Platz. Betty, die zwischen Gaye Muir und Charles saß, schien völlig versunken. Ihre Mundwinkel waren weit herabgezogen, und sie begann, sich auf ihrem Stuhl zu regen.

Viel kraftvoller, als sie das sonst zu tun pflegt, erhebt sie sich plötzlich. »Guten Abend«, sagt eine tiefe, kräftige Stimme aus ihr. Es ist ihr indianischer Kontrollgeist »Red Wing« (Roter Flügel, Name eines Vogels). Er begrüßt die Anwesenden und kündigt an, daß jemand kommen will, den viele kennen. »Diese Woche ist eine besondere Zeit der liebevollen Gemeinschaft mit der Geistigen Welt«, fährt Red Wing fort. »Es wird jemand erscheinen, der seinen rechten Arm nicht benützen konnte, als er noch auf der Erde weilte.«

Ehe sich aber der angekündete Besuch zeigen kann, spricht »Topsy« aus Betty. Sie ist offenbar die »komische Nummer«, die jedes Trance-Medium zu haben scheint. Die Scherze dieser Geistwesen sollen dazu beitragen, die Energie und Schwingung im Raum zu erhöhen. Topsy soll ein afrikanisches Mädchen indischer Abstammung gewesen sein, das vor zwei- bis dreihundert Jahren gestorben sein muß. Obwohl es sich benimmt, als sei es acht bis neun Jahre alt, hat es in der Geistigen Welt seit seinem Tod soviel gelernt, daß es als Kontrollwesen zugelassen werden kann.

Topsy plappert fröhlich drauflos – Betty mit ihren zweiundsiebzig Jahren spricht und bewegt sich wie ein kleines Mädchen. Topsy erzählt, daß sie zuerst kommen wollte, noch vor dem angekündigten Besuch. Sie beguckt sich (Bettys Augen sind dabei geschlossen) ihre Beine und sagt: »Was ist denn da los?« (Betty hat sich im Februar das Wadenbein gebrochen und kann nach einer operativen Einrichtung in dieser Woche das erste Mal ohne Gips am Stock gehen.) Topsy hebt das Bein hoch, wackelt mit den Zehen, lacht, kichert und meint: »Wozu hat sie denn die Augen da (sie deutet sich auf die geschlossenen Augen)? Wenn man eben wo runtersteigt, muß man gucken, wo man hintritt. Warum kann sie nicht aufpassen?«

Das Bein sei aber ganz in Ordnung, meint sie. »Ich könnte mit dir tanzen«, bietet sie Charles an. »Oder wollen wir ein Lied singen?«

»Lieber nicht jetzt«, wehrt Charles ab. »Wir erwarten noch unsern Besuch.«

So zieht sich Topsy zurück, nicht ohne nochmals tüchtig mit den Beinen geschlenkert und mit den Füßen aufgestampft zu haben.

Betty wird wieder ruhig, atmet schwer und blickt dann (immer mit geschlossenen Augen) gravitätisch zu Gaye und zu Charles. Gaye begrüßt Harold. Daraufhin gibt Betty ihr die rechte Hand, schaut sie an und sagt: »Jetzt kann ich sie wieder gebrauchen.« Harold reicht auch Charles und mir die Hand und begrüßt alle.

Er freut sich, daß so viele Freunde da sind und erklärt: »Ich dachte immer, ich müsse für die Geistige Welt arbeiten, aber ich habe auch für mich gearbeitet. Jedes Medium arbeitet für die Geistige Welt, aber es arbeitet auch für sich selbst. Wir holen uns die geistige Kraft durch die Liebe, die wir schenken.«

»Ich könnte euch viele Geschichten aus der Geistigen Welt erzählen.« Charles winkt ab. Wie er uns nachträglich berichtet, war Harold ein unermüdlicher Geschichtenerzähler. Seine Lieblingsgeschichte war die aus seiner Jugend, als er in ein Kloster gesteckt wurde, um Mönch zu werden. Er hatte schon damals mediale Visionen und berichtete davon. Sein geistlicher Hauptlehrer sagte, dies sei krankhafter Unsinn, nur Heilige hätten Visionen, nicht vorwitzige kleine Klosterschüler. Harold wurde von Tag zu Tag unglücklicher, da er sich unverstanden fühlte. Aber der Hauptlehrer wollte ihn nicht aus dem Kloster entlassen. Eines Tages jedoch wurde dieser für einige Zeit aus dem Kloster abberufen, und der älteste der Lehrer rief Harold zu sich, um sich zu erkundigen, was mit ihm los sei. Harold klagte ihm sein Leid. Er erkannte die göttliche Gabe in Harold, die allen Menschen zukommen sollte, und entließ ihn nach Erledigung aller Formalitäten aus dem Kloster – genau einen Tag, bevor der gestrenge Hauptlehrer wieder zurückkehrte.

»Ihr habt mir viel Liebe gegeben, als ich sie brauchte. Es sind viele Menschen noch in dieser Welt, die mit mir gearbeitet haben, aber auch viele bei mir in der andern Welt. Auch der eine, der mir besonders nahe war.« (Chan Shi)

»Und, meine Freunde, ich habe mit jedem die Kraft des Geistes gespürt. Ich habe die Aura gezeichnet, mit Farben, von denen ich nichts wußte. Die Aura, die der Ausdruck ist der Kraft des Geistes in jedem einzelnen. Gottes Schöpfung ist die Kraft des Geistes, ihr seid die Kraft des Geistes.«

»Ich wollte mich an der ganzen Schöpfung freuen. Ich war ein Kommunist.« (Harold stritt sich öfter kameradschaftlich mit Charles, da dieser ein überzeugter Royalist war, Harold jedoch ein »Kommunist«, wie er es nannte, das hieß für ihn, einer, der aus der Enge der erstarrten Herrschaftssysteme ausbrechen wollte.) »Die Kraft kommt vom Geist, aus der Geistigen Welt. Auch der Geist des Weines hat Kraft«, scherzt Harold, »aber es ist nicht die gleiche Kraft wie die der Geistigen Welt.«

»Für mich war es der chinesische Geistführer, der mir die geistige Kraft nahebrachte. Aber jedes Land hat seine eigenen Lichtboten, seine eigenen Botschafter der Liebe. Ihr kommt aus einem Land, das ich kannte und liebte. Die Schweiz war das Land, wo ich Gott fand. Ich verbrachte dort viele Wochen in der Ruhe der Berge, bei der Schönheit der Sonnenuntergänge, am Wasser, das vom Sonnenlicht durchflutet war. Seine stillen Wellen brachten mich der Geistigen Welt nahe.«

12.3.2. Harolds Philosophie

»Als ich mich selber fand, fand ich Gott«, fährt Harold fort. »Das Wissen ist immer da, wenn wir den Schlüssel dazu finden. Der Schlüssel ist die Liebe, die wir geben. Die Wahrheit der Liebe bleibt über alle Zeiten bestehen.«

»Wenn ihr meine Bilder anschaut, seht ihr, wie die Farben ineinanderströmen wie Energieströme, die sich bewegen. Es sind die Energien der Liebe, die Kräfte des Geistes.«

»Ich kann mich erinnern, wie ich dich kennengelernt habe, Charles. Damals warst du noch ganz anders als heute. Wir haben viel zusammen debattiert. Du warst gar nicht einverstanden mit mir. Aber so, wie du dich selbst gefunden hast, hast du die Schöpfung gefunden. Du bist älter geworden und siehst die Dinge anders. Ich glaube nur an die Schönheit des Geistes. Auch ich habe mich verändert.« Unvermittelt wirft Betty ihr gebrochenes Bein hoch, so daß Charles erschrocken zurückweicht. Das Publikum lacht.

»Siehst du, das hast du nicht erwartet. Wir sollen lachen. Ohne Lachen wäre die Erde ein trauriger Ort. Wir sind glückliche Menschen, wenn wir uns lieben. Natürlich gibt es immer Dinge, die wir an jemand anderem nicht mögen. Aber die Liebe geht darüber hinweg.«

»Könnt ihr euch erinnern? Ich wollte immer um vier Uhr morgens eine Orange haben. Ich war doch ein eigenartiger Mensch.«

»Keines meiner Auragramme gleicht dem andern. Keine zwei sind identisch. Alle sind anders, weil jeder Mensch anders ist. Jeder hat seine eigene Art und seine eigene Weise, sich zu entwickeln. Jeder gibt auf seine persönliche Art der geistigen Kraft Ausdruck.«

»Die Welt ist dauernd in Veränderung. Eure Welt heute ist schon wieder anders, als sie zu meiner Zeit war. Auch das Land, das ich so liebe und das ich auch besuchen durfte (China), trägt bei zur Entwicklung der Erde. Ich habe immer schon behauptet, alles kommt vom Osten zum Westen und nicht vom Westen zum Osten. Dort gibt es vieles, was ihr nicht gewußt habt. Die Geistige Welt arbeitet aber im stillen dafür, daß sich die Geheimnisse öffnen, daß sich die Menschen kennenlernen und sich gemeinsam für eine bessere Welt einsetzen.«

»Die Saat geht auf. Und aus dem Samen wächst die Pflanze empor und entfaltet sich. Im Samenkorn steckt die Wahrheit aller Liebe. Wie könnt ihr nur so viel Fleisch essen?! Ich könnte euch raten, wie ihr euch besser ernähren könntet.«

Charles bedankt sich. Er sagt, er kenne Harolds Predigten gegen das Rauchen und das Fleischessen. (Die meisten Medien halten nichts von strengen Regeln. Viele von ihnen essen gerne auch Fleisch, und sehr viele zählen zu den Rauchern.) »So«, meint Harold schnippisch, »dann willst du an meiner Stelle sprechen?«

»Schaut, ich kann meine Hand und meinen Arm bewegen. Früher konnte ich das nur, wenn mein chinesischer Freund da war. Jetzt kann ich gehen und mich bewegen, wie ich will. Ich bin stolz darauf, daß ich jetzt weiß, was ich tue. Ich werde mich nun gleich verabschieden. Ich hätte auch nichts gegen den Kuß einer Dame einzuwenden. (Gaye gibt Betty einen Kuß auf die Backe.) Ich erinnere mich oft an meinen Garten mit den Blumen. Ich habe sie selbst gezogen und saß dort gerne und genoß die Schönheit der Natur.« (»Und die Gesellschaft der Damen«, fügt Gaye hinzu.)

»Sage meinen Freunden, die du besuchen wirst, daß ich bei ihnen bin. Und sage Betty, Jack ist hier – und sie soll sich benehmen.«

»Möge die Kraft des Geistes, die Gemeinschaft der Menschen wachsen und gedeihen in der Schöpfung Gottes. Die Wahrheit ist da, die Wahrheit allen Lebens.

Wenn ihr an die Pforte kommt, werde ich dasein, um euch zu empfangen. Lebt wohl, meine Freunde.«

Noch einmal kommt Topsy. Wieder schlenkert sie unbekümmert mit den Beinen. »Nein, nein«, beruhigt sie die um Betty besorgten Gaye und Charles, »da geschieht ihr nichts. Sie ist gut beieinander. Was wollen wir singen?« Und Topsy stimmt ein Lied an, das offenbar in England ein bekanntes Gemeinschaftslied ist: »The more we are together, the happier we can be. And your friends are my friends, and my friends are your friends.« (Es wird nach der Melodie »O du lieber Augustin« gesungen, allerdings im $2/4$- statt im $3/4$-Takt: Je öfter wir zusammen, zusammen, zusammen, je öfter wir zusammen, je fröhlicher auch sind wir. Und dein Freund ist mein Freund, und mein Freund ist dein Freund. Je öfter wir zusammen, je fröhlicher auch sind wir.) Dann sagt sie ade und winkt allen zu.

Noch einmal steht Betty würdig auf. Red Wing entschuldigt sich, daß er Topsy nicht zügeln kann. Er sagt, er habe uns zeigen wollen, daß Betty nichts geschehen sei, ihr Bein sei in Ordnung. »Möge die Liebe, die auf allen Wegen des Lebens leuchtet, jeden von euch begleiten. Gott segne euch.«

Damit setzt sich Betty wieder, atmet ein paarmal tief und beginnt allmählich, wieder zu sich zu kommen. Sie bekommt einen Schluck Wasser zu trinken und gewinnt die eigene Kontrolle über ihre Gliedmaßen zurück.

12.3.3 Ein Leben für den Spiritualismus

Betty kam am 17. November 1914 als Kind einer spiritualistischen Mutter zur Welt. Sie wuchs mit dem Spiritualismus auf und hatte von klein an Visionen. Mit achtzehn Jahren trat sie in einen spiritualistischen Übungszirkel ein, der in einem Haus von Freunden der

rt machte sie die Bekanntschaft von
rin. Zu Bettys großer Enttäuschung
nicht weiterentwickeln, weil Roy an
ınkung rasch starb.
rkel in Roys Haus ein physikalischer
ım auch Jack Wakeling, ein junger
ünf Jahre zuvor bereits gesagt hatte,
seine Lebensgefährtin treffen werde.
ar und heirateten in der spiritualisti-

Blackpool ein Gästehaus. Dort fand
nachdem sie im September 1944 aus
le und zuerst einmal Ruhe und Erho-
auch einige Zeit Gordon Higginson,
spiritualistisch ausgerichtete Unter-

seinem Tode Präsident der spirituali-
ool. Seither hat Betty diesen Posten
sieben Jahre mit Gordon Higginson
el mitgewirkt. Dank dieser Freund-
ack und Betty dann auch oft nach
igginson seine Arbeit dort aufgenom-
im Treppenhaus ein Gedicht von Jack
derbare Atmosphäre dieses Ortes ver-

Jack Wakeling starb am 19. September 1982, einem Sonntag. Schon am Montag zuvor teilte er Betty mit, er werde jetzt bald hinübergehen. Er wünschte, daß sie an seiner Beerdigung nicht Schwarz, sondern Rosa tragen sollte. »Ich werde dir eine rosa Rose schicken«, versprach er.

Gordon Higginson, der nichts von diesem Gespräch wußte, sollte den Begräbnisgottesdienst halten. Nachdem die versammelten

Freunde mit Gordon und Betty ins Krematorium gegangen waren, wandte sich plötzlich Gordon noch vor dem Gottesdienst an Betty: »Ich soll dir eine rosa Rose geben«, sagte er. Da wußte Betty, daß Jack weiterhin bei ihr war.

12.3.4. Meine Sitzung

»Nun, ich weiß, daß Parapsychologie für Sie sehr wichtig ist«, beginnt Betty ihre Sitzung. »Ich spüre jetzt einen Mann aus der Geistigen Welt, der mit Ihnen Verbindung aufnehmen möchte. Ich weiß nicht... hatten Sie zwei Väter? Das ist eine merkwürdige Frage, aber...«

»Nein, aber mir ist klar, weshalb Sie fragen«, war meine Antwort. Schon mehrere Medien sprachen davon, daß mein Pate, der Dirigent Felix Weingartner, der ein sehr guter Freund meines Vaters war, sich wie ein Vater aus der Geistigen Welt um mich kümmerte. Er war gestorben, als ich erst drei Jahre alt war.

»Gut, jedenfalls habe ich da diesen Mann... Und Sie müssen Ihrer Mutter sehr nahegestanden sein. Ihre Mutter ist eine sehr tatkräftige Frau, und sie hat viel für Sie getan. Ich habe da eine starke Verbindung mit einer Frau in der Geistigen Welt, die mit Ihrer Mutter in Verbindung steht. Hat Ihnen Ihre Mutter einen Brief von jemandem Verstorbenen gegeben? Oder können Sie sonst verstehen, was Ihre Mutter mit Briefen zu tun hat?«

Meine Mutter ist eine große Briefschreiberin. Ich weiß aber nicht, wessen Brief gemeint gewesen sein könnte, den sie mir gegeben hatte.

»Ihre Mutter führt ein sehr geschäftiges Leben. Sie ist jetzt auch ein Teil Ihres Lebens, und sie hat viel Arbeit damit. Können Sie verstehen, was ich da meine?«

»Ja, meine Mutter arbeitet seit einiger Zeit mit mir zusammen, indem wir gemeinsam Kurse organisieren.«

»Trat im Leben Ihrer Mutter vor einiger Zeit eine große Veränderung ein? Wo gehören zwei Eheringe hin?«

Zwölf Jahre vor dieser Sitzung war mein Vater gestorben, und meine Mutter überließ das Haus, in dem sie 34 Jahre lang gewohnt hatte, mir und meiner Familie.

Nach seinem Tod trug sie auch den Ehering meines Vaters. »Das bezieht sich auf meine Mutter.«

»War denn da noch ein anderer Mann, zu dem sie eine starke Verbindung hatte?«

Betty suchte offenbar immer noch nach dem »zweiten Vater«. Ich erklärte ihr, daß es sich dabei vermutlich um meinen Paten handelte.

»Sie selbst scheinen sich speziell für Forschung zu interessieren. Sie haben in den letzten sechs Jahren etwas erreicht, wofür Sie viel studiert haben. Sie arbeiten mit Menschen. Ist das richtig?«

»Ja.«

»Sie haben außerdem einen Beruf, der Ihrem Leben irgendwie Stabilität verliehen hat. Aber Sie sind jemand, der nicht immer eingeschlossen sein mag. Sie brauchen manchmal die Weite. Haben Sie einen Ort auf dem Land, wo Sie ab und zu hingehen können?«

»Wir verbringen öfters auf einem Bauernhof unsere Ferien, ja.«

»Es sieht so aus, als wären Sie manchmal Ihrer selbst überdrüssig und als müßten Sie dann mal weg von allem und sich ausruhen. Und das sollten Sie tun... Ich sehe ... schreiben Sie ein Buch, oder haben Sie etwas mit einem Buch zu tun?«

Damals, im April 1984, hatte ich noch keine Ahnung davon, daß sich das, was Betty hier sagte, auf die Zukunft bezog. Im September 1984 ging ich mit Bill Coller nach München, der Geburtsstadt meines Vaters, sprach dort über Spiritualismus und wurde von einer Lektorin des Goldmann Verlages gefragt, ob ich dieses Buch hier schreiben wolle.

Meine Antworten auf Bettys Aussagen waren deshalb immer auf die Vergangenheit bezogen: »Ja, ich habe einige Bücher übersetzt.«

»Es ist jemand bei Ihnen aus der Geistigen Welt, es könnte Ihr Vater sein, ... aber Sie haben nicht immer da gelebt, wo Sie jetzt sind. Wer hatte etwas mit kriegerischen Ereignissen zu tun? Denn in der Schweiz war ja kein Krieg.«

»Meine Eltern stammten beide aus Deutschland, ja.«

»Ja, ich spüre, als ob da eine starke Beziehung bestünde. Es ist da etwas Besonderes. Sie kommen selbst auch manchmal nach Deutschland?«

»O ja.«

»Ich weiß nicht, ob das etwas mit Arbeit zu tun hat, aber es scheint dort etwas zu tun zu geben ...
Sind Sie an einer Universität, studieren Sie?«

»Nein, aber ich habe an der Universität studiert.«

»Haben Sie die Absicht, wieder an die Universität zu gehen?«

»Ah, vielleicht meinen Sie, daß ich Volkshochschulkurse gebe.«

»Jedenfalls hat es nichts mit der Geistigen Welt zu tun. Das bezieht sich auf Ihre Berufsarbeit. Hat Ihre Mutter Sie auf diesen Weg gebracht?«

»In gewisser Weise ja. Sie ist Lehrerin, und sie hat mich darauf gebracht, mich zum Primarlehrer ausbilden zu lassen.«

»Das Unterrichten ist also ein Teil Ihres Lebens und auch ein Teil des Lebens Ihrer Mutter. Und Sie selbst werden in dieser Richtung weitergehen. Sie sind am Verhalten von Menschen interessiert, und Sie werden in dieser Beziehung in Ihrem Berufsleben einen Fortschritt machen. Sie wollen nicht von andern abhängig sein, sondern Ihren eigenen Weg gehen. Und Sie sollten in dieser Richtung fortfahren. Sie haben viel Liebe weiterzugeben. Ich habe das Gefühl, ich arbeite mit besonderen Kindern, mit Kindern, die Sie nicht nur als Lehrer, sondern auch als Vater brauchen. Und da ist jemand ... sehen Sie doch mal Ihren Geburtsschein an. Stehen da nicht zwei Namen darauf?«

»Ja, ich habe zwei Vornamen.«

»Und der zweite davon, haben Sie den von jemandem bekommen?«

»Ja, das ist der Vorname meines Paten, Felix.«

»Den meine ich. Der ist sehr an Ihrer Arbeit interessiert. Sie werden diese besonderen Kinder betreuen.«

Damals mußte ich gerade meine Erzieherstelle an einer Sonderklassen-Tagesschule aufgeben, weil ich nicht als Erzieher ausgebildet bin. Es sah also eher danach aus, als würde ich nicht mit Sonderschülern arbeiten. Im Herbst 1984 meldete ich mich für die Heilpädagogikausbildung an einem Institut der Universität Basel an, um als Lehrer an Kleinklassen (also für Sonderschüler) tätig sein zu können. Unterdessen unterrichte ich seit Dezember 1985 an einer Kleinklasse. Mein Pate Felix hatte recht gehabt.

Er war es auch, der mir mit meinem Buch hier immer wieder half. Damals in der Sitzung mit Betty verstand ich gar nicht, was er mir mit der Aufgabe, die in Deutschland auf mich wartete, und bezüglich des Buches mitteilen wollte. Aber später erhielt ich in andern Sitzungen immer wieder Hinweise darauf, daß er sich für das Buch interessierte und mich inspirierte. Und deshalb habe ich es besonders ihm gewidmet.